내 아이
면역력의

뿌리를
키우는 법

내 아이 면역력의 뿌리를 키우는 법

한방소아과 교수가 알려주는 엄마표 건강 루틴

초 판 1쇄 2025년 11월 18일

지은이 이혜림
펴낸이 류종렬

펴낸곳 미다스북스
본부장 임종익
편집장 이다경, 김가영
디자인 윤가희, 임인영
책임진행 김은진, 이예나, 김요섭, 안채원, 국소리

등록 2001년 3월 21일 제2001-000040호
주소 서울시 마포구 양화로 133 서교타워 711호
전화 02) 322-7802~3
팩스 02) 6007-1845
블로그 http://blog.naver.com/midasbooks
전자주소 midasbooks@hanmail.net
페이스북 https://www.facebook.com/midasbooks425
인스타그램 https://www.instagram.com/midasbooks

ⓒ 이혜림, 미다스북스 2025, *Printed in Korea*.

ISBN 979-11-7355-594-7 03510

값 19,000원

※ 파본은 구입하신 서점에서 교환해드립니다.
※ 이 책에 실린 모든 콘텐츠는 미다스북스가 저작권자와의 계약에 따라 발행한 것이므로 인용하시거나 참고하실 경우 반드시 본사의 허락을 받으셔야 합니다.

미다스북스는 다음세대에게 필요한 지혜와 교양을 생각합니다.

내 아이 면역력의 뿌리를 키우는 법

한방소아과 교수가 알려주는 엄마표 건강 루틴

이혜림 지음

미다스북스

프롤로그

엄마의 시간 속에서
다시 배운 한의학

진료실에서 매일 많은 엄마를 만납니다. 아이 이야기에 눈시울이 붉어지기도 하고, 질문이 빼곡히 적힌 종이를 꺼내 간절한 눈빛으로 답을 구하기도 합니다. 이제는 제법 전문가가 되어 나름의 해법을 전할 수 있게 되었지만, 저에게도 서툴고 무모했던 시절이 있었습니다. 아이 건강 문제에 있어선 모르는 게 없다고 착각했고, 작은 증상에도 기다리지 못하는 부모를 향해 인내심이 부족하다며 판단하던 때도 있었습니다.

스물여덟, 지금 생각해도 이른 나이에 엄마가 되었습니다. 작은 생명이 품에 안겨 제 눈만 바라보았지만, 그 앞에서 저는 여전히 준비되지 않은 초보 엄마였습니다. 소아과 전공 지식도, 수많은 육아서도 내 아이 앞에서는 힘을 쓰지 못했습니다. 모유 수유는 고난이었고, 밤잠을 재우는 일은 공포에 가까웠습니다.

그래도 '이제 좀 괜찮아졌겠지.' 하는 막연한 자신감으로 아이가 생후 8개월이 되던 무렵 첫 가족여행을 떠났습니다. 낯선 호텔 방, 익숙하지 않은 냄새와 온도 속에서 아이는 한 시간마다 울며 깼습니다. 젖병을 물려도, 안고

서 달래줘도 울음은 쉽게 그치지 않았습니다. 저는 지쳐서 침대 위에 털썩 주저앉았고, 남편은 아이를 안고 새벽 내내 불을 켰다 껐다 하며 방안을 맴돌았습니다. 결국 날이 밝자마자 "이대로는 안 되겠다."며 여행을 접고 서둘러 집으로 돌아왔습니다. 그렇게 애써 준비한 첫 가족여행은 하룻밤 만에 허무하게 끝나버렸습니다. 지친 아이를 안고 집으로 돌아왔던 기억이 지금도 생생합니다. '먹이고 재우는 기본적인 일조차 이렇게 어렵구나.' 그날 이후 진료실에서 부모를 대하는 태도가 조금씩 달라지기 시작했습니다.

아이를 키우며 겪은 크고 작은 문제들은 제 안의 교만을 걷어내고 조금 더 겸손한 엄마로 성장하게 만들었습니다. 아이에게 열이 있어 찾아온 부모를 만나면 그들이 보냈을 지난밤의 고단함이 함께 그려집니다. 그 순간만큼은 '교수'가 아니라 같은 길을 걷는 동료 부모로 그들과 마주하게 됩니다.

두 아이의 엄마로 살면서부터는 매일 새로운 교과서를 펼쳐 드는 기분입니다. 아이들은 늘 예상과 다른 질문을 던졌고, 그 답은 책이나 강의실이 아니라 일상의 순간에서 얻었습니다. 진료실에서는 한의사였지만 집에서는 두 아이와 씨름하는 엄마였습니다. 어느덧 엄마 노릇도 익숙해졌지만, 육아는 언제나 예측할 수 없는 여정임은 변함이 없습니다.

아이의 키와 몸무게를 성장 그래프의 백분위와 비교하고, 체온계의 숫자에 안도와 불안을 오갑니다. "상위 10%네요.", "체온은 36.5도로 정상이니 걱정 마세요."라는 말에 잠시 마음을 놓습니다. 그런데 참 이상한 일입니다. 숫자는 정상이라는데 왜 아이는 밤마다 깊이 잠들지 못하고 깨서 우는 걸까요? 정성껏 만든 이유식 앞에서 고개를 돌리고, 환절기만 되면 어김없이 감기를 달고 사는 이유는 대체 무엇일까요?

바로 이 지점에서 아이를 보는 새로운 '렌즈'가 필요합니다. 서양의학이 첨단 장비로 고장 난 부품을 정확히 찾아 수리하는 정밀한 '엔지니어'라면, 한의학은 아이 몸 전체의 '기상도'를 읽고 에너지의 '교통 흐름'을 파악하는 지혜로운 '내비게이션'과 같습니다. 한의학은 아이를 아픈 아이와 건강한 아이, 흑백으로 나누지 않습니다. 맑은 날이 있으면 흐린 날도 있고 때로는 비도 오는 게 자연의 이치이지요. 아이의 몸 상태 또한 다르지 않습니다. 끊임없이 변화하는 과정 중에 있음을 인지하고 그 자체를 섬세하게 살피는 것이 한의학이 지닌 지혜입니다.

기(氣), 혈(血), 음양(陰陽) 같은 단어들이 낯설고 어렵게 느껴지시나요? 이 개념들은 결코 어려운 철학이 아닙니다. 아이의 몸을 입체적으로 이해하기 위한 가장 '실용적인 언어'입니다. '기혈'은 아이의 에너지 레벨과 영양 상태를 보여주는 배터리 잔량 표시와 같습니다. 또 '음양'은 활동과 휴식의 균형을 맞추는 시소입니다. 이 새로운 언어를 알게 되면 아이가 왜 힘들어하는지, 무엇을 채워주고 덜어줘야 하는지 비로소 보이기 시작합니다. '허약아'라는 말 또한 아이에게 붙이는 낙인이 아닙니다. 아이의 부족한 부분을 채워 더 단단하게 성장할 수 있도록 돕기 위한 '성장의 길잡이'일 뿐입니다.

수천 년간의 임상 경험과 인체에 대한 철학적 성찰 위에서 자라난 한의학은 단순한 치료를 넘어 몸과 마음의 균형을 다스리는 학문으로 이어집니다. 이제는 병이 생기기 전 미세한 불균형을 감지하고 바로잡는, 세상에서 가장 진보적인 '개인 맞춤 예방 의학'으로 발전하고 있습니다.

전 세계 의학계가 주목하는 '마이크로바이옴(장내 미생물)'과 면역의 관계, 스트레스와 신체 반응의 연결고리를 '비위(脾胃) 기능'과 '칠정(七情)'이라는 개념으로 설명해왔습니다. 한의학은 과거를 비추는 거울이 아닌 미래 의학의 길을 보여주는 이정표입니다.

BTS와 영화 '기생충'이 가장 한국적인 이야기로 세계를 사로잡았듯 K-Culture의 다음 무대는 우리의 '라이프 스타일'과 '지혜'라고 믿습니다. 아이들이 지닌 고유한 기질과 잠재력을 존중하고, 자연의 순리에 맞춰 몸과 마음의 균형을 길러주는 한방 육아가 바로 'K-육아'의 정수입니다. 이 책이 우리 아이들을 건강하게 키우는 비법을 넘어 가장 한국적인 지혜로 세계의 가정을 돌보는, 새로운 미래를 여는 첫걸음이 되기를 소망합니다.

진료실에서 다 전하지 못했던 이야기와 수많은 부모님과 나눈 따뜻한 경험, 그리고 두 아들과 함께 울고 웃으며 적어 내려간 육아의 기록을 이 책에 담았습니다. 완벽한 해법이 아닌, 아이와 함께 성장해가는 진솔한 여정을 나누고 싶었습니다. 무엇보다 지금 이 순간에도 아이를 키우며 최선을 다하고 있는 부모님들께 "당신은 충분히 잘하고 있습니다."라는 위로와 응원을 전하고 싶습니다. 의사 가운을 입고도 내 아이 앞에서는 그저 평범한 엄마였던 저의 이야기가 같은 길을 걷고 있는 여러분께 작은 기댈 자리가 되기를 바랍니다.

차례

프롤로그 엄마의 시간 속에서 다시 배운 한의학   004

1부   관찰 편: 아이의 몸이 보내는 신호를 읽는 법

1. 에너지와 영양, 몸을 움직이는 두 기둥   013
2. 더위와 추위, 기질을 가르는 힘의 조화   030
3. 우리 아이의 타고난 건강 패턴   042
4. 면역력과 잦은 감기의 비밀   054
5. 기운 없는 아이, 허약의 신호를 읽는 법   066

[Check Point] 우리 아이는 허약아일까?   081

2부   증상 편: 건강을 좌우하는 7가지 핵심 고민

1. 오래가는 기침과 호흡기 면역   087
2. 식욕과 대변으로 살펴보는 소화기 건강   105
3. 피부에 드러나는 아토피와 알레르기   121
4. 수면과 자율신경, 회복력의 열쇠   139
5. 주의력과 활동성, 뇌와 몸의 균형   153
6. 또래보다 작은 아이의 성장 관리   165
7. 빠른 사춘기와 성조숙증의 신호   179

3부 실천 편: 매일 실천하는 엄마표 면역 습관

1. 24절기로 살펴보는 계절 건강법 … 197

[홈케어 가이드] 절기별 세부 건강 관리 … 208

2. 밥상에서 기르는 면역력 … 216

3. 첫 약초와 차, 안전하게 시작하기 … 227

4. 막혔을 때 톡! 우리 아이 홈 마사지 … 235

5. 체질별 맞춤 면역 관리법 … 243

에필로그 함께 성장하는 길 위에서 … 254

[홈닥터 플러스] 한눈에 보는 혈자리 … 258

감사의 말 … 261

1부   관찰 편

아이의 몸이 보내는 신호를 읽는 법

❁

❁

❁

아이는 말 대신 얼굴빛, 목소리, 잠자는 모습 같은 일상의 신호로 자신의 몸 상태를 끊임없이 알립니다. '기와 혈'이라는 생명의 에너지, '음과 양'의 균형, '체질'이라는 고유한 특성은 아이의 신호를 들여다보는 특별한 렌즈가 되어줍니다. 이 새로운 렌즈를 통해 부모는 아이를 바라보는 시야를 넓히고, 아이의 몸과 마음을 더 선명하게 들여다볼 수 있습니다.

1.

에너지와 영양, 몸을 움직이는 두 기둥

❋ ❋ ❋

아이를 키운다는 것은 매 순간 예기치 못한 감정의 파도를 마주하는 일입니다. 설레는 미소와 함께 출처를 알 수 없는 불안이 스며들고, 안도의 숨결 뒤로는 새로운 걱정이 고개를 듭니다. 진료실에서 수많은 아이를 만나는 저도 예외가 아닙니다. 두 아들을 키우는 엄마로서 날마다 이 파도 속에서 이론과 현실의 간극을 온몸으로 체감하며 살아가고 있습니다. 지금도 기억에 남는 날이 있는데요. 여느 때와 다름없던 어느 날 아침, 다섯 살 난 첫째 아이가 온몸으로 짜증을 쏟아내는 것이었습니다.

"엄마! 블록이 자꾸 쓰러져!"
"딸기가 맛없어! 안 달아!"
"엄마는 왜 책만 봐! 같이 놀아줘!"

블록이 쓰러졌다고 울고, 간식으로 준 딸기가 달지 않다고 투정을 부리고, 잠시 책을 들려고 하면 어느새 곁에 찰싹 달라붙습니다. 처음에는 단순한 투정이라 생각해 단호하게 말했습니다. "율아, 그렇게 짜증만 내면 엄마도 힘들어. 왜 그런지 말로 이야기해 줘야 엄마가 율이 마음을 알 수 있어." 그러나 아이는 대꾸할 힘조차 없는 듯 칭얼대며 제 다리에 얼굴을 묻기만 했습니다. 화가 나려던 순간, 아이의 축 처진 어깨가 눈에 들어왔고, 그제야 엄마가 아닌 한의사의 눈으로 아이를 바라보게 되었습니다. 아이를 안아 올려 얼굴을 찬찬히 살펴보니 평소의 발그레한 기색은 사라지고 창백함만이 남아 있었습니다. 목소리는 힘이 빠져 모기 소리처럼 들렸고, 땀을 흘릴 일도 없었는데 이마와 뒷목 머리카락이 축축하게 젖어 있었습니다. 그 순간 머릿속에 떠오른 단어는 단 하나, '기허(氣虛)'였습니다. 아이는 기운이 부족해 사소한 자극조차 감당하지 못하고 있었습니다. 아이의 짜증은 단순한 감정의 문제가 아니라 몸의 에너지가 바닥나 "내 몸의 배터리가 방전되었어요."라고 외치는 절박한 신호였습니다. 어른도 기력이 쇠하면 모든 일이 귀찮고 예민해지는 것과 같은 이치입니다. 그 즉시 아이를 다그치던 것을 멈추고, 따뜻한 물을 건넨 뒤 꼭 안아주었습니다. "우리 아들, 기운이 없어서 그랬구나. 엄마가 몰라줘서 미안해. 오늘은 아무것도 하지 말고 푹 쉬자." 그러자 아이는 안심한 듯 제 품에서 스르르 잠이 들었습니다.

그날의 경험은 제게 큰 가르침을 주었습니다. 부모는 아이의 가장 가까운 주치의이자 세심한 관찰자라는 것입니다. 아이의 울음과 짜증, 웃음, 잠꼬대 하나하나는 모두 몸이 보내는 중요한 신호가 될 수 있습니다. 그리고 그 신호를 읽어내는 가장 근본적이면서도 유용한 도구가 '기(氣)'와 '혈(血)'입니다. 기와 혈이라는 말이 막연하게 느껴지실 수도 있습니다. 하지만 이는 눈에 보이지 않는 신비한 힘을 뜻하는 것이 아닙니다. 아이가 얼마나 활기차게 뛰노는지, 얼굴빛은 어떤지, 밥을 잘 먹는지, 또 편안하게 잠드는지를 살펴보는 것만으로도 충분히 파악할 수 있는 생명의 기본 바탕입니다.

1장에서는 아이 몸의 두 기둥인 기와 혈의 개념을 함께 이해하고, 그것이 보내는 신호를 읽어내는 첫걸음을 내디뎌 보겠습니다. 아이의 몸을 아는 일은 부모의 불안을 잠재우고 사랑을 더 깊게 만드는 가장 확실한 방법이기 때문입니다.

생명을 움직이는 두 개의 엔진, 기와 혈

"교수님, 기(氣)는 눈에 보이지 않는데 어떻게 확인할 수 있나요?"

한의과대학 강의실에서 기와 혈을 설명할 때 학생들이 자주 하는 질문입니다. 그때마다 저는 되묻습니다. "살아 있다는 건 무엇일까요? 생명이란 어떤 상태를 말할까요?" 다양한 답이 나오지만 결국 '스스로 생각하고, 활동하며, 변화할 수 있는 존재'라는 공통된 정의에 도달하게 됩니다. 한의학은 이 생명 활동의 근본적인 동력을 기와 혈에서 찾습니다. 이 두 가지는 정교하게 움직이는 '우리 몸'이라는 기계를 작동시키는 핵심 엔진에 비유할 수 있습니다.

그럼 이제 '기(氣)'에 대해 살펴보겠습니다. 눈에 보이지 않다 보니 낯설게 느껴질 수 있지만, 사실 우리는 이 '기'의 개념을 '기운', '활기', '기력' 같은 말로 일상에서 자연스럽게 이해하고 있습니다. '기'는 스마트폰의 배터리에 비유할 수 있습니다. 아무리 최신 기종의 스마트폰이라도 배터리가 없다면 그저 무용지물입니다. 우리 몸도 '기'라는 에너지가 있을 때 움직이고, 생각하고, 말하며, 음식을 소화하고, 체온을 유지할 수 있습니다.

'기'의 작용은 크게 세 가지로 나눌 수 있습니다. 첫째는 몸을 움직이는 원동력, 추동(推動) 작용입니다. 아이가 팔다리를 힘차게 뻗고 깔깔 웃으며 종알종알 이야기하는 모습은 모두 '기'가 충만하다는 증거입니다. 기가 부족한 기허(氣虛) 상태에서는 쉽게 지치고 움직이기를 꺼리며 목소리에도 힘이 빠져 있습니다.

둘째는 체온을 따뜻하게 유지하는 온후(溫煦) 작용입니다. '기'는 몸의 내부 보일러처럼 일정한 체온을 유지해 줍니다. 손발이 차갑고 조금만 추워도 몸이 떨리며 감기에 잘 걸린다면, 이 기능이 약해졌다는 신호일 수 있습니다.

셋째는 외부의 나쁜 기운을 막아내는 방어(防禦) 작용입니다. '기'는 몸을 둘러싸고 보호막을 형성해 바이러스나 세균 같은 외부 자극으로부터 우리 몸을 지켜줍니다. 이러한 기운을 위기(衛氣)라 부르는데, 이 위기가 약하면 감기에 자주 걸릴 수 있습니다. 또한 한 번 감기에 걸리면 쉽게 회복이 되지 않습니다.

또 한 가지 기억해야 할 점은 기가 부족하지 않더라도 흐름이 막히면 문제가 생길 수 있다는 것입니다. 이를 기체(氣滯)라 하는데, 스트레스를 받으면 속이 더부룩하거나 가슴이 답답해지는 증상이 대표적입니다. 아이들도 속상한 일이 있거나 긴장을 하면 배나 머리가 아프다고 표현하곤 합니다. 이는 기가 한곳에 정체되며 나타나는 신체적 반응입니다.

다음으로는 '**혈**(血)'에 대해 알아봅시다. 기가 눈에 보이지 않는 생명 에너지라면, 혈은 몸 곳곳에 영양을 공급하는 물질적 기반입니다. 서양의학의 혈액 개념과 비슷한 점도 있지만, 한의학의 혈은 더 포괄적인 의미를 가집니다. 앞서 기를 스마트폰 배터리에 비유했는데요. 혈은 그 에너지를 몸 구석구석으로 전달하는 전선이자 동시에 영양물질이라 할 수 있습니다. 혈은 혈관을 따라 전신을 순환하며 피부, 근육, 뼈, 오장육부에 영양과 수분을 골고루 전달합니다. 혈이 충만하면 얼굴빛이 건강하고 피부가 촉촉하며, 머리카락도 윤기 있고 튼튼합니다. 또한 혈은 정신 활동과 밀접한 연관이 있습니다. 따라서 혈이 뇌와 심장에 충분히 공급되어야 마음이 안정되고 집중력이 좋아지며 밤에 편안히 잘 수 있습니다. 한편, 혈이 부족해지는 혈허(血虛) 상태가 되면 여러 가지 문제가 나타납니다. 얼굴빛이 누렇게 뜨거나 창백해지고, 피부는 건조하고 거칠어집니다. 머리카락은 가늘어져 쉽게 빠지며, 손발톱도 약해져 잘 부러집니다. 또 마음이 불안해지고 꿈을 자주 꾸어 깊은 잠을 이루기 어렵습니다. 이로 인해 집중력이 떨어지고 학습 능력에도 어려움이 생길 수 있습니다.

기(氣)와 혈(血)이 서로 맺는 관계를 이해하는 것도 중요합니다. 이 둘은 따로 존재하지 않고, 언제나 함께 움직이는 동전의 양면과도 같습니다. "기는 혈의 짝이니, 기가 움직이면 혈도 흐르고, 기가 막히면 혈도 막힌다(氣者, 血之配也. 氣行則血行, 氣滯則血滯.)."라는 말이 있습니다. 기와 혈은 부부처럼 밀접하게 연결되어 있어 어느 한쪽에 이상이 생기면 반드시 다른 쪽에도 영향을 미칩니다.

영양물질인 혈이 몸 구석구석까지 전달되려면, '기'라는 에너지가 그것을 힘차게 밀어주어야 합니다. 기운이 부족하면 혈액순환도 원활하지 않습니다. 반대로 아무리 강한 에너지라도 그것을 만들어낼 원료가 되는 혈이 부족하면 제 기능을 유지할 수 없습니다. 음식이 위(胃)에서 소화되어 혈로 바뀌고, 그 혈을 바탕으로 다시 기가 생성되는 과정은 두 요소가 서로를 북돋우며 이어지는 관계를 잘 보여줍니다. 진료실에서는 기와 혈이 모두 부족한 기혈양허(氣血兩虛) 상태의 아이들을 자주 만나게 됩니다. 큰 병을 앓거나 수술을 받은 아이, 또는 만성적인 식욕 부진으로 영양 섭취가 부족한 아이들이 대표적인 경우입니다. 이들은 대체로 기와 혈이 함께 고갈된 상태에 놓여 있습니다.

아이의 기혈 신호등

한의학 이론에서 얻은 통찰을 어떻게 아이의 일상에 잘 녹여낼 수 있을까요? 진료실에서 아이들을 만날 때면 얼굴빛과 걸음걸이, 목소리 톤을 가장 먼저 살펴봅니다. 이런 작은 관찰은 부모도 어렵지 않게 할 수 있고, 오히려 가장 가까이에서 아이를 지켜보는 엄마 아빠가 더 잘할 수도 있습니다. 이제부터는 아이 몸의 기혈 신호등을 어떻게 읽어낼 수 있는지 그 비결을 천천히 나누어 드리겠습니다.

첫 번째 신호등:
얼굴빛과 피부 – 몸의 상태를 비추는 거울

얼굴은 기혈 상태를 가장 솔직하게 드러내는 '건강 스크린'입니다. 아침에 "잘 잤니?" 하고 아이의 얼굴을 바라보는 그 짧은 순간이 아이 건강을 확인할 수 있는 첫 번째 기회입니다. 기가 충분하면 피부 밖으로 밀어주는 힘이 강해 얼굴빛이 밝고 투명하며 윤기가 납니다. 반면에 기가 부족하면 얼굴빛이 희멀겋거나 창백합니다. 혈은 얼굴에 붉은 기운을 더해줍니다. 혈이 충분하면 두 뺨이 자연스레 발그레하고 생기가 돌지만, 부족하면 얼굴이 창백하거나 누렇게 뜨고 핏기가 사라집니다.

"교수님, 저희 아이는 얼굴이 늘 하얗고 윤기가 없어요."

일곱 살 민준이는 아토피 피부염이 있었지만 겉으로는 심해 보이지 않았습니다. 그러나 피부 전체가 생기를 잃고 푸석했습니다. 어머니는 "좋다는 보습제는 다 발라봤는데 그때뿐이에요. 뭘 해줘도 소용이 없어요."라며 속상한 마음을 토로하셨습니다. 민준이의 모습은 기와 혈이 모두 부족한 전형적인 기혈양허(氣血兩虛)였습니다. 피부에 영양을 공급할 에너지도 부족했고, 그 원천이 되는 혈도 모자라 피부 장벽이 제 역할을 못 하고 있었습니다. 단순히 피부의 열만 내려주는 치료로는 효과를 보기 어려웠습니다. 기와 혈을 함께 보강하는 치료를 3개월가량 이어가자 피부에 자연스러운 윤기가 돌기 시작했고, 가려움증도 크게 줄어 더 이상 밤에 긁지 않게 되었습니다. 어머니는 민준이의 "이제는 안 가려워요."라는 말에 눈물이 날 만큼 감격했다고 하셨습니다.

저의 두 아들도 컨디션에 따라 얼굴빛이 달라집니다. 신나게 뛰어논 날 저녁에는 두 뺨이 복숭아처럼 발그스레하고, 혈액순환이 잘 되는 게 보입니다. 반면 감기 기운이 있거나 피곤한 날 아침이면 콧등과 입가가 푸르스름하거나 얼굴이 전체적으로 창백합니다. 그럴 때면 속으로 이렇게 말하곤 합니다. '오늘은 무리하면 안 되겠구나.' 아이의 얼굴빛은 결코 거짓말을 하지 않습니다.

두 번째 신호등:
활동량과 목소리 – 아이의 에너지 잔량을 보여주는 창

아이들은 대체로 활발하지만 에너지의 양과 질은 개인마다 차이가 있습니다. 활동량과 목소리는 아이의 '기 배터리'가 얼마나 충전되어 있는지를 보여주는 지표입니다. 기가 충분한 아이는 몸을 움직이려는 욕구가 강하고 쉽게 지치지 않습니다. 목소리 역시 기의 힘으로 만들어집니다. 기운이 넘치는 아이의 목소리는 우렁차고 힘이 있습니다. 한편, 기가 부족하면 움직이기를 힘들어하고 목소리가 작으며 말수도 적기 마련입니다.

"아이가 놀이터에 나가도 30분을 못 놀고 벤치에 앉아버려요. 다른 아이들은 몇 시간을 뛰어노는데… 너무 허약한 게 아닐까요?"

이런 고민을 안고 진료실을 찾는 부모님이 많습니다. 여섯 살 서우도 그랬습니다. 또래와 놀기 시작한 지 얼마 되지 않아 "엄마, 힘들어. 집에 가자."며 금세 지쳐버리곤 했습니다. 활동량이 적은 아이를 보면 으레 성격이 얌전해서 그렇다고 여기기 쉽지만 실제로는 기허(氣虛)일 수 있습니다. 식욕이 없고 땀을 많이 흘리며, 감기에 자주 걸린다면 더 주의가 필요합니다. 기허 상태의 아이에게 "좀 더 놀아봐!" 하고 재촉하는 것은 마치 배터리 잔량이 10% 남은 스마트폰으로 고사양 게임을 하라는 것과 같습니다. 서우는 기를 보강하는 한약 치료와 생활 습관 조절을 통해 체력을 회복했습니다. 이제는 친구들과 한 시간 이상 뛰어놀아도 지치지 않을 정도로 건강해졌습니다. 어느 날 "엄마! 오늘 정말 재밌었어!" 하며 반짝이는 눈으로 이야기하는 서우를 보며, 어머니는 "정말 내 아이가 맞나 싶을 정도로 신기했어요."라며 놀라워하셨습니다.

저희 둘째는 첫째보다 체력이 약했습니다. 형이랑 똑같이 놀아도 금세 지쳐 "엄마, 힘들어. 안아줘."라고 했지요. 처음엔 단순한 어리광으로 여겼지만, 자세히 보니 숨이 가쁘고 얼굴이 창백했습니다. 그 경험을 통해 알게 되었습니다. 아이가 보내는 '힘들다'는 신호를 무시한 채 활동을 강요하면 기운을 더 고갈시킬 수 있다는 것을요. 아이 스스로 활동을 멈추고 휴식을 원할 때는 그 신호를 충분히 존중해 주세요. 그때 비로소 회복이 시작됩니다.

세 번째 신호등:
수면과 땀 – 몸의 조절력과 균형을 확인하는 창

아이의 수면은 단순한 휴식이 아닙니다. 낮 동안 소모된 기와 혈을 보충하고 몸의 균형을 다시 맞추는 중요한 시간입니다. 수면 패턴과 땀의 양상은 기와 혈의 균형을 가늠할 수 있는 중요한 단서가 됩니다. 땀은 기가 조절합니다. 기운이 허약해지면 땀구멍을 여닫는 힘이 약해져 가만히 있어도 땀이 흐르거나(자한, 自汗), 자는 동안 식은땀이 흠뻑 나는 경우(도한, 盜汗)가 생깁니다. 한편 혈은 정신을 안정시키는 역할을 합니다. 혈이 부족해 심장에 충분한 영양을 공급하지 못하면 마음이 불안정해져 깊이 잠들지 못하고 자주 깨거나 꿈을 많이 꾸게 됩니다.

세 살 지현이의 어머니는 지친 얼굴로 진료실을 찾으셨습니다.

"아이가 밤에 열 번도 넘게 깨요. 자다가 갑자기 울면서 일어나기도 하고, 끙끙 앓을 때도 있어요."

이런 증상을 야제(夜啼)라고 합니다. 야제의 원인은 다양하지만 혈허로 인해 심장의 기운이 불안정할 때 자주 나타납니다. 지현이는 낮에 과도하게 활동하거나 긴장한 날이면 밤에 잠을 설치곤 했습니다. 치료는 혈을 보충하고 심신을 안정시키는 방향으로 이루어졌습니다. 두 달이 지나자 지현이는 밤에 한두 번 정도만 깼고, 깨더라도 금세 다시 잠들 수 있게 되었습니다. 아침에도 기분 좋게 일어나는 날이 많아졌습니다. 어머니는 "온 가족이 함께 푹 잘 수 있게 되니 아이와 보내는 낮 시간도 훨씬 즐거워졌어요."라며 행복한 미소를 지으셨습니다.

이처럼 수면과 땀은 아이 몸의 속사정을 보여주는 또 다른 언어입니다. 신나게 뛰어논 후 이마에 맺히는 땀은 건강한 아이에게 있어 매우 자연스러운 것입니다. 하지만 가벼운 활동에도 금세 땀이 흘러내린다면 몸의 '연료 효율'이 떨어졌다는 신호일 수 있습니다. 기가 약해진 기허(氣虛) 상태에서는 마치 배터리가 방전된 것처럼, 작은 움직임에도 불필요하게 많은 에너지를 소모하게 됩니다.

밤에 자는 동안 흘리는 땀은 '음허(陰虛)'로 몸을 식혀주는 기운이 부족할 때 나타납니다. 정상적인 수면에서는 체온이 서서히 내려가며 깊은 잠에 빠집니다. 그러나 몸의 쿨링 시스템에 이상이 생기면 이 과정이 제대로 이루어지지 않습니다. 자동차 엔진의 냉각수가 부족한 것처럼 체온을 안정적으로 낮추지 못해, 몸이 억지로라도 땀을 흘려 열을 조절하려는 것이지요. 그러나 이런 땀은 깊은 잠을 방해하고, 식으면서 감기를 유발하기도 합니다.

한편 등줄기를 타고 흐르는 차가운 땀은 양기(陽氣) 부족이나 비위(脾胃) 기능이 약해졌을 때 나타날 수 있습니다. 마치 보일러가 고장 난 집처럼 몸이 스스로 따뜻함을 지키지 못하는 상태가 되는 것이지요. 이런 땀은 아이의 몸이 균형을 잃고 있다는 뚜렷한 신호입니다. 소화가 잘 되지 않거나 음양의 조화가 무너졌을 때 두드러집니다. 아이의 땀방울 하나에도 몸이 전하는 메시지가 담겨 있다는 사실, 꼭 기억해 주세요.

네 번째 신호등:
식욕과 소화 – 잘 먹고 잘 소화하는 것도 기의 힘

"아이가 밥을 너무 안 먹어요." 진료실에서 부모님들이 자주 꺼내는 고민입니다. 그러나 밥을 잘 안 먹는다고 해서 편식으로만 여기는 것은 아이의 상태를 정확히 이해하는 데 부족할 수 있습니다. 음식을 소화하고 흡수하는 과정 자체가 많은 에너지를 필요로 하기 때문입니다.

소화 기능은 비위(脾胃)의 기운이 중심이 되어 이루어집니다. 위(胃)는 음식을 받아들이고, 비(脾)는 이를 소화시켜 기와 혈의 원료가 되는 정미로운 물질(수곡정미, 水穀精微)로 바꿉니다. 이 모든 과정에 기의 힘이 반드시 필요합니다. 비위의 기운이 약한 아이는 음식을 봐도 식욕이 생기지 않습니다. 억지로 먹더라도 소화력이 부족해 배가 더부룩하거나 금세 설사를 하게 됩니다. 밥을 안 먹는 아이는 단순히 입이 짧은 것이 아니라 소화시킬 힘이 부족한 것일 수 있습니다.

저희 둘째 아이도 입이 짧아 걱정이 많았습니다. 좋아하는 반찬을 해줘도 몇 숟가락만 먹고는 이내 고개를 돌리곤 했습니다. 그런데 흥미로운 점을 발견했습니다. 컨디션이 좋은 날에는 평소보다 훨씬 잘 먹는 것이었습니다. 그러나 조금이라도 피곤한 날이면 식탁에서 딴청을 부리거나 입을 꾹 다물었습니다. 아이의 식욕이 기운의 상태와 밀접하게 연결되어 있다는 것을 눈으로 확인할 수 있는 순간이었습니다. 그 후부터는 억지로 먹이기보다 컨디션을 살피고, 기운을 회복할 수 있도록 돕는 데 초점을 두었습니다.

다섯 번째 신호등:
혀와 입술의 색 – 비위 기능과 기혈 상태를 비추는 거울

혀는 심장의 상태와 위장의 기운을 드러냅니다. 혀의 색과 설태는 몸의 열(熱)이나 기혈 부족을 알려줍니다. 아이에게 "메롱~ 해봐."라고 한 후 아이의 혀를 들여다보는 습관을 들이면 좋습니다. 혀는 소화기를 비롯해 몸 전체의 상태를 비춰주는 작은 지도와도 같습니다. 건강한 혀는 옅은 분홍빛인 담홍색을 띠고 표면에서는 얇고 고르게 퍼진 흰 막(백태)이 관찰됩니다. 하지만 비위 기능이 약해지면 여러 변화가 나타납니다. 예를 들어 혀 위에 백태가 두껍게 끼어 치즈처럼 덮여 있다면 위장에 소화되지 않은 음식물인 식적이 쌓였다는 신호일 수 있습니다. 또 혀 색이 지나치게 희어 핏기가 없어 보인다면 기와 혈이 부족해 영양을 제대로 만들어내지 못하고 있음을 뜻합니다. 혀 가장자리에 눌린 잇자국이 남는 경우도 있는데, 이는 혀가 부어오르며 생기는 현상으로 몸속에 불필요한 수분이 정체되어 있고 비위의 기운이 약해졌다는 신호입니다.

혀가 전신 건강의 축소판이라면, 입술은 비위 기능과 기혈 상태를 민감하게 반영하는 또 다른 창입니다. 입술의 색깔은 비위 기능과 혈의 상태를 잘 보여줍니다. 혈이 부족하면 입술이 창백해집니다. 몸에 열이 많거나 체내 수분(음액)이 부족하면 입술이 지나치게 붉고 쉽게 건조해집니다.

감기로 열이 날 때 아이들의 혀는 평소보다 훨씬 붉어지고, 설태가 노랗게 변하는 경우가 많습니다. 이는 몸속에 열이 침입했다는 명확한 신호입니다. 만성 비염이나 식욕부진이 있는 아이들은 혀가 핏기 없이 창백하거나, 혀에 두껍고 얼룩덜룩한 백태가 끼어 있는 경우가 많습니다. 입술이 트고 주변이 붉게 짓무르는 경우도 흔한데, 비위에 습사(濕邪)와 습열(濕熱)이 쌓였다는 신호일 수 있습니다. 아침에 양치하기 전 잠깐 입술과 혀를 살펴보는 습관만으로도 아이의 소화기 컨디션을 예측할 수 있습니다. 그날의 상태에 따라 식단이나 활동량을 조절하는 작은 실천은 아이의 건강을 지키는 데 큰 도움이 됩니다.

교과서 속 기허와 달랐던 우리 아이

학생들에게 가르쳐온 교과서 속 기허의 특징은 쉽게 피로를 느끼고, 말수가 적으며, 활동량이 적은 조용한 모습이었습니다. 첫째 아이를 깊이 관찰하기 전까지는 이 정의가 너무 당연하게 느껴져 의심할 여지가 없었습니다.

첫째는 기운이 부족할 때 짜증을 냈지만, 기본적으로는 가만히 있지 못하는 성향의 아이였습니다. 밥상에서도 꼼지락거리고, 책을 읽어줘도 들썩거리며, 눕혀 놓으면 이리저리 구르기 일쑤였습니다. 주변 어른들은 "아이고, 에너지가 넘쳐서 좋네!"라고 말씀하셨지만, 엄마인 제 눈에는 어딘가 어색

하고 부자연스러워 보였습니다. 겉으로 보기엔 활발한 듯했지만, 얼굴이 창백하고 쉽게 지쳐 보였습니다. 특히 문제가 된 건 '집중력'이었습니다. 블록을 쌓다가도 금세 흥미를 잃고 다른 장난감으로 옮겨가는 모습은 ADHD를 연상시켰습니다. 전문가임에도 한때 깊은 근심에 빠졌습니다. '내가 배운 이론이 틀린 걸까? 아니면 우리 아이가 특이한 경우일까?'라는 의문이 따라 붙었습니다.

그러던 어느 날 문득 이런 생각이 들었습니다. '아이가 부산스러운 것이 정말 에너지가 넘쳐서일까? 혹시 에너지가 부족해서 그것을 통제하고 저장할 힘이 없어 밖으로 새어 나오는 건 아닐까?' 물이 가득 담긴 항아리는 묵직하게 자리를 지키지만, 물이 적게 담긴 항아리는 작은 충격에도 쉽게 흔들리고 넘쳐버립니다. 첫째 아이의 기운이 바로 그랬습니다. 충분하지 않아 효율적으로 쓰지 못하고 사방으로 흩어지고 있었던 것입니다.

그 깨달음 이후 아이를 교과서의 틀에 맞추려는 태도를 멈추고, 아이의 기질 속에서 한의학의 지혜를 새롭게 해석하기 시작했습니다. 기운을 보강하는 한약을 쓰고, 흩어진 에너지를 한곳에 모으는 연습을 도왔습니다. 숨이 찰 정도로 뛰게 하기보다는 흙을 만지거나 조용히 무언가를 만드는 활동을 함께하며 에너지를 조절하도록 했지요. 그러자 아이는 차츰 한 가지 놀이에 30분 이상 집중할 수 있게 되었고, 얼굴에도 혈색이 돌기 시작했습니다.

"엄마, 오늘은 레고로 멋진 차를 만들었어요!"

스스로 성취를 이야기하던 아이의 모습은 큰 감동이었습니다.

이론은 아이를 이해하는 훌륭한 도구이지만, 아이를 가두는 틀이 되어서는 안 됩니다. '내 아이가 가진 고유의 기질과 체질'이라는 바탕 속에서 그 지혜를 해석하고 적용할 때, 비로소 아이의 몸과 마음을 제대로 읽을 수 있게 됩니다.

포스트 코로나 시대,
아이들의 기(氣)와 혈(血)은 어떻게 달라졌을까요?

코로나19 팬데믹 이후 아이들이 자라는 환경은 불과 몇 년 전과 비교해도 크게 달라졌습니다. 생활 패턴과 면역 체계는 눈에 띄는 변화를 겪었고, 이는 아이들의 기와 혈에도 새로운 과제를 남겼습니다. 마스크 착용, 줄어든 야외 활동, 디지털 기기의 과도한 노출이 대표적입니다.

팬데믹 동안 장시간 마스크를 착용하고 실내에 머무는 시간이 길어지면서 아이들의 폐 기능이 약해졌습니다. 폐는 호흡을 주관하고 전신의 기를 다스립니다. 신선한 공기를 받아들이고 탁한 기운을 내보내는 과정은 기의 생성과 순환에 핵심입니다. 하지만 아이들은 마음껏 숨 쉬며 뛰어놀 기회를 잃었습니다. 그 결과 폐의 기운이 약화되며 감염에 대한 저항력인 위기(衛氣)도 함께 떨어졌습니다. 최근 진료실에서는 "감기를 달고 살아요.", "비염이 심해졌어요."라는 부모님들의 호소가 늘었습니다. 특히 팬데믹 시기에 태어나거나 영유아기를 보낸 아이들에게는 호흡기 문제가 더 자주 나타납니다.

아이들은 뛰어놀며 자연스럽게 기운을 소통시킵니다. 그러나 팬데믹 동안 활동량이 줄자 기가 흐르지 못하고 정체되기 쉬운 환경이 되었습니다. 기체(氣滯)가 되면 짜증이 늘고 배가 아프거나 가슴이 답답하다고 표현하게 됩니다. "괜히 예민해졌어요.", "별일 아닌데도 짜증을 내요."라는 부모의 말

속에는 사실 '기의 흐름이 막혔다.'는 신체적 신호가 숨어 있을 수 있습니다.

무엇보다 우려되는 변화는 디지털 기기의 과다 사용입니다. 밝은 화면에 오랜 시간 집중하는 일은 눈과 간(肝), 그리고 뇌의 혈을 빠르게 고갈시킵니다. 혈은 영양물질일 뿐 아니라 정신 활동의 기반입니다. 스마트폰과 영상에 장시간 노출된 아이들은 눈이 피로하고 건조해지며, 집중력이 떨어지고 정서적으로 불안정해지기 쉽습니다. 깊은 잠도 이루지 못하고, 작은 자극에도 짜증이나 울음으로 반응하곤 합니다. "스마트폰을 오래 보고 나면 꼭 머리가 아프다고 해요.", "태블릿 PC를 많이 사용한 날 밤은 잠을 설쳐요."라는 부모님의 걱정은 진료실에서 흔히 들을 수 있는 육아 고충입니다.

포스트 코로나 시대의 아이들을 돌보기 위해서는 이전과는 다른 관찰 포인트가 필요합니다.

실내 공기는 쾌적하게 유지되고 있는가? ☐
마스크를 벗고 깊이 호흡할 기회가 있는가? ☐
스마트폰이나 화면을 얼마나 오래 보는가? ☐
햇볕을 쬐며 바깥에서 뛰노는 시간이 충분한가? ☐
또래와 함께 몸으로 어울리며 노는 시간이 충분한가? ☐

이 질문들을 일상에서 점검하는 것만으로도 아이의 건강을 지키는 데 큰 도움이 됩니다. 한의학의 지혜에 시대적 변화를 읽는 통찰을 더할 때, 지금 아이들에게 무엇이 가장 필요한지를 제대로 알 수 있습니다.

이번 장에서는 아이 몸의 두 기둥인 기(氣)와 혈(血)을 정리해 보았습니다. 기와 혈을 읽어내는 감각은 한의사의 전유물이 아닙니다. 매일 아침 "잘 잤어?" 하고 아이 얼굴을 바라보는 엄마의 눈길, 놀이터에서 넘어져 우는 아이를 다독이는 아빠의 손길 속에도 그 감각은 깃들어 있습니다. 이제는 그 따뜻한 시선을 조금 더 구체적인 지식과 연결해 실천으로 옮길 차례입니다. 오늘 저녁, 아이 얼굴을 찬찬히 들여다보세요.

- 평소보다 얼굴빛이 맑고 생기가 도는지, 아니면 지쳐 보이는지
- 목소리에 힘이 있는지, 혹은 기운 없이 기어 들어가는지
- 혀의 색깔과 설태(舌苔)가 어떤지
- 잠들 때 땀을 흘리는지

이 작은 변화를 알아차리는 엄마 아빠의 따뜻한 눈길이 세상 어떤 명의의 처방보다 아이의 몸과 마음을 앞서 살피는 훌륭한 진단 도구가 될 것입니다.
우리 아이 면역력의 뿌리를 단단히 세우는 이 여정의 첫걸음을 내디디신 것을 진심으로 환영합니다. 부모의 관찰이 깊어질수록 아이의 몸은 건강해지고, 사랑은 더욱 단단해질 것입니다.

2.

더위와 추위, 기질을 가르는 힘의 조화

❋ ❋ ❋

두 아들을 키우며 종종 놀라곤 합니다. 같은 부모에게서 태어나고 동일한 환경에서 자랐는데도 두 아이는 전혀 다른 우주를 품고 있습니다. 기질도, 입맛도 달랐지만, 그중에서도 가장 두드러진 차이는 몸의 온도였습니다.

첫째 아이는 태어날 때부터 한여름을 몸에 지닌 듯했습니다. 한겨울에도 내복을 갑갑해했고, 잠들자마자 이불을 걷어차 방구석으로 밀어버리기 일쑤였지요. 늘 시원한 것을 찾았고, 손을 잡으면 제 손이 차갑게 느껴질 만큼 뜨거운 열기를 지니고 있었습니다. '아이는 본래 열이 많다(純陽之體).'는 옛말을 증명하는 아이였습니다. 반면 둘째 아이는 한겨울의 기운을 타고난 듯했습니다. 아기 때부터 손발이 서늘했고, 지금도 여름밤이면 얇은 이불이라도 덮어야 안심합니다. 따뜻한 국물을 좋아하고, 찬 음료를 마시면 곧바로 배가 아프다고 손사래를 치지요. 둘째를 보면 '아이는 열이 많다.'는 말이 절반만 맞는 이야기였습니다.

불덩이 같은 첫째와 얼음 같은 둘째를 함께 키우다 보니 이 질문을 피할 수 없었습니다. "도대체 왜 이렇게 다를까?" 아이스크림을 찾는 첫째와 따뜻한 꿀물을 찾는 둘째를 보며, 두 아이의 몸속에서 서로 다른 힘이 작용하고 있음을 직감했습니다. 그것은 바로 이번 장의 핵심 개념, 음(陰)과 양(陽)입니다.

 몸을 움직이는 두 개의 엔진이 기(氣)와 혈(血)이라면, 그 엔진의 출력을 조절하며 균형을 맞추는 종합 제어 시스템은 음(陰)과 양(陽)입니다. 우리 아이는 왜 유난히 더위를 잘 타며 에너지가 넘치는지(양적 성향), 혹은 왜 추위를 잘 타고 차분한지(음적 성향)를 이해하는 열쇠는 음양의 균형에 있습니다. 음양은 '좋다/나쁘다'를 가르는 잣대가 아닙니다. 아이의 고유한 체질적 특성을 이해하고, 그 균형이 무너질 때 나타나는 신호를 민감하게 알아차리는 지혜입니다. 아이의 몸이라는 작은 우주를 움직이는 근본 원리, 음과 양의 세계로 함께 들어가 보겠습니다.

세상의 모든 것은 음과 양으로 이루어져 있다

 한의학에서 가장 근본적인 철학을 하나만 꼽으라면 단연 음양론(陰陽論)입니다. 세상 만물은 음과 양이라는 상반된 두 기운이 서로를 견제하고 의지하며 끊임없이 변화함으로써 조화를 이루고 있습니다. 하늘(陽)이 있으면 땅(陰)이 있고, 낮(陽)이 지나면 밤(陰)이 찾아옵니다. 해(陽)가 뜨면 달(陰)은 집니다. 남성과 여성, 활동과 휴식, 뜨거움과 차가움처럼 세상의 모든 현상은 음양의 균형 속에서 이루어집니다. 우리 몸도 예외가 아닙니다. 몸속 음과 양은 끊임없이 균형을 맞추려는 두 힘이며, 이 조화가 이루어질 때 건강을 유지할 수 있습니다. 한쪽으로 치우치거나, 양쪽 모두가 약해져 균형이 무너지면 그것은 곧 질병으로 나타납니다. 음양은 자동차의 '가속 페달(양)'과 '브레이크 혹은 냉각수(음)'에 비유해 볼 수 있습니다.

양(陽)은 몸의 기능적이고 활동적인 면을 대표합니다. 마치 자동차의 가속 페달처럼 에너지를 공급하고, 몸을 따뜻하게 데우며 활력을 불어넣는 역할을 합니다. 1장에서 다루었던 기(氣)도 양의 영역에 속합니다. 기는 몸을 움직이고 따뜻하게 하며 외부의 자극으로부터 방어하는 에너지입니다. 이처럼 양은 생명 활동의 원동력이 됩니다. 만약 몸속 양기가 부족한 양허(陽虛)에 이르면 추위를 잘 타고 기운이 없으며 전반적인 신체 기능이 떨어집니다.

음(陰)은 몸을 식히고 진정시키며, 영양과 체액을 공급하는 물질적 기반입니다. 자동차에 비유하면 브레이크나 냉각수처럼, 과도한 열을 식히고 몸과 마음에 안정감을 부여하는 역할을 합니다. 혈(血)뿐 아니라 체액(진액, 津液)과 정수(精)도 모두 음의 영역에 속합니다. 이 기반이 충분해야 몸이 건조하지 않고, 마음이 차분하게 안정될 수 있습니다. 음이 부족한 상태인 음허(陰虛)가 되면 몸속에 불필요한 열이 쉽게 생기고, 피부는 건조해지며, 마음이 불안해지거나 수면의 질이 떨어지게 됩니다.

음과 양은 서로를 몰아내야 할 적대 관계가 아니라 반드시 함께 존재해야 하는 상호 보완적인 파트너입니다. 가속 페달(양)만 있고 브레이크(음)가 없다면 자동차는 곧 폭주하게 되고, 브레이크만 있고 가속 페달이 없다면 앞으로 나아갈 수 없습니다. 아이의 몸도 마찬가지입니다. 건강한 몸에서는 음과 양이 서로를 견제하며 마치 시소처럼 균형을 이루고 있습니다. 낮 동안 양기(陽氣)를 발산하며 활발히 움직였다면, 밤에는 깊은 잠을 통해 음(陰)의 기운을 보충하며 과열된 몸을 식히고 재충전하는 것이지요. 그러나 이 균형이 무너지기 시작하면 아이의 몸은 다양한 신호로 그 이상을 알려오기 시작합니다. 그럼 이제, 음양 불균형이 아이의 몸에서 어떻게 드러나는지, 부모는 이것에 어떤 태도로 접근해야 하는지 살펴보겠습니다.

음양 시소가 기운 아이, 어떻게 돌볼까?

진료실에서 만나는 아이들은 크게 두 부류로 나뉩니다. 에너지가 넘치고 늘 "더워!"를 외치며 목소리까지 큰 양(陽)적 성향의 아이와 서늘한 기운을 지니고 조용하며 쉽게 피로해지는 음(陰)적 성향의 아이가 있습니다. 대부분 두 성향을 모두 갖고 있지만, 그중 한쪽이 더 뚜렷하게 드러나는 경우가 많습니다. 우리 아이는 어느 쪽에 더 가까울까요?

작은 불덩이를 식히는 법 — 양(陽)이 강한 아이

"엄마, 나 더워!"

한겨울에도 찬물을 찾고 내복은 답답하다며 벗어던지던 첫째 아이는 기초 체온이 높고 활동량도 많았습니다. 에너지가 풍부한 건 좋은 일이지만, 때론 스스로도 그 기운이 감당이 안 되어 벅차 하곤 했습니다. 잠들기 직전까지 흥분이 가라앉지 않고, 머리에서 땀이 흘러 베개가 젖을 정도였지요. 처음에는 '아이는 원래 열이 많으니 건강한 거지.'라며 대수롭지 않게 넘겼습니다. 하지만 시간이 갈수록 걱정이 생겼습니다. 감기만 걸리면 고열로 이어지고, 깊은 잠을 자지 못하며, 짜증을 내는 일도 잦았기 때문입니다.

처음엔 열을 식혀주자는 생각으로 냉방을 자주 하고 찬 음식을 제한 없이 주었습니다. 하지만 아이는 점점 소화가 잘 안되고 밤에 더 뒤척이는 등 예상치 못한 모습을 보였습니다. 무엇이 잘못된 걸까 고심하던 끝에, 이 아이는 양(陽)의 기운이 지나치게 강한 아이임을 깨달았습니다. 양기는 몸을 따뜻하게 데우고 활력을 주는 에너지지만 지나치면 몸속의 음(陰)인 진액(체액)을 쉽게 소모시킵니다. 마치 마른 땅에 햇볕만 내리쬐는 것처럼, 식혀줄 물이 부족해 갈증이 심하고 피부가 건조해지며, 정서까지 불안정해지는 것이지요. 제가 저질렀던 가장 큰 실수는 뜨거움을 식히는 것에만 몰두하느라 진액을 보충하거나 흥분된 상태를 진정시킬 루틴을 마련하지 않았다는 겁니다. 양이 강한 아이에게 필요한 것은 단순한 냉각이 아니라, 발산과 진정을 균형 있게 조율해 주는 돌봄이었습니다.

　양기가 강한 아이들은 낮 동안 활발하게 움직이지만, 그 기운이 밤까지 이어져 '꺼지지 않는 불꽃'처럼 작동합니다. 그래서 '놀이 → 진정 → 수면'으로 이어지는 하강 루틴이 반드시 필요합니다. 격하게 뛰어논 뒤에는 미지근한 물로 족욕을 하거나, 엄마와 함께 책을 읽으며 마음을 가라앉혀 주세요. 아이가 "너무 더워요."라고 말할 때는 실제 체온 때문일 수도 있지만, 정서적으로 흥분해 열감을 느끼는 경우도 많습니다. 이런 때는 조용한 공간에서 아이와 눈을 맞추고 차분히 대화하는 것만으로도 흥분이 가라앉고 마음이 안정됩니다. 잠들기 전 30분은 특히 중요한 시간입니다. TV나 태블릿은 뇌를 깨우므로 멀리해 주세요. 대신 퍼즐이나 그림 그리기 같은 조용한 놀이를 하는 것이 좋습니다. 또한 조도를 낮춘 조명, 부모의 따뜻한 손길을 더해 줄 때 아이는 차분하게 잠들 수 있습니다.

이처럼 환경을 차분히 조성하는 것과 함께 아이의 몸과 마음을 안에서부터 진정시키는 방법으로, 복식호흡을 활용할 수 있습니다. 아이와 함께 해볼 수 있는 간단한 방법을 소개합니다.

먼저 편안히 누운 자세에서 온몸의 긴장을 풀고 오른손은 배 위에, 왼손은 가슴 위에 가볍게 올려둡니다. 그런 다음 코로 천천히 숨을 들이마시며 배가 풍선처럼 부풀어 오르는 것을 느끼게 합니다. 숨이 배 깊숙이 차올랐다면 잠시 멈췄다가 입으로 "후—" 소리를 내며 가볍게 내쉬도록 합니다. 처음에는 하루 1~2분씩 짧게만 해도 충분하며 차츰 시간을 늘려가면 좋습니다. 복식호흡은 긴장된 근육을 이완시키고 교감신경의 과도한 각성을 가라앉히며, 부교감신경을 활성화해 몸의 균형을 되찾게 합니다. 부모가 옆에서 함께해 주면 아이는 훨씬 더 쉽게 호흡의 리듬을 배울 수 있습니다.

음식도 중요한 요소입니다. 찬 성질의 음식은 일시적으로 갈증을 풀어주지만 속을 차갑게 해 소화력을 떨어뜨립니다. 아이가 "차가운 걸 먹고 싶어요!"라고 할 때는 얼음물이나 아이스크림 대신 실온의 미숫가루, 배즙, 포도즙을 주는 편이 낫습니다. 또한 진액을 보충하는 미역국, 배숙, 녹두죽 같은 음식은 아이의 균형을 회복하는 데 안정적인 도움을 줍니다.

오들오들 아기새를 품어주는 법 – 음(陰)이 강한 아이

"아니, 이런 날씨에 러닝셔츠를 또 입어요?"

한여름, 어린이집 선생님의 한마디에 순간 멈칫한 적이 있었습니다. 둘째 아이는 집에서도, 바깥에서도 양말을 챙겨 신으려 하고, 밤에 잘 때도 반드시 배를 덮어줘야 안심하는 아이였습니다. '이 정도면 괜찮겠지.' 싶어 얇은 반팔 티 하나만 입혀 보낸 날, 아이는 미열과 콧물을 달고 집에 왔습니다. 같은 환경에서 자라는 형은 더위를 호소하며 이불을 걷어차고 얼음을 좋아했는데, 정반대의 모습이었지요. 둘째는 에어컨 바람에도 금세 오한이 왔고, 찬 과일을 먹으면 배를 움켜쥐곤 했습니다. 처음에는 단순한 체질 차이라고 생각했지만, 반복되는 설사와 잦은 감기에 한숨이 깊어졌습니다.

陽虛則溫煦無力, 衛外不固(양허즉온후무력, 위외불고) - 양기가 부족하면 몸을 따뜻하게 데우는 힘이 약해시고, 외부 자극을 막아내는 방어력도 약해진다는 의미입니다. 둘째 아이가 그랬습니다. 겉보기에는 조용하고 순해 보였지만, 그 안에는 체온을 지켜내고 낯선 자극을 버텨내는 힘이 아직 여물지 않은 섬세하고 여린 우주가 숨어 있었습니다.

음이 강한 아이들은 쉽게 피로해하고 소화력이 약하며 추위를 잘 탑니다. 겉으로는 얌전하고 순한 모습 덕분에 돌봄에서 소홀해지기 쉽지만, 사실 이 아이들에게는 더 섬세한 관심이 필요합니다. 두꺼운 옷으로 겉을 감싸는 것만으로는 충분하지 않습니다. 몸속에서 스스로 따뜻한 에너지를 만들고 순환시키는 힘을 키워주는 것이 핵심입니다. 그 과정에서 배와 목뒤처럼 속의 온기와 직결된 부위를 따뜻하게 지켜주는 작은 습관은 몸 전체의 안정을 돕습니다. 지나치게 차갑거나 기름진 음식은 피하는 것이 좋고, 안정되시고 예측 가능한 생활 리듬을 유지하는 것이 중요합니다. 무리한 활동보다는 회복과 다독임을 우선해야 합니다.

둘째 아이가 컨디션이 안 좋을 때는 아침마다 복부에 온찜질을 해주고 점심은 따뜻한 죽이나 국물 위주로 챙겼습니다. 오후에는 가벼운 산책으로 기운을 천천히 돌게 하니 회복이 빨라지고 정서적으로도 한결 차분해졌습니다. 아이의 생활을 조율하면서 배운 점이 있습니다. 두꺼운 옷 한 벌보다는 얇은 옷을 여러 겹 입히는 방식이 더 효과적이었습니다. 식사도 부모가 먹이고 싶은 음식이 무엇인지보다 아이가 소화할 수 있는지 여부를 살피는 것이 중요했습니다. 식욕이 약할 때는 억지로 먹이기보다 위장을 쉬게 하고 소화력을 회복시키는 편이 훨씬 도움이 되었습니다.

아이가 "안아줘."라고 할 때는 단순히 추운 것만이 아닐 수 있습니다. 양기가 부족한 아이들은 체온뿐 아니라 정서적 안정감도 약합니다. 따뜻한 스킨십, 예측 가능한 루틴, 하루 한 번의 차분한 시간을 만들어주세요. 몸과 마음을 함께 따뜻하게 감싸주는 것이 가장 큰 보약입니다.

가짜 열(虛熱)에 속지 마세요

음양 이론을 접한 부모들이 쉽게 빠지는 함정이 있습니다. "우리 아이는 손발이 뜨겁고, 밤마다 땀을 흘리니 열이 많은 체질인가 보다. 시원하게 해줘야겠다!"라고 성급하게 판단하는 것입니다. 하지만 아이의 몸은 그렇게 단순하지 않습니다. 여기에는 구별해야 할 두 가지 열, 진짜 열(實熱)과 가짜 열(虛熱)이 있습니다.

진짜 열(實熱)은 양기(陽氣)가 지나치게 강해졌을 때 나타납니다. 마치 자동차의 가속 페달을 과하게 밟아 엔진이 뜨거워지는 상황과 비슷합니다. 체격이 좋고 에너지가 넘치는 아이에게 흔히 나타나며, 열을 가라앉히는 데는 수박이나 참외처럼 서늘한 음식이 도움이 됩니다.

반면 가짜 열(虛熱)은 전혀 다른 원리로 생깁니다. 양(陽)이 과한 것이 아니라, 음(陰)이 부족해서 발생하는 열입니다. 자동차에 냉각수(음액)가 부족해 엔진이 과열되는 것과 같은 이치입니다. 출력이 높아 뜨거워진 것이 아니라, 식혀줄 힘이 부족해 과열되는 것입니다.

진료실에서 만난 일곱 살 지아는 전형적인 허열(虛熱) 아이였습니다. 지아 어머니는 "아이가 밤에 잘 때 손발이 불덩이처럼 뜨거워서 이리저리 뒤척이며 잠을 설치는 게 속상해요."라며 이야기를 시작했습니다. 겉으로만 보면 열이 많은 체질 같았지만, 자세히 들여다보니 다른 단서들이 눈에 띄었습니다. 지아는 마른 체형에 입술이 붉지만 심하게 건조했고, 낮 동안에는 오히려 기운이 없어 보였습니다. 대변도 염소 똥처럼 작고 건조한 모양이었습니다. 어머니의 말도 인상적이었습니다. "열이 많다 싶어 시원하게 해주고 찬 음식을 자주 줬는데, 아이가 점점 더 마르고 예민해졌어요." 이 모습은 음허(陰虛)에서 비롯된 허열의 전형적인 양상입니다.

이 상황은 '마른 나무에 불이 붙는 것'에 비유할 수 있습니다. 촉촉한 생나무는 웬만한 불씨에도 잘 타지 않지만, 바싹 마른 나무는 작은 불씨에도 금세 활활 타오르지요. 지아의 몸은 음액이 고갈된 상태라 작은 자극에도 과도하게 반응했습니다. 하루 동안 활동하며 진액이 소모된 저녁이나 밤에는 이러한 현상이 두드러졌습니다. 낮에는 남아 있는 진액이 양기를 억제합니다. 그런데 해가 진 후에는 진액이 고갈되면서, 마치 냉각수가 바닥난 엔진이 과열되는 것처럼 손발이 달아오르고 잠들기 어려워집니다.

만일 이때 단순히 열을 내리는 약을 쓰거나 찬 음식만 계속 준다면 어떻게 될까요? 부족한 진액은 채워지지 않고, 소화력만 더 약해져서 아이의 몸이 점점 더 허약해지는 악순환에 빠지게 됩니다. 지아에게 필요한 것은 불을 끄는 소방수가 아니라, 마른 몸을 적셔줄 냉각수인 보음(補陰) 치료였습니다. 음액을 보충하는 치료를 꾸준히 받은 후, 지아에겐 많은 변화가 나타났습니다. 손발에서 불같이 솟던 열감이 가라앉았고, 밤에도 뒤척임 없이 깊은 잠을 잘 수 있었습니다. 그보다 더 반가운 변화도 있었습니다. 이전에는 작은 일에도 쉽게 짜증을 내고 떼를 썼는데 치료 후에는 차분해지고 집중력도 좋아졌습니다.

아이의 몸이 보내는 신호는 '열이 있다/없다'로만 해석할 수 없습니다. 겉으로 드러난 열의 이면에 과도한 에너지가 숨어 있는지, 음액이 고갈된 허약함이 자리 잡고 있는지 그 본질을 들여다보는 것이 중요합니다.

음양 불균형을 부추기는 시대

오늘날 아이들이 살아가는 환경은 음양 균형을 흔드는 요소들로 가득합니다. 과거 농경 사회의 아이들은 해가 뜨면(陽) 일어나 밖에서 뛰어놀고, 해가 지면(陰) 잠자리에 들며 자연의 리듬에 따라 생활했습니다. 이러한 일상은 음양의 균형을 자연스럽게 유지해 주었지요. 그러나 오늘을 살아가는 우리 아이들의 하루는 크게 달라졌습니다.

가공식품과 단 음식은 체내에 불필요한 열을 쌓이게 하고, 과도한 학업 스트레스는 실열(實熱)을 부추깁니다. 여기에 코로나 팬데믹을 계기로 더 깊이 자리 잡은 디지털 환경은 아이의 뇌를 24시간 각성 상태로 만들고 있습니다. 원래 하루에는 활동의 시간(양)과 휴식의 시간(음)이 균형을 이루어야 하지만, 지금은 그 경계가 무너졌습니다. 밤늦도록 켜진 LED 조명과 휴대폰 화면은 가짜 낮을 만들어내고, 뇌는 언제 쉬어야 할지 혼란스러워합니다. 밤이 되어 음의 기운이 무르익어야 할 때에도 뇌는 여전히 낮처럼 깨어 있으려 하니 음양의 자연스러운 교대가 이루어지지 않는 것입니다.

또한 아이들이 실내에서 보내는 시간이 늘면서 몸 밖으로 양기를 발산할 기회가 점점 줄어들고 있습니다. 이로 인해 발산되지 못한 양기는 체내에 쌓이고, 회복하지 못한 음기는 고갈되는 불균형이 형성됩니다. 낮에는 머리가 멍하고 집중력이 떨어지다가 밤에는 흥분해 잠들지 못하는 뒤바뀐 리듬을 보이게 됩니다. 현대 사회는 과도한 양(陽)과 부족한 음(陰)이라는 전형적인 음양 실조 패턴을 만들어내는 환경입니다. 겉으로는 에너지가 넘치고 산만해 보이지만, 실제로는 몸속 진액이 마른 허약한 상태의 아이가 많아진 이유입니다.

그렇다면 어떻게 해야 오늘날 아이들의 건강한 음양 균형을 지킬 수 있을까요? 좋은 음식을 먹이는 것만으로는 부족합니다. 불필요한 양기의 자극을 줄이고 음이 회복될 수 있도록 고요한 시간을 마련해 주세요. 그것이 현대 아이들에게 꼭 필요한 면역 관리의 출발점입니다.

지금까지 아이의 몸을 움직이는 두 가지 근본적인 힘, 음(陰)과 양(陽)에 대해 살펴보았습니다. 아이가 왜 더위를 잘 타는지, 혹은 왜 쉽게 추위를 느끼는지와 같은 기질적 특성을 이해하는 창이 열리셨기를 바랍니다. 다만 주의해야 할 점은 아이를 열이 많은 아이, 몸이 찬 아이처럼 단순한 틀로 규정하지 않는 것입니다.

음양의 개념은 아이를 분류하는 잣대가 아닙니다. 몸의 균형이 어느 쪽으로 기울었는지 살피고 다시 중심으로 돌아오도록 이끄는 나침반입니다. 아이의 음양 균형은 고정된 것이 아니라 끊임없이 변합니다. 부모는 그 균형을 완벽히 고정시키려 하기보다 필요할 때마다 부드럽게 조율해 주는 존재여야 합니다. 더워하는 아이에게 시원한 배 한 조각을 건네고, 추워하는 아이에게 양말을 신겨주는 그 작고 다정한 손길이야말로 아이의 음양 균형을 회복시키는 가장 지혜로운 방법일 것입니다.

3.

우리 아이의 타고난 건강 패턴

　체질이란 아이의 몸과 마음을 이해하는 중요한 열쇠입니다. 어떤 아이는 더위를 잘 타고, 어떤 아이는 추위를 많이 탑니다. 밥을 많이 먹어도 거뜬히 소화하는 아이가 있는가 하면, 적은 양을 먹고도 속이 더부룩해지고 자주 탈이 나는 아이도 있습니다. 이러한 차이를 이해하게 해주는 답이 체질(體質)입니다. 체질은 말 그대로 '몸의 바탕'을 뜻하며, 타고난 생리적·병리적 특성뿐 아니라 정신적 성향까지 포함하는 개념입니다. 서양의학의 유전적 특성이나 기질(temperament)과 비슷하지만 단순히 선천적 요소에 머물지 않고 생활 습관과 환경에 따라 조절될 수 있다는 점에서 차이가 있습니다. 씨앗이 가진 고유한 성질이 선천적 체질이라면, 어떤 밭에 심기고 어떻게 햇빛과 물을 받느냐에 따라 달라지는 모습은 후천적 환경의 영향이라 할 수 있습니다.

　1장에서 기(氣)와 혈(血), 2장에서 음(陰)과 양(陽)을 이해해 보았습니다.

체질은 기·혈·음·양이 각기 다른 조합과 균형을 이루며 나타나는 일정한 패턴입니다. 어떤 아이는 양기가 상대적으로 강해 열이 많고 활발한 반면, 다른 아이는 음기가 부족해 피부가 건조하고 예민할 수 있습니다.

체질의학이라 하면 조선 말기의 이제마 선생님이 정립한 사상체질이 널리 알려져 있습니다. 폐, 비장, 간, 신장의 기능적 크기를 기준으로 태양인, 태음인, 소양인, 소음인으로 나누는 방식이지요. 현대에는 이를 더 세분화한 팔체질 이론도 등장해 보다 정밀한 진단과 치료에 활용되고 있습니다. 체질 진단은 외형적 특징, 심리적 성향, 평소 건강 상태, 질병의 양상, 진맥 소견 등 여러 요소를 종합적으로 판단해 이루어집니다. 한의사마다 진단이 다를 수 있는 것도 이런 다각적 해석의 특성 때문입니다. 따라서 체질은 '이 아이는 어떤 체질이다.'라는 단정보다, 개별화된 접근이 도움이 되는지를 확인하는 방향으로 이해하는 것이 더 적절합니다.

많은 분이 "체질은 태어날 때부터 정해져 바뀌지 않는 것인가요?"라는 질문을 합니다. 학문적으로는 그럴 수 있습니다. 체질을 선천적으로 타고난 생리적·정신적 성향으로 보기 때문입니다. 소음인이라면 대체로 소화기가 약하고 추위를 많이 타며 섬세하고 내성적일 가능성이 크다고 설명합니다. 이런 전제 아래 진단과 치료가 이루어집니다. 그러나 일상에서 쓰이는 체질은 훨씬 더 폭넓고 유동적인 의미를 가지고 있습니다. 잦은 감기를 달고 살던 아이가 한약 치료와 식이 조절로 건강을 회복하기도 하고, 출산 후 추위보다 더위를 더 느끼게 되는 경우도 있습니다. 이처럼 후천적 변화에 따라 몸의 반응 경향은 얼마든지 달라질 수 있습니다. 학문적 체질은 고정된 기본 설계도를 뜻하지만, 일상에서 말하는 체질은 환경과 상태에 따라 달라지는 몸의 경향성을 가리키는 경우가 많습니다.

부모로부터 물려받은 체질적 특성은 몸의 기본 설계도와 같은 역할을 합니다. 마치 컴퓨터의 하드웨어처럼, 존재의 기초를 이루는 요소입니다. 음식, 생활 환경, 습관 등을 통해 형성되는 부분은 선천적 기초 위에서 얼마든지 변화 가능한 영역입니다. 이는 컴퓨터의 소프트웨어와 같은 개념으로 이해할 수 있습니다. 결국 체질은 변하지 않는 기본 설계도와 변화 가능한 운영 체계의 조화 속에서 발현됩니다. 그러니 부모가 할 수 있는 일은 아이의 타고난 성향을 이해하고 존중하면서도 후천적 관리를 통해 장점은 살리고 약점은 보완해 주는 것입니다.

저는 부모님들께 아이의 체질을 섣불리 사상체질의 틀에 고정하기보다 신중하게 접근할 것을 권합니다. 아이들은 성장과 발달이 진행 중인 존재이기에 뼈와 근육, 오장육부까지 계속 자라면서 달라집니다. 성인처럼 뚜렷한 체질이 드러나지 않을 수 있기에 이 시기에 내리는 성급한 진단은 아이의 변화 가능성을 제한하는 일이 될 수 있습니다. 체질은 아이를 이해하는 지도로 활용하되, 아이는 끊임없이 변하차고 성장할 수 있다는 점을 염두에 두어야 합니다.

아이의 체질을 이야기할 때 꼭 기억해야 할 출발점은 '어린이는 작은 어른이 아니다.'라는 사실입니다. 한의학은 아이를 축소된 성인으로 보지 않습니다. 아이는 순양지체(純陽之體)라 하여 양기가 충만한 존재입니다. 새싹이 흙을 뚫고 힘차게 올라오듯 강한 생명력을 품고 있기에 신진대사가 활발하고 체온이 높은 편입니다. 감정의 변화가 크고 표현도 강하며 이 모든 것이 직접적으로 드러납니다. 또한 많은 에너지를 써서 금세 지치지만 회복도 빠릅니다.

반면 아이의 장부는 아직 미숙한데, 이를 일컬어 장부가 유약(臟腑嬌嫩)하다고 표현합니다. 비위(脾胃)가 약해 소화 기능이 불안정하고, 폐(肺)가 여려 호흡기 질환에 쉽게 노출됩니다. 또한 신(腎)의 정(精)이 상대적으로 부족해 성장과 발육에도 많은 에너지가 소모됩니다.

정리하면, 아이는 생명력이 강하지만 장부가 미숙하다는 양면성을 동시에 지니고 있어 성인보다 환경 변화나 작은 자극에도 크게 반응합니다. 그렇기에 아이의 체질을 이해할 때는 '타고난 성향'으로만 한정하지 말고, 선천적 기초와 후천적 환경이 끊임없이 상호작용하며 변화하는 역동적인 존재로 바라보는 시선이 필요합니다.

아이의 체질을 가장 잘 알 수 있는 방법은 특별한 검사가 아니라 일상 속에서의 꾸준한 관찰입니다. 진료실에서 만난 많은 아이들과 제 곁에서 자라는 두 아들을 지켜본 결과, 아이의 체질적 특성은 마치 네 가지 그림자처럼 생활 곳곳에서 드러납니다. 이 그림자들은 분리되어 나타나기보다 뒤섞여 보이기도 하지만, 아이의 성향을 이해하는 중요한 실마리가 됩니다. 지금부터 소개할 네 가지 경향성 중 우리 아이가 어떤 모습에 가까운지, 혹은 여러 특징이 함께 나타나는지 눈여겨보시기 바랍니다.

작은 불덩이, 에너지 넘치는 열성(熱性)이 강한 아이

작은 불덩이처럼 에너지가 넘치는 아이는 2장에서 살펴본 '양(陽)이 우세한 아이'의 모습을 닮아 있습니다. 몸에 열이 많고 활동량이 풍부해 겉보기에는 매우 건강해 보이지만, 이 과도한 열이 다양한 문제의 원인이 되기도 합니다. 몸이 뜨겁고 더위를 잘 타며, 답답한 환경을 힘들어합니다. 밤에는 땀을 많이 흘리거나 이불을 걷어차고, 얼굴은 쉽게 붉어지고 입술은 잘 트며 구내염이 생기기도 합니다. 시원한 물이나 음료를 즐겨 찾는 것도 특징입니다. 대변은 딱딱하고 건조해 변비가 생기기 쉽습니다. 깊은 잠을 이루지 못해 자주 깨며, 낮에는 넘치는 에너지 때문에 좀처럼 가만히 있지 못합니다. 정서적으로도 흥분 상태일 때가 많고 충동적이거나 과격한 행동을 보이기 쉽습니다.

이 아이는 열성 감기나 편도염, 부비동염, 중이염 같은 염증성 질환에 자주 노출되며, 간혹 열성 경련이 나타나기도 합니다. 따라서 열을 가라앉히고 진액을 보충해 주는 관리가 필요합니다. 오이, 수박, 배, 녹두, 미역 같은 담백하고 시원한 성질의 음식을 자주 챙기고, 수분을 충분히 보충해 주는 것이 좋습니다. 격렬한 활동 후에는 반드시 휴식을 취하게 하고, 잠들기 전에는 차분한 놀이로 흥분된 상태를 가라앉혀 주는 것이 도움이 됩니다.

오들오들 아기새, 차분하고 섬세한 한성(寒性)이 강한 아이

오들오들 아기새처럼 보이는 아이는 한성(寒性)이 강한 경우로, 2장에서 다룬 '음(陰)이 우세한 아이'와 닮아 있습니다. 몸을 따뜻하게 하고 기능을 활발하게 해주는 양기가 부족해 여러 기능 저하가 쉽게 나타납니다. 손발과 아랫배가 차고 추위를 잘 타며, 안색은 창백한 편입니다. 먹는 양이 많지 않고 찬 음식을 먹으면 금세 체하거나 배탈이 나기 쉽습니다. 대변은 묽거나 소화되지 않은 음식물이 섞여 나오기도 합니다. 활동량이 적고 조금만 움직여도 쉽게 지쳐 보입니다. 조용하고 내성적인 성향이 두드러지고, 새로운 환경에 천천히 적응하는 경우가 많습니다.

이 아이는 냉방병이나 소화불량, 장염, 감기에 자주 걸리고, 회복도 더딘 편입니다. 몸을 따뜻하게 보호해 주고, 소화기에 부담을 주지 않는 따뜻한 음식으로 식단을 구성하는 것이 좋습니다. 식욕이 없거나 소화가 잘되지 않을 때는 억지로 먹이기보다 소화 기능이 회복될 시간을 주는 편이 낫습니다. 무리한 활동보다는 적당하고 꾸준한 운동을 통해 기운을 천천히 북돋아 주는 것이 도움이 됩니다.

마른 나무처럼 건조하고 예민한 음혈(陰血) 부족형 아이

마른 나무처럼 건조하고 예민한 아이에게는 혈허(血虛)와 음허(陰虛)의 특징이 함께 나타납니다. 몸속 진액이 부족해 전반적으로 건조하고, 마음을 안정시키는 힘도 약해 예민하게 반응하기 쉽습니다. 피부는 건조하고 윤기가 없으며 자주 가려움을 호소합니다. 머리카락은 가늘고 푸석하며 손톱도 잘 갈라집니다. 입술과 입안이 쉽게 말라 물을 자주 찾으며, 혀가 붉고 갈라진 모습을 보이기도 합니다. 잠드는 데 시간이 오래 걸리거나 깊은 잠을 이루지 못해 자주 깨고, 꿈을 많이 꾸는 것도 특징입니다.

이 아이는 아토피 피부염이나 잦은 코피, 불면, 야제(夜啼), 성장 부진 등과 같은 문제를 겪는 경우가 많습니다. 따라서 진액을 보충해 주는 촉촉하고 영양가 있는 음식을 충분히 섭취하도록 돕는 것이 중요합니다. 콩이나 검은깨, 해산물, 우유, 견과류, 버섯 등이 좋습니다. 잠자리에 들기 전에는 스마트폰이나 TV 같은 자극적인 기기 사용을 줄이고, 조용하고 안정된 환경을 마련해 주어야 깊은 잠을 잘 수 있습니다.

답답한 바람개비, 예민하고 막힘이 잦은 기체(氣滯)형 아이

답답한 바람개비처럼 예민하고 막힘이 잦은 아이들은 기체(氣滯) 유형에 가깝습니다. 기운이 원활하게 흐르지 못해 여러 불편을 겪으며, 감정 변화에도 민감하게 반응합니다. 작은 일에도 쉽게 짜증을 내거나 울음을 터뜨리고, 자주 불안해하며 답답함을 호소하기도 합니다. 스트레스를 받으면 명치가 꽉 막힌 듯 답답하다고 하거나 복통을 호소합니다. 식욕이 줄거나 소화가 더디고, 목에 뭔가 걸린 듯한 이물감을 표현하기도 합니다. 에너지가 부족한 것은 아니지만 정서적 불안정 때문에 집중력이 떨어지고 활동에 몰입하지 못하는 모습이 나타납니다. 밤에는 마음이 가라앉지 않아 뒤척이거나 꿈을 많이 꾸며, 잠드는 데 어려움을 겪기도 합니다.

신경성 복통, 과민성 장증후군, 틱 장애, 정서 불안, 식욕 부진과 같은 문제에 취약한 이 유형은 부모가 아이의 감정을 충분히 공감하고, 아이 스스로 자신의 마음을 표현할 수 있는 기회를 주는 것이 중요합니다. 규칙적인 야외 활동이나 가벼운 운동은 기혈의 순환뿐 아니라 스트레스 해소에도 효과적입니다. 또한 아이가 스트레스를 다스릴 수 있는 자신만의 방법을 찾아갈 수 있도록 격려해야 합니다. 따뜻한 스킨십과 안정된 환경은 아이의 정서적 안정을 돕고, 아이가 편안하게 쉴 수 있는 기반이 되어줍니다.

물론 여기서 소개한 네 가지 유형만으로 모든 아이를 설명할 수는 없습니다. 진료실에서도 뚜렷이 한 체질로 나뉘는 경우보다, 여러 특징이 섞여 나타나는 아이가 훨씬 많습니다. 어떤 아이는 열이 많으면서도 배는 차갑고, 활동적이지만 수면은 예민합니다. 식욕은 왕성한데 속이 자주 더부룩해지는 아이도 있습니다. 이런 모습을 보면 부모님도 "우리 아이는 도대체 무슨 체질일까?" 하고 혼란스러워합니다.

체질은 고정된 이름으로 단정하기보다 스펙트럼으로 바라봐야 합니다. 무지개의 빨강과 파랑 사이에 무수한 중간색이 존재하듯, 아이의 체질도 극단에만 위치하는 것이 아니라 그 사이 어디쯤 머물러 있습니다. 어떤 아이는 양극단의 특징을 뚜렷하게 보이기도 하지만, 대부분은 중간 지점에 걸쳐 있지요. 특히 성장기 아이들은 계절, 수면, 감정 상태에 따라 체질 표현이 유동적으로 변하기도 합니다. 겨울에는 냉한 모습이 두드러지다가 여름에는 열이 많은 아이처럼 보일 수 있습니다. 이런 상황에서 "무조건 이 체질이니 이렇게 키워야 한다."라고 단정하는 것은 무지갯빛을 억지로 하나의 색으로 규정하는 것과 다르지 않습니다.

체질을 이해한다는 것은 아이가 보내는 일상적 신호 속에서 몸과 마음의 균형 상태를 읽어내는 일입니다. 균형이 잘 잡힌 아이는 외부 변화에 덜 흔들릴 뿐 아니라, 조금 어려운 일이 있더라도 스스로 조율하며 자기만의 성장 리듬을 만들어갑니다.

완벽하지 않아도 괜찮습니다

체질을 알게 되면 많은 부모님이 '체질별 완벽 육아'를 실천해야 한다는 부담을 갖습니다. 하지만 현실은 그리 녹록지 않습니다. 저 역시 매일 아이의 체질에 딱 맞는 생활을 유지하는 것은 불가능하더라고요. 열이 많은 첫째를 위해 여름 내내 에어컨만 틀어줄 수도, 냉한 둘째를 위해 겨우내 난방만 강하게 할 수도 없는 노릇이지요. 중요한 것은 100%의 완벽함이 아니라 70%의 일관성과 30%의 유연성입니다. 큰 원칙은 지키되 상황에 맞게 융통성을 발휘하는 지혜가 필요합니다.

특히 형제자매의 체질이 다를 때는 현실적인 어려움이 생깁니다. 한 아이에게 좋은 음식이 다른 아이에게는 맞지 않을 수 있기 때문입니다. 이럴 때는 어떻게 해야 할까요? 저는 수많은 시행착오 끝에 '기본은 중간, 개별은 선택'이라는 원칙을 세웠습니다. 기본 식단은 두 아이 모두에게 무난한 것으로 구성하고 간식이나 음료에서 각자 체질에 맞는 선택을 할 수 있도록 한 것입니다.

아이들이 좋아하는 음식이 체질과 맞지 않을 때는 갈등이 생기기도 했습니다. 열체질인 첫째는 치킨과 라면을 좋아했고, 냉체질인 둘째는 커갈수록 아이스크림과 차가운 음료를 자주 찾곤 했습니다. 억지로 금지하면 아이도 속상하고 저 역시 미안한 마음이 들었습니다. 그래서 택한 방법은 '조금씩 바꿔주며 대안을 제시하기'였습니다. 예를 들어 첫째에게는 치킨 대신 담백한 돼지고기 수육이나 시원한 냉국수를, 둘째에게는 아이스크림 대신 바나나와 우유를 갈아 만든 라테나 살짝 식힌 고구마죽을 주었습니다. 좋아하는 맛을 완전히 포기하지 않으면서 체질에 맞게 전환하도록 유도한 것은 꽤나 효과적이었습니다.

집에서는 그럭저럭 컨트롤을 할 수 있었지만, 외부 환경은 또 다른 문제였습니다. 어린이집, 유치원, 친구 집에 가면 체질에 맞는 음식을 골라 먹기 힘듭니다. 저 또한 처음에는 도시락을 싸 주거나 선생님께 부탁드렸지만, 아이들이 점점 친구들과 다르게 먹는 것을 부담스러워했습니다. 그래서 방향을 바꾸어 '적응력 기르기'에 초점을 맞췄습니다. 집에서는 체질에 맞게 관리하고 외부에서는 융통성을 두어 아이가 자연스럽게 어울리도록 했습니다. 대신 집에 돌아온 뒤 몸 상태를 살펴 필요하면 음식이나 차로 균형을 다시 잡아 주었습니다.

이렇듯 원칙을 세워 노력해도 아이마다 체질이 다르고 상황적인 변수도 많기 때문에 매일이 새로운 도전이었습니다. 아이 둘의 체질이 달라 혼란스러울 때가 많았고 다른 집 아이들과 비교하며 자책하기도 했습니다. 하지만 시간이 흐르며 깨달았습니다. 아이가 보이는 까다로운 모습은 자신의 몸 상태를 표현하는 건강한 신호라는 것을요.

체질을 안다는 것은 아이를 틀에 가두는 것이 아닙니다. 아이의 고유한 한계를 인정하고 그 안에서 돕는 지혜를 발휘하는 일입니다. 모든 아이가 모든 음식을 잘 먹을 필요는 없습니다. 같은 환경이 모두에게 똑같이 편안할 수도 없습니다. 중요한 것은 아이의 독특한 특성을 발견하고 그것이 단점이 아닌 장점으로 빛나도록 이끌어 주는 일입니다. 부모가 아이의 몸과 마음이 보내는 신호를 읽어낼 수 있을 때, 아이는 자신의 속도와 방식대로 건강하게 성장할 수 있습니다.

많은 부모님이 아이의 성장을 키와 몸무게로만 판단하지만, 진정한 성장은 체질적 안정성을 확립하는 데 있습니다. 체질적 안정성을 평가하는 핵심 지표는 네 가지입니다.

- **적응력**: 환경이 달라져도 유연하게 반응하는 힘
- **회복력**: 아프거나 스트레스를 받아도 빠르게 본래 상태로 돌아가는 힘
- **정서적 안정성**: 감정이 크게 흔들리지 않고 일정한 컨디션을 유지하는 힘
- **자기 조절력**: 자신의 몸 상태를 인식하고 스스로 조율하는 힘

아이에게 이 네 가지 힘이 차근차근 자리 잡힐 때, 단지 몸집만 커지는 게 아니라 진짜 건강하게 성장하게 됩니다.

체질에 대한 이해는 개인의 건강을 넘어서 사회 전체에도 긍정적인 의미를 가집니다. 체질은 다양성을 인정하는 데서 출발합니다. 사람은 모두 다르며 그 다름 자체가 자연스럽고 소중하다는 인식을 갖게 하는 것이죠. 정상이라는 하나의 기준에 모든 아이를 맞추지 않고, 각자의 고유한 특성을 인정하고 그에 맞는 접근을 하는 것이 진정한 개별화 교육의 시작입니다. 열이 많은 아이에게 "왜 이렇게 성급하니?"라고 탓하기보다 그 아이의 생리적 특성을 이해하고, 그 기질을 긍정적으로 발휘할 수 있도록 이끌어 주는 것이 건강한 양육입니다. 또한 서로 다른 체질을 가진 아이들이 함께 살아가는 공동체에서는 이해와 배려가 필요합니다. 더위를 타는 아이와 추위를 타는 아이가 함께 있을 때는 "왜 그렇게 덥다고 하니?"라고 핀잔주기보다, "덥구나, 창문을 열어줄까?"라는 공감의 말을 전하는 것이 체질 교육의 진

짜 힘입니다.

지금까지 아이의 몸을 이해하기 위한 기본 원리를 짚어보았습니다. '기와 혈'이라는 생명의 에너지, '음과 양'의 균형, 그리고 '체질'이라는 개별적 특성까지. 이 모든 이론의 목적은 결국 하나, 아이를 더 정확히 관찰하고 더 깊이 이해하는 것입니다.

아이는 자신의 몸 상태를 말로 설명하지 않습니다. 대신 얼굴빛, 목소리, 식욕, 잠자는 모습, 놀이하는 방식 같은 일상의 신호를 통해 끊임없이 메시지를 보냅니다. 한의학적 지식은 이러한 신호들을 더 세밀하게 볼 수 있도록 돕는 새로운 렌즈입니다. 일상의 풍경을 또렷하게 보여주는 안경처럼 부모가 아이를 바라보는 시야를 넓히고 선명하게 만들어 줍니다.

그 렌즈가 가리키는 방향은 언제나 같습니다. 아이가 자기만의 속도와 방식으로 건강하게 성장해 나가는 것. 그것이 이 책이 전하고자 하는 핵심 메시지입니다.

4.

면역력과 잦은 감기의 비밀

❋ ❋ ❋

"교수님, 아이가 어린이집을 다닌 이후로 계속 아파요. 좀 나았다 싶으면 또 감기, 중이염이 나았다 싶으면 다시 감기…. 벌써 넉 달째예요."

진료실 문을 연 네 살 지영이 어머니는 깊은 한숨과 함께 이야기를 시작했습니다. 지영이는 의자에 앉아 연신 기침을 하고 있었고, 어머니의 얼굴에는 지난 넉 달간의 피로가 고스란히 묻어나 있었습니다. "혹시 아이 면역력에 문제가 있는 건 아닐까요? 다른 아이들은 괜찮은데 우리 아이만 유독 자주 아픈 것 같아요."

"어머님, 지영이가 어린이집 가기 전에는 어땠나요?"

"그때는 거의 안 아팠어요. 1년에 한두 번 정도요. 그래서 더 이상한 거예요."

사실 대부분의 아이가 이 시기를 겪습니다. 어린이집이나 유치원을 처음 다니기 시작하면 열에 아홉은 비슷한 경험을 합니다. 임상에서는 이를 '단체생활증후군'이라고 부르기도 하는데요. 저는 '면역 훈련소'라는 표현을 씁니다. 아이가 처음으로 다양한 바이러스와 만나며 하나하나 경험치를 쌓아가는 시기이기 때문입니다. 한의학에서는 '정기(正氣)가 사기(邪氣)와 싸우며 점차 강해지는 과정'이라 설명합니다.

"그럼 지영이가 자주 아픈 게 정상이라는 말씀이세요?" 어머니의 표정에는 안도와 의문이 동시에 묻어 있었습니다.

"네, 정상적인 과정이에요. 다만 그 시간을 조금 더 편안하게 지나가도록 도와줄 수는 있지요."

지영이 어머니를 보며 몇 해 전 제 모습을 떠올렸습니다. 교수로서 면역 발달 과정을 충분히 알고 있었지만, 엄마로서 내 아이의 현실을 마주했을 때는 이야기가 달랐습니다. 첫째는 어린이집에 간 첫 주부터 콧물이 시작되더니, 2주 차에는 기침, 겨우 나아가는가 싶던 3주 차에는 다시 열, 4주 차에는 고열, 급기야 5주 차에는 폐렴 진단까지 받았습니다. 석 달 가까이 밤마다 체온계와 씨름하며 '응급실에 가야 할까?, 조금만 더 지켜볼까?'를 수십 번씩 생각했습니다. 한의사로서의 자존심과 엄마로서의 불안이 충돌하는 순간이었지요. 그때 절실히 깨달았습니다. 이론과 현실 사이에는 '부모의 마음'이라는, 책으로는 설명할 수 없는 변수가 존재한다는 것을요.

"아이가 면역력이 약한 건 아닐까요?" 부모님들이 진료실에서 가장 많이 하는 질문입니다. 그때마다 저의 대답은 이렇습니다. "약한 게 아니라, 만들어지고 있는 중입니다." 아이는 활발하고 빠르게 변화하는 양의 기운이 충만한 존재입니다. 그래서 병에 걸리는 것도 빠르지만, 회복하는 속도도 빠릅니다. 문제는 아이가 놓인 환경입니다. 예전 아이들은 흙을 만지고 뛰어놀며 자연스럽게 세균과 바이러스에 적응했지만, 요즘 아이들은 깨끗한 환경에 있다가 갑작스레 집단생활이라는 세균 집합소에 들어갑니다. 온실 속에서 자라던 식물이 야외로 옮겨지면 적응 시간이 필요한 게 당연합니다. 아이들도 마찬가지입니다. 이는 병적이라기보다 환경이 변화한 것의 결과일 뿐입니다. 그렇기에 시간이 지나면서 서서히 적응해 가도록 기다려 주는 것이 필요하고, 그 과정에서 부모가 조금 더 세심하게 도와준다면 충분히 면역력을 기를 수 있습니다.

한의학이 말하는 진짜 면역력

'면역력'이라는 말처럼 부모의 마음을 불안하게도, 안심하게도 만드는 단어가 또 있을까요? 부모님들께 종종 여쭤봅니다.

"면역력이 뭐라고 생각하세요?"

"병에 안 걸리는 힘?", "바이러스를 이겨내는 능력?", "몸이 스스로를 지키는 힘?"

모두 일리가 있지만 조금 더 구체적인 이해가 필요합니다. 흔히 우리는 '면역력'을 추상적이고 포괄적인 개념으로 이해합니다. 그런데 면역력에 대한 막연한 기대와 집착이 우리의 불안을 키울 뿐 아니라 문제를 제대로 바라보는 데 방해가 될 수 있다는 사실, 아시나요?

한의학은 이 개념을 정기(正氣), 사기(邪氣), 위기(衛氣)라는 세 가지 키워드를 통해 명확히 설명합니다. 우리 몸을 하나의 성(城)으로 비유하면 이해가 쉽습니다.

정기(正氣)는 성벽입니다. 정기는 몸의 근본적인 저항력으로 성벽이 단단할수록 외부 침입에 흔들리지 않습니다. 이 정기는 부모에게서 물려받은 선천적인 기운과 음식·수면·생활 습관을 통해 쌓인 후천적인 기운으로 이루어집니다. 타고난 바탕이 튼튼하고 거기에 잘 먹고 잘 자는 습관이 더해져야 비로소 정기가 단단히 자리 잡습니다.

다음은 **사기**(邪氣)입니다. 사기는 성벽을 공격하는 적군과 같습니다. 계절에 따라 나타나는 바람(風), 추위(寒), 더위(暑), 습기(濕), 건조함(燥), 열기(火) 등이 모두 사기에 해당합니다. 정기가 아무리 튼튼해도 외부의 공격이 지나치게 강하거나 예상치 못하게 침입하면 병이 생길 수 있습니다.

마지막은 **위기**(衛氣)입니다. 위기는 성벽 위를 지키는 보초병으로 피부와 호흡기 주변을 순환하며 몸을 지키는 1차 방어선입니다. 보초병이 든든하면 웬만한 사기는 몸속으로 들어오지 못합니다. 찬바람을 맞았을 때 갑자기 으슬으슬 떨리는 이유는 위기가 외부 자극과 맞서 싸우기 시작했기 때문입니다.

자, 이제 다시 '365일 감기를 달고 사는 아이'의 이야기로 돌아가 봅시다. 단순히 아이의 면역력이 약하다고 말하는 것은 성이 전쟁에서 패한 이유를 국방력이 약해서라고 뭉뚱그려 설명하는 것과 같습니다. 실제로는 아이마다 원인이 다릅니다.

어떤 아이는 위기인 보초병이 약해 조금만 찬바람을 맞아도 콧물이 흐르고 땀을 자주 흘리며 외부 자극에 쉽게 흔들립니다. 또 어떤 아이는 정기인 성벽 자체가 약해 감기에 걸리면 한 달 이상 오래 끌기도 합니다. 이런 유형의 아이는 대개 소화기가 약하고 밥을 잘 먹지 못하며 얼굴빛이 누런 경우가 많습니다. 또한, 아이의 몸이 특별히 약하지 않아도 외부의 사기가 강하게 몰려올 때는 누구나 병에 걸릴 수 있습니다. 예를 들어, 어린이집에서 독감이 유행하거나 환기가 잘 되지 않는 공간에 아이들이 모여 있을 때는 건강한 아이도 쉽게 아플 수 있습니다. 따라서 아이의 면역을 이해할 때는 '내 아이가 약하다.'라는 단편적인 시선보다는 정기·위기·사기의 균형과 외부 환경까지 함께 살펴보는 것이 중요합니다.

아이가 감기에 자주 걸릴 때, 이것이 정상적인 면역 발달 과정인지, 문제가 있는 상태인지 구분하는 기준은 회복 과정의 변화에 있습니다.

어린이집이나 유치원을 처음 다니면 대부분의 아이가 한 달에 한두 번씩 감기에 걸립니다. 열이 나거나 기침이 오래가는 경우도 흔합니다. 그러나 시간이 지나면서 아픈 횟수가 줄고 회복 속도가 빨라진다면 면역 체계가 스스로 균형을 찾아가고 있다는 의미입니다. 예를 들어 처음 몇 달 동안은 한 달에 두세 번 아프던 아이가 반년쯤 지난 뒤에는 한 달에 한 번, 1년 후에는 두세 달에 한 번 정도로 아픈 빈도가 줄어든다면 이는 자연스러운 발달 과정으로 볼 수 있습니다. 또한 열이 이틀 이내에 떨어지고 기침이나 콧물노 일주일 내 호전된다면 회복력 역시 정상 범주에 있는 것입니다.

더 중요한 것은 감기에 걸리지 않았을 때의 모습입니다. 평소 활발하게 놀고 식욕이 좋으며 성장 발달이 정상적으로 이루어지고 있다면 면역 시스템은 잘 발달하고 있는 것입니다.

이와는 달리 어린이집에 다닌 지 1년이 넘었는데도 여전히 한 달에 두세 번씩 감기를 앓고, 한 번 걸리면 2~3주씩 길게 앓습니다. 또한 감기에 걸리지 않았을 때도 기운이 없고 밥을 잘 먹지 않으며 성장도 느리다면, 단순한 적응기로 보기 어렵습니다. 이럴 때는 아이의 기초 체력과 정기의 상태, 생활환경 전반을 함께 점검할 필요가 있습니다.

엄마 손끝에서 시작된 우리 집 면역 루틴

이론만큼 중요한 것이 생활 속 적용입니다. 아이들이 감기 기운을 보이면 곧장 '감기 대응 루틴'을 시작합니다. 가장 중요한 것은 감기 초기를 알아차리는 골든타임을 놓치지 않는 것입니다. 아이가 "목이 따끔거려요.", "코가 막혀요."라고 말하거나 평소보다 기운이 없고 짜증이 늘면 곧바로 감기 모드에 들어갑니다.

첫째, **보온**입니다. 특히 목뒤와 발목을 따뜻하게 해주는데, 목뒤의 풍지혈(風池穴)은 외부 바람이 쉽게 스며드는 자리여서 찬 기운을 막아주는 데 중요합니다. 발목 역시 기운 순환과 연결되어 있어 몸 전체를 따뜻하게 유지하는 데 도움이 됩니다.

둘째, **따뜻한 차**입니다. 생강대추차, 귤껍질차, 계피차 등을 미지근하게 데워 하루에도 여러 번 한 모금씩 마시게 합니다.

셋째, **수면**입니다. 늦어도 밤 9시 이전에는 잠자리에 들게 합니다. 잠은 회복을 돕는 최고의 보약이기 때문입니다. 이 세 가지—보온, 따뜻한 차, 충분한 수면—를 초기에 신경 써주면 감기가 악화되지 않고 금세 회복되는 경우가 많았습니다.

'감기 예방 루틴'도 있습니다. 외출 후 집에 들어오면 곧바로 손과 발을 30초 이상 비누 거품으로 씻고, 양치질을 한 뒤, 바깥옷은 벗어 현관 옆에 걸어두고 실내복으로 갈아입습니다. 처음에는 아이들이 귀찮아했지만 '우리 몸을 지키는 마법 같은 습관'이라고 다독이면서 반복했더니 어느새 자연스러운 일과가 되었습니다. 이 습관이 자리 잡은 이후 감기 횟수가 확실히 줄었습니다.

하루를 마무리하는 등 마사지도 중요한 루틴입니다. 목욕 후 수건으로 몸을 닦을 때, 척추를 따라 손바닥으로 다섯 번쯤 쓸어내리면 긴장이 풀리면서 몸이 따뜻해집니다. 이어 양쪽 날개뼈 사이를 엄지손가락으로 살살 눌러 호흡기를 도와주고 마무리로 등을 감싸며 "오늘도 건강해져라."라는 주문을 건넵니다. 그럼 아이는 눈을 감고 편안히 숨을 고르고 저도 그 시간 속에서 안정감을 얻습니다. 때로는 아이가 피곤하다며 거르자고 하지만 "그럴 때일수록 더 필요해."라고 말하며 등을 쓸어내립니다. 이 짧은 루틴으로 우리 가족은 하루를 정리하고 건강을 다지는 소중한 시간을 갖게 되었습니다.

이처럼 작은 생활 습관들은 아이의 면역력을 차근차근 키워주는 데 도움이 되지만 때로는 그것만으로 부족한 순간도 찾아옵니다. 고열이 며칠씩 이어지거나 증상이 빠르게 악화될 때면 부모님은 아이를 바라보며 갈등에 빠지게 됩니다. 이럴 때 자주 듣는 질문이 "감기에 항생제를 오래 먹이면 내성이 생긴다는데 그럼 한약만 먹이면 되는 건가요?"입니다. 항생제를 자주 사용해온 경험 때문에 걱정이 많거나 이번에는 꼭 다르게 해보고 싶다는 마음으로 찾아오시는 부모님이 많이 하시는 질문인데요. 그땐 이렇게 설명드립니다. "항생제냐 한약이냐, 둘 중 하나만 선택해야 하는 문제가 아닙니다. 중요한 것은 지금 아이에게 가장 적절한 치료가 무엇인가를 판단하는 것입니다."

6살 민서는 3일째 39도 이상의 고열이 지속되고 혈액검사에서 백혈구 수치가 상승하며 세균 감염이 의심되는 상황이었습니다. 목 안에는 화농성 분비물까지 보였고 아이는 축 처져 있었습니다. 이런 경우라면 주저 없이 항생제를 써야 합니다. 중이염이나 폐렴처럼 2차 감염이 의심되거나 고열이 3일 이상 이어질 때도 마찬가지입니다.

반면 5살 서연이는 콧물과 기침만 살짝 있고 열도 38도 이하로 높지 않았으며, 여전히 잘 먹고 잘 놉니다. 이런 경우에는 한약 치료가 효과적입니다. 몸의 기운을 조율하고 자연 치유력을 돕는 방향으로 접근하면 항생제 없이도 빠르게 회복할 수 있습니다. 한약은 바이러스성 감기의 초기 대응뿐 아니라 감기를 자주 앓는 아이의 체질 개선이나 항생제 치료 이후의 회복에도 도움이 됩니다.

중요한 것은 '무엇을 쓰느냐?'가 아니라 '언제 어떤 상황에서 어떻게 접근하느냐?'입니다. 항생제와 한약은 대립되는 개념이 아니라 서로의 빈틈을 메우며 아이의 회복을 돕는 동반자입니다.

"그럼 언제 한방치료를 하고 언제 양방치료를 받아야 하는지 어떻게 알 수 있을까요?"라는 질문에는 이렇게 말씀드립니다. "아이를 가장 잘 아는 사람은 부모님입니다." 평소와 다른 미묘한 변화를 알아채는 것도 부모이기 때문입니다. 아이가 평소보다 눈에 띄게 처지고 기운이 없다면 주저하지 말고 병원에 가야 합니다. 반면에 기운은 그대로인데 콧물이나 미열 정도라면 하루 이틀은 한방적인 방법으로 관찰하고 관리해볼 수 있습니다. 완벽한 기준이나 정답은 없습니다. 아이를 세심하게 관찰하면서 필요할 때는 서양의학의 도움을 받고 평소에는 한의학적 방법으로 체질과 생활을 다스리는 것이 현실적이고 안전한 길입니다.

면역력 키우기의 진짜 목표

"아이가 감기 한 번 안 걸렸으면 좋겠어요." 부모라면 누구나 품는 바람이지요. 그러나 진짜 강한 면역력이란 감기에 한 번도 안 걸리는 상태일까요? 꼭 그렇지는 않습니다.

간혹 진료실에서 "우리 아이는 1년 내내 감기 한 번도 안 걸릴 때도 있어요."라고 말씀하시는 부모님들이 계십니다. 그런데 뒤이어 이런 이야기가 나올 때가 있습니다. "문제는 한 번 걸리면 정말 오래 간다는 거예요. 한 달은 기본이에요." 다양한 바이러스에 노출되지 않아 아이의 면역 시스템이 충분히 훈련되지 못한 경우, 평소에는 멀쩡해 보여도 일단 아프면 회복이 더딜 수 있습니다.

따라서 면역력이 강하다는 것은 단순히 '병에 안 걸린다.'는 뜻이 아닙니다.

- 감기에 걸리더라도 몸이 스스로 이겨내는 힘을 갖는 것
- 합병증 없이 가볍게 앓고 지나가는 것
- 시간이 지날수록 감기의 횟수와 강도가 줄어드는 것

이것이 우리가 추구해야 할 면역력의 진짜 모습입니다. 면역력이란 버티는 힘이자 회복하는 힘이며, 무조건 막고자 하는 노력이 아니라 균형을 되찾는 지혜에 가깝습니다. 그러니 아이가 감기에 걸릴 때마다 '내가 뭘 잘못했나?'라며 자책하기보다는 '아이가 또 하나의 면역 경험치를 쌓고 있구나.'라고 바라보세요. 그 작은 시각의 전환이 부모와 아이 모두를 더욱 건강하게 만듭니다.

앞서 소개했던 지영이의 그 후 이야기도 들려드려야겠지요. 6개월 뒤, 지영이는 감기가 아니라 정기 검진을 위해 진료실을 찾았습니다. 어머니의 얼굴은 한결 밝아져 있었습니다.

"선생님, 정말 신기해요. 지영이가 여전히 한 번씩 아프지만 예전처럼 오래 앓지는 않아요."

진찰해보니 지영이의 맥은 힘이 생겼고 얼굴빛도 환해졌으며 혀의 색도 건강한 붉은빛을 띠고 있었습니다. 무엇보다 달라진 것은 엄마의 마음이었습니다.

"이제는 마음이 좀 편해졌어요. 예전엔 기침 소리만 들어도 심장이 덜컥했는데 지금은 '아, 감기 오나 보다.' 하며 여유 있게 대처할 수 있어요."

그 말 속에는 지난 6개월간 지영이뿐 아니라 엄마도 함께 성장해온 시간이 담겨 있었습니다. 감기 빈도는 한 달에 두세 번에서 두세 달에 한 번 정도로 줄었고 앓더라도 일주일 안에 회복되었습니다. 그 사이 항생제를 한 번도 쓰지 않았고 엄마의 불안은 이전과 비교할 수 없을 만큼 낮아졌습니다.

"체질에 맞는 관리법을 찾고 무엇보다 이 과정이 정상적인 성장의 일부라는 걸 받아들이고 나니 모든 게 달라졌어요."

지영이 어머니의 이 한마디로 이 장의 결론을 대신합니다. 면역력 키우기의 진짜 성공은 아이가 감기에 전혀 걸리지 않는 데 있지 않습니다. 아이가 아플 때 부모가 불안에 휘둘리지 않고 그 과정을 함께 견디며 건강하게 회복하도록 돕는 힘을 가지게 되는 것. 바로 그 믿음과 여유가 자리 잡을 때, 아이도 부모도 함께 성장합니다.

면역력 뿌리를 내리는 첫걸음

아이의 면역력을 지키는 든든한 출발점은 거창한 것이 아닙니다. 지금 당장 실천할 수 있는 작은 습관에서 시작됩니다. 부모의 관찰과 편안한 마음가짐이 가장 강력한 면역 자원입니다. 오늘 하루, 아래 세 영역 중 한 가지만 실천해 보세요.

1. 관찰하기

아이의 몸과 마음을 읽는 연습부터 시작해 보세요. 작은 수첩 하나만 있어도 충분합니다. 단 3일만 적어도 아이의 패턴이 눈에 들어오기 시작합니다.

- 언제 감기에 잘 걸리는지 기록해 두면, 환경·피로·시간대와의 연관성이 보입니다.
- 감기에 걸렸을 때와 건강할 때의 혀 색깔을 비교해 보세요. 혀는 몸 상태를 그대로 비추는 거울과 같습니다.
- 평소 아이의 체온과 손발의 따뜻한 정도를 기억해 주세요. 작은 변화만으로도 컨디션 변화를 미리 감지할 수 있습니다.

2. 환경 만들기

아이의 면역력이 숨 쉴 수 있는 일상을 설계해 주세요. 환경은 부모가 가장 확실하게 조절할 수 있는 면역 도구입니다.

- 실내 습도를 50~60%로 유지하면 호흡기의 방어막이 튼튼해집니다.
- 귀가 후 손 씻기·양치·옷 갈아입기 루틴을 생활화하면 손쉽고 확실한 예방 습관이 됩니다.
- 충분한 수면 시간을 확보해 주세요. 수면은 몸이 회복하는 황금 같은 시간이며 성장호르몬이 왕성하게 분비되는 중요한 때입니다.

3. 마음가짐

아이의 회복력은 부모의 믿음에서 시작됩니다.

- "우리 아이는 지금 면역력을 키우는 중이야."라는 말을 스스로에게 해 보세요.
- 감기에 걸렸을 때는 "또 걸렸네." 대신 "곧 나을 거야."라고 아이에게 말해 주세요.
- 불안하더라도 아이 앞에서는 차분한 태도를 보여주세요. 부모의 한마디가 아이의 회복 속도를 바꿀 수 있습니다.

완벽한 엄마도, 완벽한 아이도 없습니다. 우리는 모두 배우고 자라는 과정에 있습니다. 감기 한 번쯤 걸리는 건 괜찮습니다. 그 과정을 통해 아이만의 리듬과 체질을 이해하게 된다면 이미 면역력의 뿌리를 내리는 첫걸음을 내디딘 것입니다.

5.

기운 없는 아이,
허약의 신호를 읽는 법

❀ ❀ ❀

"아이가 너무 약해 보여요. 조금만 놀아도 '엄마, 힘들어.'라며 주저앉고, 오후가 되면 너무 피곤해서 저녁도 못 먹고 그대로 잠들어 버리는 날도 많아요. 혹시 허약아인 걸까요?"

준하 어머니의 목소리에는 깊은 걱정이 묻어 있었습니다. 엄마 곁에 바짝 붙어 앉아 있던 아이는 또래보다 왜소해 보였으며 얼굴빛도 유난히 창백했습니다. "검사에서는 이상이 없다는데 언제까지 이렇게 약하게 지내야 하나요? 다른 아이들처럼 튼튼해질 수는 없을까요?"

'허약아'라는 말은 부모 마음을 단번에 무겁게 만듭니다. 마치 아이가 평생 지고 가야 할 짐처럼 느껴지곤 하죠.

둘째 아이 역시 땀이 많고 밥을 먹이는 일이 전쟁 같았습니다. 잠을 자다 머리까지 흠뻑 젖는 날이 많았고, 밥 한 숟갈 먹고는 집안을 돌아다니기 일쑤였습니다. 정성껏 만든 반찬에는 손도 대지 않곤 했죠. "엄마, 밥 먹기 싫어." 그 한마디에 가슴이 철렁 내려앉던 순간이 지금도 또렷이 떠오릅니다.

기운 없는 아이 앞에서 저도 흔들렸습니다. '내가 뭘 잘못한 걸까?' 수없이 자책하며 불안을 안고 지냈죠. 그래서 이 장은 과거의 저처럼 아이의 기운 없음 앞에서 애태우고 있는 부모님들께 보내는 작은 위로입니다. 동시에 막연한 두려움을 걷어내고 아이의 건강을 직접 살필 수 있도록 돕는 안내서이기도 합니다.

아이의 기운이 부족해 보이는데도 막상 병원 검사에서는 아무 이상이 없다고 하면 부모는 혼란스러워집니다. 그러나 검사에서 특별한 문제가 잡히지 않는다고 해서 곧바로 건강하다고 단정할 수는 없습니다. 한의학에서는 이런 상태를 '미병(未病)'이라 부릅니다. 아직 병으로 진단되지는 않았지만 몸의 균형이 흔들리기 시작한 단계로 보는 것이지요. '허약아'는 바로 이 미병의 범주에 속합니다. 겉으로는 힘이 없고 피곤해 보이지만 병원에서는 뚜렷한 이상을 찾지 못하는 경우가 많습니다. 아이가 자주 피곤해하거나 감기에 잘 걸리고, 식욕이나 수면의 질이 떨어진다면 그것만으로도 몸이 중요한 신호를 보내고 있는 것입니다. 이 장에서는 허약아를 미병의 관점에서 이해해 보려 합니다. 실제 육아 과정에서의 경험, 그리고 진료실에서 만난 수많은 이야기를 토대로 아이의 땀 한 방울과 밥투정 속에 담긴 작은 신호들을 함께 읽어드리겠습니다. 이 장을 덮을 즈음에는 불안한 엄마가 아니라 아이의 건강을 누구보다 잘 이해하는 든든한 동반자, 우리 집 최고의 홈닥터가 되어 계실 것입니다.

허약은 특정 질병명이 아니라 아이 몸속의 기운 저축이 부족한 상태를 뜻합니다. 아이들은 원래 성장하고 발산하는 힘이 넘치지만 그 빠른 성장 과정 때문에 도리어 허약에 쉽게 노출됩니다.

작은 몸에서 뼈가 자라고 근육이 늘고 뇌가 발달하며 하루 종일 세상을 배우는 일은 엄청난 에너지를 요구합니다. 이때 소화가 약해 충분한 에너지를 만들지 못하거나 병치레가 잦아 기운이 새어나가면 성장 속도에 비해 에너지 공급이 부족하게 됩니다. 그 결과 아이 몸은 쉽게 말해, '마이너스 통장'과 같은 기운이 부족한 상태, 즉 '허약'으로 이어집니다. 허약은 아이나 부모의 탓이 아닙니다. 다만 '아이의 성장을 위해 더 많은 에너지와 세심한 관리가 필요하구나'라는 신호로 받아들이는 것이 옳습니다.

아이의 허약은 주로 세 가지 시스템의 불균형으로 드러납니다. 호흡기를 주관하는 폐계(肺系), 소화를 담당하는 비계(脾系), 그리고 성장을 이끄는 신계(腎系)입니다. 이제 아이가 어떤 유형에 가까운지 살펴보면서 막연했던 불안에 구체적인 이름을 붙여보겠습니다.

폐계(肺系) 허약: "감기를 달고 살아요."

환절기마다 기침이 시작되고 감기가 오래가는 아이가 있습니다. 이는 몸의 1차 방어막인 '위기(衛氣)'가 약해져 있기 때문입니다. 위기는 폐에서 만들어지며 폐는 호흡기와 피부를 주관해 아이의 몸을 외부 자극으로부터 지켜줍니다.

폐 기운이 튼튼하면 위기가 피부 표면을 단단히 지켜주어 바이러스나 세균이 쉽게 침투하지 못합니다. 하지만 폐가 약해지면 이 방어막이 허술해져 작은 온도 변화나 가벼운 감염에도 쉽게 무너집니다. 이런 아이는 감기, 비염, 심하면 아토피 피부염까지 반복적으로 겪게 됩니다. 환절기만 되면 어김없이 기침과 콧물이 시작되고, 감기에 걸리면 며칠이 지나도 쉽게 낫지 않습니다. 심할 때는 폐렴이나 부비동염, 중이염으로 악화되기도 합니다. 잠자는 동안이나 가벼운 활동 후에도 식은땀을 많이 흘리고, 손발이 차며 추위를 심하게 타는 경우가 많습니다. 얼굴빛이 창백하고 윤기가 없는 것도 흔한 특징입니다. 이러한 신호들은 모두 아이의 폐기(肺氣)가 약해졌음을 알려주는 단서입니다.

폐계 허약아는 피부 장벽을 강화하고 폐의 방어력인 위기를 보강하여 아이 스스로 바이러스를 이겨낼 수 있도록 돕는 것이 중요합니다. 땀이 과도하게 새어나가지 않도록 보온에 신경 쓰며 폐와 피부를 촉촉하게 유지하는 관리가 필요합니다. 실내 습도를 50~60%로 유지해 호흡기를 보호하고 찬 바람을 직접 쐬지 않도록 조심시키는 것도 큰 도움이 됩니다. 치료로는 폐기를 북돋는 한약을 사용하거나 위기를 단단히 지켜주는 처방으로 체질의 기초 체력을 키워주어야 합니다. 이와 함께 꾸준한 생활 관리가 병행되면, 아이는 서서히 감기를 스스로 이겨내는 힘을 되찾고, 땀과 추위에 흔들리지 않는 건강한 방어력을 갖추게 됩니다.

비계(脾系) 허약: "밥을 잘 안 먹고, 배가 아프대요."

입이 짧고 밥 먹는 시간이 길며 "배 아파."라는 말을 자주 하는 아이. 혹시 우리 아이 모습과 닮아 있나요? 이런 모습은 아이의 에너지 발전소, 즉 소화 기능이 약하다는 신호일 수 있습니다. 비(脾)는 위(胃)와 함께 음식을 소화해 영양분인 기혈(氣血)을 만들어 온몸에 공급합니다. 그런데 이 발전소의 출력이 약하면 음식을 충분히 먹어도 에너지로 바꾸지 못해 식욕은 떨어지고 먹은 음식마저 찌꺼기(습담, 濕痰)로 남아 배가 자주 아프거나 설사·변비를 반복하게 됩니다. 성장에 필요한 영양이 제대로 흡수되지 못하면 체중과 키가 늘지 않고 마른 체형으로 남기 쉽습니다.

비계 허약아는 밥 먹는 시간이 유난히 길고 한 숟가락을 입에 오래 물고 있거나 음식을 뱉어내는 일이 잦습니다. 새로운 음식을 잘 시도하지 않으려 하고 "배 아파."를 입에 달고 지내는 경우가 많습니다. 배에 가스가 자주 차 있으며 대변은 종종 무르거나 단단한 토끼 똥처럼 나오기도 합니다. 얼굴빛이 누렇고 입술에 생기가 없는 것도 전형적인 신호입니다. 위장이 제 역할을 하지 못해 영양 흡수가 원활하지 않다는 뜻이지요.

비계 허약아 치료의 핵심은 멈춰 있던 소화기를 다시 움직이게 하고 위장에 쌓인 습담을 깨끗이 정리해 '먹고 싶어지는 환경'을 만들어 주는 것입니다. 이를 위해선 따뜻하고 소화가 잘 되는 음식을 중심으로 식단을 짜고 차갑거나 기름진 음식은 줄여야 합니다. 배와 등을 부드럽게 마사지해 장 운동을 도와주고 식사 시간을 즐거운 경험으로 만들어 주는 것도 중요합니다. 비위의 기운을 북돋우는 한약을 사용해 소화력과 흡수력을 끌어올릴 수도 있습니다. 이렇게 일상의 작은 관리와 치료가 함께 이루어질 때, 아이는 점차 식욕을 되찾고 편안하게 소화를 하며 성장에 필요한 영양을 충실히 받아들일 수 있는 건강한 몸으로 변해갑니다.

신계(腎系) 허약: "유독 피곤해하고, 성장이 더딘 것 같아요."

또래보다 키가 작고 쉽게 피로해하며 매사에 의욕이 없는 아이. 이런 모습은 단순한 체력 부족이 아니라 성장의 기초 자본금이 부족하다는 신호일 수 있습니다. 신(腎)은 부모에게서 물려받은 선천적인 에너지를 저장하며 뼈의 성장과 뇌의 발달을 주관하는 생명의 근원입니다. 신주골(腎主骨), 신이 뼈를 주관한다는 말처럼 신기(腎氣)는 아이의 키 성장과 집중력, 지구력 같은 정신적 에너지에도 깊이 관여합니다. 신기가 부족하면 성장 속도가 더디고 쉽게 지치며 정서적으로 위축되거나 야뇨증이 나타나기도 합니다.

신계 허약 아이들은 반에서 키 번호가 앞쪽이고 힘이 없어 쉽게 지칩니다. 머리카락이 가늘고 숱이 적으며 사소한 일에도 겁을 내고 새로운 환경에 적응하기 어려워합니다. 때로는 허리나 다리가 아프다고 호소하기도 하는데, 성장 에너지의 뿌리인 신기가 부족해 뼈와 근력이 약해진 신호일 수 있습니다.

신계 허약아는 성장의 뿌리가 되는 에너지를 보충하고 뼈와 뇌수를 채워주는 보신(補腎) 치료가 필요합니다. 충분한 수면과 휴식, 햇볕을 받으며 뛰어노는 야외 활동, 그리고 신기를 북돋는 음식(검은콩, 검은깨, 호두 등)을 꾸준히 챙기는 것이 중요합니다. 치료는 신기를 보강하는 한약을 통해 뼈와 근육에 힘을 더해줍니다. 이렇게 몸의 기초 공사를 단단히 다져주면 체력, 성장, 집중력, 정서가 함께 개선되며 아이는 점차 자신감을 회복하게 됩니다. 이 모든 변화는 신(腎)이라는 뿌리를 튼튼히 세우는 데서 비롯됩니다.

세 가지 허약 유형을 살펴보며 아이의 기운 없음에도 분명한 이름과 방향이 있다는 것을 느끼셨을 것입니다. 이제는 막연한 불안 대신 아이의 상태를 이해하고 다가설 수 있는 눈을 갖게 되셨지요. 그렇다면 자연스레 또 하나의 질문이 떠오릅니다. '우리 아이는 어떤 도움부터 받아야 할까? 이 정도면 한의원에 가야 하는 걸까?' 지금부터는 이런 고민에 대한 구체적인 기준과 가이드라인을 안내해드리겠습니다.

아이의 허약은 대부분 생활 관리만으로도 충분히 좋아질 수 있습니다. 하지만 언제나 그렇듯, 모든 경우가 그런 것은 아닙니다. 다음과 같은 때는 전문가의 진단과 도움이 필요합니다.

예를 들어, 키나 체중이 또래 평균보다 현저히 낮고 성장 곡선에서도 계속 벗어나 있다면 반드시 진료를 받아야 합니다. 특히 6개월 이상 성장 정체가 이어진다면 신체가 에너지를 제대로 만들지 못하고 있는 건 아닌지 세밀한 확인이 필요합니다. 몸은 전체적으로 야위었는데 배만 불룩하다면 극심한 영양 불균형을 의심해야 합니다. 이 경우 단순한 허약을 넘어 장기 기능과 면역력까지 저하되어 있을 수 있습니다. 발달 지연도 마찬가지입니다. 말이 늦거나 걷기·달리기 같은 기본 운동 기능이 또래보다 6개월 이상 늦는다면 단순 체력 문제를 넘어 신경 발달이나 근골격계 기능까지 함께 점검해야 합니다. 또한 폐렴이나 중이염처럼 심각한 감염이 반복된다면 아이 몸이 스스로 회복할 에너지와 방어력을 충분히 갖추고 있는지를 반드시 살펴야 합니다.

꼭 병원 진료까지는 아니더라도 체질적 약함이 반복되어 부모의 걱정이 깊어질 경우에는 한의학의 미병 치료를 고려할 수 있습니다. 선천적으로 기운이 약한 아이, 소화가 잘 안 되고 밥을 잘 먹지 못하는 아이, 감기에 자주 걸리고 회복이 더딘 아이, 성장 속도가 눈에 띄게 늦은 아이는 한의학적 접근으로 도움을 받을 수 있습니다. 보통 3~6개월 정도 치료와 생활 관리가 병행되면 뚜렷한 변화를 보이는 경우가 많습니다. 어떤 아이는 한 달 이내에 반응을 보이기도 하고, 더 긴 시간이 필요한 경우도 있습니다. 중요한 것은 조급해하지 않고 아이의 기질과 리듬에 맞춰 꾸준히 지켜봐 주는 부모의 느긋한 마음입니다.

이런 시기에는 많은 부모가 영양제를 떠올립니다. 물론 음식으로 충분히 섭취하지 못하는 영양을 보충하는 데 도움이 될 수는 있지만 그것이 근본적인 해결책은 아닙니다. 허약한 아이일수록 음식 하나하나를 약처럼 챙겨 먹이는 것이 훨씬 효과적입니다. 필요하다면 아연, 철분, 유산균 같은 보조제를 활용할 수 있지만 반드시 전문가와 상의해 적절한 용량을 지켜야 합니다. 과도한 보충은 오히려 해가 될 수 있기 때문입니다.

그렇다면 허약아 관리는 언제까지 이어가야 할까요? 허약 관리는 단기간에 끝내는 처방이 아닙니다. 아이의 성장 과정 전체와 함께 가야 하는 흐름입니다. 영유아기는 체력과 면역의 기초를 세우는 시기입니다. 학령전기에는 활동성과 사회성을 기르며, 학령기에는 학습과 운동의 균형을 다집니다. 사춘기 이후에는 아이 스스로 자신의 몸을 돌볼 수 있는 습관과 자율성을 키워야 합니다. 관리의 목표는 특정 시점에 끝내는 것이 아니라 생활 속에 자연스럽게 스며들도록 하는 데 있습니다.

같은 부모에게서 태어났음에도 형제자매 중 한 아이만 허약한 경우도 많습니다. 임신 중의 환경, 출생 당시의 체중, 돌 무렵의 감염 경험, 어린이집에 적응한 시기 등 작은 차이가 아이의 체질과 기운의 흐름에 영향을 줄 수 있습니다. 그래서 첫째는 건강한데 둘째만 허약하거나, 반대로 동생이 더 기운이 강한 경우도 흔합니다. 중요한 것은 서로 비교하지 않고 각 아이의 체질과 리듬을 존중하는 것입니다. 허약한 아이에게 더 세심한 관심을 기울이되 다른 형제가 소외감을 느끼지 않도록 균형을 맞춰주세요.

부모의 걱정과 질문은 모두 '내 아이를 더 건강하게 키우고 싶다.'라는 마음에서 비롯됩니다. 아이의 작은 신호에 마음을 기울이고 식사와 놀이, 잠드는 시간 속에서 자연스럽게 기운을 채워가는 것. 그것이 바로 부모가 매일 이어가야 할 사랑스러운 돌봄입니다.

그중에서도 가장 기본이자 중요한 방법은 음식으로 몸을 다스리는 것입니다. 한의학에서는 음식과 약이 뿌리가 같다고 보는 약식동원(藥食同源)의 원리를 중시합니다. 아이의 체질과 허약 유형에 맞춰 밥상에 작은 조절만 더해도 그것이 곧 훌륭한 보약이 될 수 있습니다.

폐계 허약아에게는 폐와 호흡기를 촉촉하게 적셔주고 위기(衛氣)를 강화해주는 음식이 도움이 됩니다. 배, 도라지, 오미자는 폐를 부드럽게 보호하고 기침을 완화하며 땀이 지나치게 나는 것을 조절해줍니다.

비위가 약한 아이는 따뜻하고 소화가 잘 되는 음식이 필요합니다. 찹쌀은 위장을 부드럽게 감싸고, 마는 소화기 점막을 보호하며, 닭가슴살은 부족한 단백질을 채워줍니다.

신계 허약아는 신장의 기운을 보충해주는 검은색 식재료로 만든 음식이 좋습니다. 검은콩, 검은깨, 흑미, 김, 미역, 다시마 같은 해조류는 신기(腎

氣)를 북돋아 뼈와 뇌의 성장을 함께 돕습니다.

거창한 약을 쓰지 않아도 됩니다. 아이의 체질에 맞춘 음식 한 그릇이 곧 면역력의 뿌리가 됩니다. 중요한 것은 아이의 체질을 이해하고 그에 맞는 음식을 꾸준히 챙겨주는 일입니다. 엄마가 매일 정성껏 준비하는 따뜻한 죽 한 그릇, 배숙 한 잔이 아이의 몸속에 기운을 심어주는 소중한 씨앗이 됩니다.

아이의 체력과 기운은 하루아침에 달라지지 않습니다. 하지만 작은 실천이 쌓일 때 분명히 변화는 시작됩니다. 저 역시 두 아이를 키우며 수많은 시행착오 끝에 한 걸음씩 기운을 되찾아가는 여정을 이어왔습니다. 지금부터 소개할 이야기는 그 과정을 기록한 우리 가족의 1년 프로젝트입니다. 특별한 방법은 없었습니다. 다만 관찰하고 이해하고 반복했을 뿐이지요. 혹시 지금 막막한 마음이 드는 부모님이 계시다면 이 기록이 작은 용기가 되기를 바랍니다.

허약아 탈출 프로젝트 – 1년의 기록

둘째 윤이는 신계 허약아의 전형이었습니다. 체력이 약했고 또래보다 왜소한 체격에 쉽게 지치곤 했습니다. 그런 윤이를 위해 작지만 꾸준한 실천을 시작했습니다. 거창한 목표는 없었습니다. 아이의 기운을 끌어올리기 위한 가정 내 1년간의 루틴 만들기. 이 기록은 윤이의 체질과 생활 리듬에 맞춘 생활 실험이자 가족의 성장 일지입니다.

1~3개월 차: 기초 체력 다지기

목표: 기본적인 생활 리듬 만들기

가장 먼저 생활의 리듬을 고정했습니다. 아침 8시 기상, 밤 10시 취침. 특별한 일이 없는 한 매일 같은 시간에 일어나고 잠들도록 했습니다. 식사는 '많이'보다 '자주'에 초점을 맞추었고 밥 세 끼에 간식 두 번을 더해 하루 다섯 번, 3시간마다 조금씩 먹였습니다.

물을 잘 마시지 않던 윤이를 위해 빨대컵에 따뜻한 보리차를 담아 집안 곳곳에 두었고 하루 8잔 이상 마실 수 있도록 유도했습니다. 실내 환경도 조정했습니다. 낮에는 밝고 쾌적한 22도의 온도를 유지했고 밤에는 조명을 낮추고 습도를 50%로 맞췄습니다. 이렇게 3개월을 보내자 윤이는 밤에 깨지 않고 깊게 잠들기 시작했고, 감기 횟수도 절반으로 줄었으며 식욕도 서서히 살아났습니다.

4~6개월 차: 소화기 기능 강화

목표: 밥 잘 먹는 아이 만들기

이 시기에는 소화 기능 회복에 집중했습니다. 매일 아침과 저녁 10분씩 배와 등을 부드럽게 마사지했고, 산사·대추차 같은 따뜻한 한방차를 물 대신 마시게 했습니다. 식사 시간에는 TV와 스마트폰을 치우고 가족이 함께 둘러앉는 분위기를 만들었습니다.

아이 스스로 식사에 흥미를 느낄 수 있도록 주먹밥에 김으로 얼굴 모양을 그리거나 삶은 달걀을 직접 까게 하는 등 작은 참여를 유도했습니다. 두 달쯤 지나자 윤이는 식사 때마다 "배고파."라는 말을 하기 시작했고 한 끼에 먹는 양도 점점 늘었습니다. 전에는 거들떠보지 않던 새로운 음식에도 도전하려는 모습을 보였습니다.

7~9개월 차: 체력과 면역력 기르기
목표: 활발하게 뛰어노는 아이 만들기

수면과 소화가 안정되자 활동량을 늘리는 단계로 나아갔습니다. 매일 30분 이상은 꼭 바깥 공기를 쐬도록 했습니다. 처음에는 가볍게 걷기에서 시작해 계단 오르기, 자전거 타기 등으로 활동 범위를 넓혀갔습니다.

이 시기에는 체질에 맞는 보신(補腎) 한약도 3개월간 꾸준히 복용했습니다. 음식에서는 단백질 섭취를 강화했습니다. 계란, 두부, 생선 등 흡수 잘 되는 단백질을 매끼 기본으로 챙겼고 식욕이 없는 날은 죽에 닭고기를 잘게 찢어 넣어 보완했습니다. 그러자 윤이는 놀이터에서 친구들과 마음껏 뛰어놀 수 있을 만큼 체력이 늘었고 감기에 걸려도 금세 회복했습니다.

10~12개월 차: 자신감 회복
목표: 몸과 마음이 함께 건강해지는 아이 만들기

마지막 단계는 마음의 회복이었습니다. 아이가 성취감을 느낄 수 있도록 작은 목표들을 주었습니다. '책 20분 읽기' '계단 10개 오르기' 같은 미션을 매일 하나씩 제시하고 성공할 때마다 칭찬 스티커를 붙여주었습니다.

또래와 어울리는 시간을 늘려 사회성을 키우고 양말 정리나 간식 준비 같은 간단한 집안일을 맡겨 자립심도 함께 길렀습니다. 한 달에 한 번은 키와 몸무게를 기록해 함께 확인했는데 윤이가 "와, 나 이렇게 컸어?"라며 기뻐

하던 모습은 그 어떤 결과보다 값진 보상이었습니다.

1년이 지난 지금, 윤이는 키가 7cm 자라고 몸무게도 3kg 늘어 또래 평균을 따라잡았습니다. 놀이터에서도 지치지 않고 30분 이상 뛰어놀 수 있고 감기에 걸리는 횟수는 예전보다 80% 이상 줄었습니다. 무엇보다 "나도 할 수 있어요!"라며 웃는 아이의 얼굴은, 모든 수치를 뛰어넘는 가장 큰 변화였습니다.

1년의 기록을 나누는 이유는 단지 결과를 보여드리기 위해서만은 아닙니다. 많은 부모님이 '한 번의 특별한 약'으로 아이가 전혀 다른 체질로 바뀌기를 기대하시곤 합니다. 하지만 아쉽게도 그런 약은 존재하지 않습니다. 아이의 몸은 시간이 필요합니다. 빠른 변화 대신 작은 습관을 이어가는 꾸준함이 아이를 건강하게 만드는 가장 확실한 방법입니다. 부모의 마음이 조급할수록 아이의 속도에 맞춰 한 걸음씩 함께 가는 것이 가장 빠른 길임을 기억해 주셨으면 합니다.

희망의 메시지 – 허약아였던 유명인들

역사를 돌아보면 어린 시절 허약했던 인물이 의외로 많습니다. 아이슈타인은 말을 늦게 배우고 체력도 약했지만 20세기 가장 위대한 과학자가 되었고, 천식으로 고생하던 루스벨트는 꾸준한 운동과 관리로 미국의 대통령이 되었습니다. 조선의 실학자 정약용 역시 어린 시절 병약했지만 평생 학문과 실천을 이어간 위대한 사상가로 기억됩니다.

이들의 공통점은 분명합니다. 어릴 적 약함이 인생의 약점으로 남지 않았다는 것. 오히려 그 경험을 통해 더 강한 내면과 단단한 철학을 견지하게 되었다는 점입니다. 허약했던 기억은 아이에게 연약함을 이해하는 감수성을 심어줄 뿐 아니라 작은 것에도 감사하는 마음, 자기 몸을 살피는 힘, 포기하지 않는 끈기를 길러줍니다.

저도 어릴 적 허약한 아이였습니다. 작은 체구로 반에서 맨 앞자리를 도맡았고 차만 타면 금세 멀미가 올라와 멀리 나가는 것이 두려웠습니다. 어린 시절 집에서 가장 멀리 갔던 여행지가 설악산인데 웅장한 산의 풍경은 전혀 생각이 나지 않고 멀미의 고통만 떠오를 정도입니다. 어릴 때부터 이어진 편식 습관도 아직 완전히 고치지 못했습니다. 그만큼 몸이 약했고 먹고 움직이는 모든 일에 예민했던 아이였지요. 하지만 그 약함 덕분에 누구보다 건강한 생활 습관에 일찍 눈을 뜨게 되었습니다. 어떻게 자야 덜 피곤한지, 어떤 음식을 먹어야 속이 편한지, 몸의 작은 변화에도 귀 기울이는 습관이 어린 시절부터 저를 단련시켰습니다. 이 깨달음은 저의 진료 철학에도 큰 영향을 주었습니다. 몸이 약했던 기억이 있기에 건강의 소중함을 누구보다 잘 알게 되었고 진료실에서는 부모님과 아이들이 '작은 생활 습관의 힘'을 믿고 실천할 수 있도록 진심을 담아 전하고 있습니다.

이러한 경험은 학생들을 향한 응원으로 연결됩니다. 졸업을 앞두고 병원 수련에 대해 상담하러 오는 학생들이 종종 제게 묻습니다. "교수님, 제가 체력이 약한데 버틸 수 있을까요?" 그럴 때마다 저는 웃으며 답합니다. "저도 허약한 체질로 시작했지만 결국 해낼 수 있었습니다. 여러분은 분명히 저보다 더 잘해낼 수 있을 겁니다."

허약했던 어린 시절은 열등감이 아니라 환자와 제자들을 이해하고 격려할 수 있는 바탕이 되었습니다. 둘째 윤이도 한때는 입도 짧고 약했지만 이제는 "엄마, 저녁 뭐예요?"라고 묻고, 감기 기운이 있으면 "오늘은 일찍 자야겠어."라며 스스로 몸을 챙길 줄 아는 아이로 자라주고 있습니다. 따뜻한 죽 한 그릇, 잠들기 전 등을 쓸어주는 손길, "괜찮아, 푹 자고 나면 나아질 거야."라는 말 한마디가 아이의 몸과 마음을 살립니다.

기억해 주세요. 허약은 질병이 아니며 충분히 개선될 수 있습니다. 모든 아이는 자기만의 속도로 자랍니다.

비교하지 마세요. 조금 늦어 보여도 때가 되면 각자의 꽃을 피웁니다. 부모의 사랑과 인내는 그 어떤 약보다 강합니다. 아이의 기운을 돌보는 여정은 부모의 기운도 함께 자라게 만드는 길이기도 합니다.

때로는 너무 힘들어 멈추고 싶을 날도 있을 것입니다. 의심이 밀려오는 순간도 있겠지요. 그럴 때마다 기억하세요. 지금 이 시간이 훗날 아이의 마음속에 '내가 힘들었을 때, 누군가 나를 정성껏 돌봐줬어.'라는 따뜻한 기억으로 남을 것임을.

Check Point

우리 아이는 허약아일까?

다음 항목들을 체크해보세요. 다섯 가지 이상이 해당된다면, 허약아 관리를 시작할 필요가 있습니다.

신체적 특징

또래보다 키나 몸무게가 작다(하위 25% 이하) ☐

얼굴빛이 창백하거나 누렇다 ☐

근육량이 적고 살이 잘 붙지 않는다 ☐

손발이 차고 순환이 원활하지 않다 ☐

머리카락이 가늘고 윤기가 없다 ☐

체력 신호

조금만 뛰어도 쉽게 지친다 ☐

계단 오르기를 힘들어한다 ☐

친구들과 놀 때 먼저 힘들어한다 ☐

땀을 유난히 많이 흘리거나 거의 흘리지 않는다 ☐

아프고 난 뒤 회복이 더디다 ☐

소화 신호

식욕이 없고 밥을 잘 안 먹는다	☐
조금만 먹어도 금세 배부르다고 한다	☐
자주 체하거나 토한다	☐
변비와 설사가 반복된다	☐
배가 자주 아프다고 한다	☐

면역 신호

감기에 자주 걸린다(월 2회 이상)	☐
중이염, 폐렴 등 감기 합병증이 잘 생긴다	☐
계절이 바뀔 때마다 아프다	☐
항생제를 자주 복용한다	☐
알레르기나 아토피가 있다	☐

정서적 특징

겁이 많고 소심하다	☐
집중력이 떨어진다	☐
자신감이 부족하다	☐
새로운 환경에 적응하는 것을 힘들어한다	☐
짜증을 자주 내고 울음을 쉽게 터뜨린다	☐

점검 결과 해석

15개 이상: 전반적인 허약 증상이 뚜렷합니다. 전문적인 진단과 관리가 필요합니다.

10~14개: 허약 신호가 눈에 띄게 나타납니다. 특히 어떤 영역에 체크가 몰려 있는지 살펴보세요. 체질에 맞는 맞춤 관리가 필요합니다.

5~9개: 초기 징후가 보입니다. 예방 차원에서 생활 습관 관리가 중요합니다.

5개 미만: 현재 상태를 유지하며 꾸준히 관찰해주시면 됩니다.

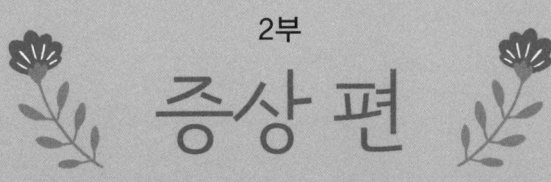

2부
증상 편

건강을 좌우하는
7가지 핵심 고민

❋

❋

❋

아이가 아플 때마다 부모는 죄책감과 무력감 사이를 오갑니다. 하지만 아이의 모든 증상은 '실패의 증거'가 아니라 '성장의 과정'이며, 부모의 역할은 완벽한 해결사가 아닌 든든한 동반자가 되어주는 것입니다. 부모가 조급함을 내려놓고 아이의 신호에 귀 기울일 때 비로소 회복의 문이 열립니다. 정원에 씨앗을 심고 햇볕을 기다리듯 매일의 작은 관심과 꾸준한 인내로 실천해 보세요. 그렇게 쌓인 일상의 돌봄이 아이가 스스로 회복할 힘을 길러주는 치유의 시작이 됩니다.

1.

오래가는 기침과 호흡기 면역

❊ ❊ ❊

그날 밤, 깊은 고요를 가르며 둘째의 기침 소리가 귓가에 울려 퍼졌습니다.

"콜록!"

단 한 번의 소리에 잠이 달아났습니다.

'아, 둘째구나.'

처음에는 대수롭지 않게 여기려 했습니다. 성장기 아이들에게 기침은 종종 찾아오는 손님이니까요. 이불을 덮어주고 자세를 고쳐주면 곧 잦아들겠거니 생각했습니다. 그러나 기대는 금세 빗나갔습니다.

"콜록, 콜록! 컥, 커헉!"

한두 번으로 끝날 것 같던 기침은 일정한 간격으로 이어지며 점점 깊어졌습니다. 마른 장작이 타오르듯 건조하게 시작된 소리는 이내 가슴 깊은 곳에서 무언가를 억지로 끌어올리려는 듯 절박하게 변했습니다. 아이는 괴로운 듯 뒤척였고 그때마다 터져 나오는 기침 소리는 심장을 쥐어짜는 듯했습니다. 그 순간, '자지러지는 기침'이라는 표현의 의미를 실감했습니다.

아이 곁에 몸을 웅크리고 누웠습니다. 캄캄한 방 안에는 아이의 거친 숨소리와 기침 소리만 가득했습니다. 혹여 숨이라도 막힐까 두려워 아이의 작은 등이 오르내리는 것을 하염없이 지켜보며 마음을 졸였습니다. 땀에 젖은 등을 쓸어내릴 때의 그 막막함은 지금도 선명한 기억으로 남아 있습니다. 내 아이가 아프다는 사실 앞에서 부모는 얼마나 무력해지는지 깊이 실감했습니다. 어제 진료실에서의 제 모습이 파노라마처럼 스쳐 지나갔습니다. 비슷한 또래의 아이를 데리고 온 어머니 앞에서 전문가의 얼굴을 하고 차분히 설명했지요.

"어머니, 기침은 나쁜 것이 아닙니다. 몸속에 들어온 나쁜 기운을 밖으로 내보내려는 아주 자연스럽고 중요한 방어 반응이에요. 열이 심하지 않고 아이의 컨디션이 괜찮다면 너무 걱정하지 마세요. 미지근한 물을 자주 먹이고 실내 습도를 잘 맞춰주세요."

그때의 설명은 자신감 있고 명쾌해 보였습니다. 하지만 지금 이 순간, 내 아이의 고통스러운 기침 앞에서 그 모든 지식은 아무런 힘을 발휘하지 못했습니다. 머릿속은 순식간에 하얘졌습니다.

한의사로서의 이성과 엄마로서의 감정이 끊임없이 충돌했습니다. '이건 폐가 건조하다는 신호야.', '혹시 다른 문제가 숨어 있는 건 아닐까?', '약을 먹여야 하나, 조금 더 지켜봐야 하나?' 수많은 질문과 불안이 뒤섞여 마음을 잠식했습니다.

그때 알게 되었습니다. 부모에게 아이의 기침 소리는 단순한 증상이 아니라 가장 직접적이고 위협적인 '불안의 소리'라는 것을요. 아이가 괜찮다는 수많은 의학적 근거보다 당장 이 기침을 멎게 해주고 싶은 그 한 가지 간절함이 훨씬 더 크다는 사실을 말입니다.

사랑과 기침은 숨길 수 없다는 말이 있습니다. 아이가 호흡기 문제로 진료를 받으러 올 때 부모님이 가장 크게 염려하는 증상이 바로 기침입니다. 아이의 몸 상태를 드러내고 부모의 마음을 뒤흔드는 불안의 상징이 되기 때문입니다.

이 장은 그날 밤, 어둠 속에서 아이의 등을 쓸어내리며 느꼈던 한 엄마의 절박한 마음에서 출발합니다. 기침은 단순한 증상이 아니라 아이의 몸이 전하는 중요한 메시지입니다. 이제부터 그 메시지를 어떻게 해석할 수 있는지, 그리고 끝이 보이지 않는 기침과의 싸움 속에서 부모와 아이가 어떻게 함께 변화를 만들어갈 수 있는지 이야기해 보겠습니다.

기침, 몸의 방어가 시작되었음을 알리는 북소리

강의실에서 학생들과 호흡기 질환을 이야기할 때 이런 비유를 하곤 합니다.

"기침은 몸의 국경을 지키는 최전방 군대의 전투 소리입니다."

몸이라는 나라에 바이러스·세균·찬 기운·미세먼지 같은 '사기(邪氣)'가 침입하면 이를 막아내는 군대인 '정기(正氣)'가 즉시 반응합니다. 정기는 불청객을 몰아내기 위해 다양한 전략을 쓰는데 그중 가장 격렬하면서도 소란스러운 전투 방식이 기침입니다.

따라서 기침 소리가 들린다는 것은 몸속에서 치열한 싸움이 벌어지고 있다는 '신호'이자 방어 체계가 제 역할을 하고 있다는 증거입니다.

그래서 기침을 약으로 무작정 잠재우는 것은 단지 시끄럽다는 이유로 아군의 전투를 멈추게 하는 것과 다르지 않습니다. 물론 전투가 지나치게 길어져 체력이 소모되거나 기관지에 손상이 생기면 적절한 지원군, 즉 치료가 필요합니다. 그러나 그 전에 해야 할 일은 왜 전투가 벌어졌는지, 어떤 양상으로 진행되고 있는지를 살피는 것입니다. 그것이 올바른 진단과 치료의 출발점이 됩니다.

이 '전투의 양상'을 살피기 위해 기침을 크게 두 가지 기준으로 나눕니다.

첫째는 원인에 따른 분류, 외감(外感) 기침과 내상(內傷) 기침입니다. 전투가 외부의 적 때문에 일어났는지, 아니면 내부의 문제에서 비롯되었는지를 구분하는 것이지요.

외감 기침은 바이러스·세균 같은 감염원이나 갑작스러운 기온 변화(한사, 寒邪) 때문에 생기는 급성 기침으로 흔히 말하는 '감기 기침'이 여기에 해당합니다. 대개 오한·발열·콧물·몸살 같은 전신 증상이 함께 나타나고 전투가 갑작스럽고 격렬하게 시작되는 특징이 있습니다.

반면 내상 기침은 아이의 내부 문제에서 비롯됩니다. 대표적인 원인은 소화기입니다. 한의학에서는 "비위(脾胃)는 담(痰)을 만들어내는 근원이고, 폐(肺)는 그 담을 담는 그릇이다(脾爲生痰之源, 肺爲貯痰之器.)."라고 설명합니다. 소화 기능이 약해 음식물이 제대로 소화되지 못하면 노폐물(담음, 痰飮)이 쌓이고 이것이 폐에 영향을 주어 기침을 일으킨다는 것입니다. 알레르기 체질이거나 선천적으로 폐 기운이 약한 아이들이 만성적으로 하는 기침도 내상 기침에 속하며 은근히 오래 이어지는 특징이 있습니다.

둘째는 기침 소리와 가래의 양상에 따른 분류입니다. 기침 소리는 마치 전투 현장의 생중계와 같아서 원인과 진행 상황을 가늠하게 해줍니다. 부모님이 '홈닥터'로서 가장 쉽게 활용할 수 있는 중요한 단서이기도 하지요.

탐정이 현장의 소리와 증거물로 범인을 추리하듯 기침 소리와 가래를 관찰하면 아이 몸에서 어떤 문제가 벌어지고 있는지 짐작할 수 있습니다.

- '컹컹' 개 짖는 듯한 기침: 후두나 기관지 윗부분이 건조하고 붓게 되면 나는 소리입니다. 밤이나 새벽, 차고 건조한 공기에 노출될 때 심해지며 크루프(급성 후두염)의 대표적인 특징이기도 합니다. 아이가 이 소리를 내는 동시에 숨쉬기 힘들어한다면 지체 없이 병원을 찾아야 합니다.
- '쇳소리' 혹은 '그르렁거리는' 기침: 기관지 깊은 곳에서 끈적한 가래가 달라붙어 잘 떨어지지 않을 때 들립니다. 폐렴이나 세기관지염 같은 하부 호흡기 감염을 의심할 수 있는 신호입니다.
- '쌕쌕거리는' 소리가 동반되는 기침: 숨을 내쉴 때 휘파람 같은 소리(천명음, 喘鳴音)가 함께 들린다면 기관지가 좁아졌다는 강력한 신호입니다. 천식일 가능성을 반드시 염두에 두어야 합니다.
- 힘없이 이어지는 마른기침: 가래는 거의 없거나 소량인데 잔기침이 반복되는 경우입니다. 폐가 건조해진 상태(폐음허, 肺陰虛)에서 잘 나타나며 오랜 감기 끝에 남거나 건조한 환경에 오래 노출되었을 때 쉽게 발생합니다.

가래 역시 빼놓을 수 없는 단서입니다. 아이가 뱉어낸 가래는 다소 불편해 보일 수 있지만, 그 안에는 병의 성격을 알려주는 중요한 정보가 담겨 있습니다.

- 맑고 묽은 가래: 양이 많고 물처럼 흐른다면 병의 초기이거나 찬 기운(한사, 寒邪)에 노출되었을 가능성이 큽니다. 알레르기 비염으로 인한 후비루(콧물이 목뒤로 넘어가는 현상)일 때도 이런 모습이 나타납니다.
- 누렇고 끈적한 가래: 우리 몸의 군대가 바이러스와 싸우면서 열이 생겼다는 신호, '열담(熱痰)'입니다. 감염이 진행되는 자연스러운 과정이지만 양이 많아지고 색이 진해지면 2차 세균 감염도 고려해야 합니다.

이처럼 기침 소리와 가래만 관찰해도 아이 몸에서 어떤 전투가 일어나는지 대략적으로 파악할 수 있습니다. 이는 부모가 집에서 직접 시도해볼 수 있는 의미 있는 첫걸음입니다.

아이 기침 관찰일지: '소리', '시간', '가래'에 답이 있다

아이 기침 때문에 진료실을 찾은 부모님께는 항상 같은 질문을 던집니다. "아이가 기침할 때 소리가 어땠나요?", "주로 언제 기침이 심해지나요?"

처음에는 대부분 "그냥 계속 콜록거려요."라고 막연히 대답하시만 몇 가지 포인트를 짚으면 금세 고개를 끄덕이며 구체적인 상황을 떠올립니다. 이렇게 정보가 구체적일수록 진단은 더 정확해집니다.

아이는 자신의 상태를 말로 표현하는 데 서툽니다. 그렇기에 부모의 세심한 관찰은 어떤 정밀검사보다 중요한 단서가 될 수 있습니다. 저는 이 과정을 '엄마표 기침 관찰일지'라고 부르는데요. 거창한 양식은 떠올리지 않아도 됩니다. 스마트폰 메모장이나 작은 수첩이면 충분합니다. 다음 네 가지만 꾸준히 기록해보세요. 불과 2~3일만 적어도 아이 기침의 패턴과 성격이 서서히 드러나기 시작합니다.

엄마표 기침 관찰일지: 필수 기록 항목 4가지

언제? (기침이 심해지는 시간)
예) 잠들 무렵 / 새벽 2~4시 / 아침 기상 직후 / 뛰고 난 뒤 / 식사 후 / 찬 바람 쐰 뒤

어떤 소리? (기침 소리의 특징)
예) 컹컹 개 짖는 듯 / 가슴이 울리는 깊은 소리 / 쇳소리 섞인 소리 / 쌕쌕거림 동반 / 가래 끓는 그르렁 소리 / 힘없는 마른기침

가래는? (객담의 유무와 성격)
예) 없음 / 있는데 뱉지 못함 / 맑고 묽음 / 누렇고 끈적함 / 양이 많음/적음

함께 나타나는 증상은? (동반 증상)
예) 맑은·누런 콧물, 코막힘, 발열(체온 기록), 식욕 저하, 구토, 설사·변비, 잠꼬대, 놀이·활동 수준

실제 사례를 통해 이 네 가지 항목이 어떤 의미로 이어지는지 풀어보겠습니다.

새벽마다 심해지는 기침

엄마(보호자): "교수님, 다른 때는 멀쩡한데 꼭 새벽만 되면 자지러지게 기침을 해요. 한번 시작하면 얼굴이 빨개질 때까지 하다가 겨우 잠들어요."

나(한의사): "혹시 기침 소리가 컹컹 울리는 것처럼 들리나요? 가래는요?"

엄마(보호자): "네, 맞아요. 목이 간지러운지 컥컥거리면서 컹컹거려요. 가래는 없는 것 같아요."

나(한의사): "이건 새벽의 차고 건조한 공기에 기관지가 민감하게 반응하는 신호일 수 있습니다. '풍한(風寒)'과 '건조(燥)'가 폐를 자극했다고 설명하지요. 우선 잠자는 방의 습도를 50~60%로 맞추고, 차갑고 건조한 공기에 손상된 기관지를 촉촉하게 해주는 치료를 병행하면 도움이 됩니다."

밥만 먹으면 시작되는 기침

엄마(보호자): "이상하게 밥을 먹을 때나 먹고 나서 기침을 더 심하게 해요. 그래서 밥 먹는 걸 자꾸 피하려 해서 속상해요."

나(한의사): "혹시 평소에 트림을 자주 하거나 배가 더부룩하게 부른 편은 아닌가요? 대변은 잘 보나요?"

엄마(보호자): "어떻게 아셨어요? 트림도 자주 크게 하고 변비도 좀 있어요."

나(한의사): "이런 경우는 내상 기침의 전형적인 모습이에요. 음식이 제대로 소화되지 못해 위장에 정체되는 '식적(食積)'이 생기면, 그로 인한 열과 노폐물인 '담(痰)'이 폐의 기운을 막아 기침을 유발하게 됩니다. 따라서 이때는 기침약만 쓰는 것이 아니라 막힌 위장을 풀어주고 소화기를 튼튼하게 하는 치료가 근본적인 해결책이 됩니다."

아침 기상 직후 심해지는 기침

엄마(보호자): "밤새 조용히 잘 자다가도 아침에 눈만 뜨면 기침을 한바탕

쏟아내요. 기침하면서 콧물도 줄줄 흐르고요."

나(한의사): "그렇군요. 아침 기침은 밤새 목뒤로 넘어간 콧물인 후비루(後鼻漏) 때문에 생기는 경우가 많습니다. 콧물이 맑은가요, 아니면 누런가요?"

엄마(보호자): "주로 맑은 콧물이 계속 나와요. 재채기도 자주 하고요."

나(한의사): "알레르기 비염의 전형적인 증상과 함께 나타나는 기침 패턴이네요. 이럴 때 기침의 원인은 기관지가 아니라 코에 있습니다. 밤새 고여 있던 콧물이 아침에 일어나며 인후부를 자극해 기침을 유발하는 것이지요. 따라서 코 점막의 염증을 가라앉히고, 알레르기 반응을 안정시키는 치료를 해야 아침 기침도 함께 줄어듭니다."

알레르기 비염뿐 아니라 만성 부비동염이 있을 때도 후비루로 인해 기침이 동반될 수 있습니다. 두 질환은 겉으로 보기에 증상이 비슷하지만 콧물의 양상이 조금 다릅니다. 알레르기 비염은 주로 맑고 묽은 콧물이 나오고, 부비동염은 누렇고 끈적한 콧물이 나오는 경우가 많습니다. 부비동염 역시 코 점막과 부비동의 염증을 가라앉히는 치료를 병행해야 기침 증상이 호전됩니다.

이처럼 '엄마표 기침 관찰일지'는 훌륭한 진단 도구가 될 수 있습니다. 부모가 막연히 "계속 기침해요."라고만 말하던 것이, 소리·시간·가래·동반 증상으로 구체화되면 진단의 정확도는 눈에 띄게 높아집니다. 이 글을 읽는 부모님도 지금 아이의 상태를 이 네 가지 항목에 대입해 보세요. 막연하던 기침 속에서 일정한 패턴과 원인의 실마리가 보이기 시작할 것입니다. 그 단서를 들고 전문가를 찾아간다면 훨씬 더 빠르고 정확한 길을 찾을 수 있습니다.

진료실은 수많은 아이의 기침 소리로 가득 차 있지만, 동시에 아이와 부모가 함께 성장하는 과정을 지켜보는 감동의 공간이기도 합니다. 제가 기억하는 몇몇 사례는 기침이라는 증상을 넘어 아이의 몸 전체를 바라보는 한의학의 접근이 어떤 변화를 가져오는지 잘 보여줍니다.

감기를 달고 살다 만성 기침으로 이어진 6살 민욱이

몇 달째 감기에서 벗어나지 못하고 있는 민욱이가 진료실을 찾았습니다. 어머니는 들어오자마자 깊은 한숨을 내쉬며 지난 두 달 동안 먹였다는 약봉지를 꺼내 보였습니다. "항생제도 쓰고, 거담제와 기침 시럽, 기침 패치까지 다 해봤어요. 약을 먹을 땐 잠시 가라앉는 것 같다가도 끊고 나면 이틀도 안 돼 다시 콧물이 흐르고 밤마다 기침이 시작돼요. 밥도 잘 못 먹어서 기운이 없으니 유치원 가는 것도 힘들어하고 매일 아침 눈물로 하루를 시작하곤 했습니다." 지친 어머니의 목소리에는 '내가 뭘 잘못했을까?' 하는 자책이 고스란히 묻어 있었습니다. 창백한 얼굴과 거무스름한 눈 밑은 민욱이가 오랫동안 힘든 싸움을 이어왔음을 보여주었습니다.

민욱이의 기침은 처음에는 단순한 감기에서 비롯된 외감(外感) 기침이었지만, 반복된 감염과 잦은 약물 복용으로 인해 몸속의 균형이 무너진 내상(內傷) 기침으로 변해 있었습니다. 면역력의 바탕이 되는 비위(脾胃) 기능이 약해져, 먹은 음식에서 충분한 영양과 에너지를 만들어내지 못하고 있었습니다. 다시 말해 몸을 지킬 군대를 길러낼 '생산 공장'이 멈춰버린 것입니다.

어머니께는 "지금 민욱이에게 필요한 것은 당장의 기침을 잠재우는 공격수가 아니라, 무너진 공장을 다시 세우고 지친 병사들을 회복시키는 지원군입니다."라고 설명했습니다.

치료는 약해진 소화기를 회복시키고 폐 기운을 북돋는 한약을 중심으로 진행했습니다. 철저한 생활 관리도 당부했습니다. 아이스크림이나 찬 우유, 냉장 과일 같은 찬 음식은 피하도록 했고, 저녁 식사는 잠들기 최소 세 시간 전에는 끝내도록 했습니다. 매일 밤에는 어머니의 따뜻한 손길로 아이의 등을 쓸어내어 폐의 기혈 순환을 도와주도록 했습니다.

첫 달에는 눈에 띄는 변화가 없었습니다. 하지만 두 달째에 접어들면서 작은 변화가 하나둘 눈에 보이기 시작했습니다. 무엇보다 "밥을 먹기 시작했어요!"라는 어머니의 환한 목소리가 들려왔습니다. 세 달이 되었을 때, 진료실로 들어오는 민욱이의 모습은 전과 완전히 달라져 있었습니다. 창백했던 얼굴에 혈색이 돌고 눈빛은 생기로 가득 차 있었습니다. 중간에 가벼운 감기에 한 번 걸리긴 했지만 열도 나지 않고 콧물만 잠시 흐르다 스스로 회복했다고 합니다. 밤마다 이어지던 고질적인 기침은 사라진 지 오래였습니다.

"이제는 유치원에서 친구들과 신나게 뛰어논대요. 밥 잘 먹고 잘 노는 게 이렇게 감사한 일인 줄 몰랐어요."

어머니의 얼굴에는 오랜만에 웃음이 가득했습니다. 민욱이의 기침 치료는 증상이 사라지는 데 그치지 않았습니다. 아이의 전반적인 건강 회복과 함께 가족의 평온도 회복시켜주었습니다.

아침마다 발작적으로 기침하는 7살 영채

초등학교 1학년 영채는 환절기만 되면 어김없이 기침을 시작하곤 했습니다. 특히 매일 아침, 눈을 뜨자마자 온 집안이 떠나가라 기침을 쏟아냈습니다. 병원에 가서 진료를 받았지만 돌아오는 진단명은 늘 '감기'나 '기관지염'이었습니다. 흡입제와 기침약을 써도 잠시뿐이었고, 낮에는 멀쩡할 때가 많아 원인을 짐작하기도 어려웠습니다. 어머니는 "도대체 왜 이럴까요, 어디가 문제일까요?" 하며 답답함을 감추지 못했습니다.

영채의 기침에는 뚜렷한 시간적 패턴이 있었습니다. 아침에 유독 심하고, 맑은 콧물과 재채기를 동반한다는 점이 결정적인 단서였습니다. 원인을 확인하기 위해 비강 내시경 검사를 시행했습니다. 예상대로 콧물이 목뒤로 흘러내리는 후비루(後鼻漏) 현상이 선명하게 보였고, 코 점막은 심하게 부어 있었습니다. 결국 영채의 기침은 기관지 문제가 아니라 '코'에서 비롯된 것이었습니다. 밤새 고여 있던 알레르기성 콧물이 아침에 일어나면서 기관지로 흘러 들어가 자극을 주고 있었던 것입니다.

범인을 찾고 나니 치료 방향도 한층 명확해졌습니다. 영채에게는 코 점막의 염증을 가라앉히고 과민한 면역 반응을 안정시키는 한약을 처방했습니다. 동시에 가정에서 실천할 수 있는 관리법을 알려드렸습니다. 코 세척으로 점막을 깨끗하게 유지하는 방법, 집 먼지 진드기를 줄이는 환경 관리 요령 등이었습니다. 그저 기침을 줄이는 데 그치지 않고 근본 원인인 알레르기 비염을 다스리는 데 초점을 맞춘 것입니다.

치료를 시작한 지 2주가 지나자, 영채의 아침 기침은 조금씩 잦아들었습니다. 콧물을 훌쩍이는 횟수도 줄었고 재채기도 한결 덜했습니다. 한 달이 지났을 무렵, 아침마다 온 집안을 울리던 발작적인 기침 소리는 거의 사라졌습니다. 이제 영채는 기침 대신 "엄마, 잘 잤어?"라는 밝은 인사로 하루를 시작할 수 있게 되었습니다.

어머니는 "2년 동안 기침 때문에 고생했는데 원인이 코일 줄은 상상도 못 했어요. 괜히 기침약만 먹였던 게 미안해요."라며 안도와 놀라움을 동시에 내비쳤습니다. 영채의 사례는 증상이 나타나는 곳과 실제 원인이 반드시 일치하지 않을 수 있음을 잘 보여줍니다. 그리고 무엇보다 근본 원인을 정확히 찾는 것이 얼마나 중요한지 다시금 깨닫게 해준 경험이었습니다.

끊임없는 감염으로 힘들어하는 4살 서윤이

서윤이는 코로나19 팬데믹 시기에 영유아기를 보낸, 이른바 '마스크 키즈' 세대였습니다. 마스크를 벗고 어린이집 생활을 시작한 이후, 끝없는 감염의 릴레이가 이어졌습니다. 어머니는 진료실에 들어서자마자 답답한 마음을 호소했습니다.

"교수님, 정말 지긋지긋해요. 리노바이러스, 아데노바이러스, 독감, RS바이러스까지…. 하나 나으면 또 다른 바이러스에 걸려요. 열이 내리면 기침이 시작되고, 기침이 멎을 만하면 다시 열이 올라요. 면역력이 쌓일 틈이 전혀 없는 것 같아요."

이것은 비단 서윤이만의 이야기가 아니었습니다. 팬데믹 기간 동안 외부 병원체와 접촉할 기회가 적었던 아이들이, 갑작스레 밀려들어 오는 바이러스의 물결에 제대로 대응하지 못하는 모습이었습니다. 이른바 '면역 빚(Immunity Debt)'이라 불리는 현상이었습니다.

서윤이의 상태는 연이은 전투로 체력이 고갈된 군대와 같았습니다. 몸을 지키는 정기(正氣)가 크게 손상된 경우였습니다. 이때는 눈앞의 바이러스를 무조건 공격하기보다 지쳐버린 우리 군대를 회복시켜 체력을 되찾게 하는 것이 우선입니다.

치료의 방향은 단순한 증상 완화가 아닌 회복력 강화에 두었습니다. 반복된 감염으로 소모된 몸의 진액(津液)과 기운을 보충하고, 면역 시스템의 균형을 되찾아주는 보강 치료를 시행했습니다. 또한 생활 관리 지침도 구체적으로 드렸습니다. "열이 완전히 가라앉고 아이 컨디션이 최소 80% 이상 회복될 때까지는 무리하게 등원시키지 마세요. 지금 하루 쉬는 것이 앞으로 아플 일주일을 막아줍니다."

시간이 지나면서 변화가 나타났습니다. 서윤이는 여전히 감기에 걸렸지만 그 간격이 점차 길어졌습니다. 한두 달에 한 번 정도로 줄어들었고 회복 속도도 눈에 띄게 빨라졌습니다. 예전에는 일주일 내내 끙끙 앓던 아이가 이제는 하루이틀 푹 자고 나면 금세 생기 있게 뛰어놀았습니다. 기침을 하더라도 깊게 이어지지 않고 가볍게 지나갔습니다.

서윤이의 사례가 전해주는 메시지는 분명합니다. "아픈 만큼 큰다."라고 하지만, 사실 더 정확한 표현은 "잘 회복하며 큰다."입니다. 포스트 코로나 시대를 살아가는 아이에게 필요한 것은 병에 절대 걸리지 않는 철벽같은 면역력이 아닙니다. 아프더라도 스스로 이겨낼 수 있는, 튼튼한 회복력입니다

기침을 다스리는 생활 속 지혜

한의학의 진정한 힘은 병이 오기 전에 다스리고, 병이 깊어지기 전에 바로잡는 치미병(治未病)의 철학에 있습니다. 아이들의 기침 역시 마찬가지입니다. 생활 속에서 작은 습관을 바꾸고 자연의 재료를 활용하면 약에 의존

하지 않고도 큰 도움을 받을 수 있습니다. 진료실에서 자주 강조하고, 두 아들을 키우며 직접 효과를 경험했던 '엄마표 홈닥터 솔루션'을 소개합니다. 거창한 비법이 아닙니다. 오늘 당장 부엌과 거실에서 시작할 수 있는 작지만 확실한 실천들입니다.

아이의 기침이 시작되면 약을 찾기 전 부엌으로 먼저 가보세요. 자연이 주는 식재료야말로 아이에게 가장 훌륭한 첫 번째 치료제가 될 수 있습니다.

대표적인 예가 배입니다. 예로부터 배는 폐를 촉촉하게 적시고 열을 내려주는 과일로 알려져 있습니다. 배 속을 파내어 꿀 한 숟가락, 대추나 도라지를 넣고 푹 쪄서 따뜻하게 먹이면 기침을 달래는 데 도움이 됩니다. 배는 서늘한 성질을 가지고 있어 마른기침이나 열을 동반한 기침에 특히 효과적입니다.

무 역시 좋은 약이 됩니다. 무에는 기운을 아래로 내리고 가래를 삭이는 효능이 있습니다. 얇게 채 썬 무를 꿀에 재워두면 즙이 나오는데 이를 따뜻한 물에 타 먹이면 끈적한 가래로 힘들어하는 아이에게 도움이 됩니다. 또한 무는 소화에도 이로워서 밥을 먹고 난 뒤 심해지는 '식체 기침'을 완화하는 것에도 유용합니다.

또 하나 빼놓을 수 없는 것이 도라지입니다. 민요에도 등장하는 도라지는 한약재로 '길경(桔梗)'이라 불리는데요. 막힌 폐의 기운을 열어주고 가래를 삭이는 효능이 있습니다. 말린 도라지를 볶아 차로 끓여 보리차처럼 마시게 하면 기관지를 튼튼히 하고 가래 배출을 도와줍니다. 쓴맛 때문에 아이가 거부한다면 배나 대추를 함께 넣어 달콤하게 끓여주는 것도 좋은 방법입니다.

좋은 음식을 챙겨 먹이는 것만큼, 피해야 할 음식을 멀리하는 것도 중요합니다. 기침이 심할 때 가장 조심해야 할 것은 차가운 음식입니다. 찬 음료나 아이스크림은 기관지를 직접 자극해 기침을 악화시키고, 비위(脾胃)의 양기(陽氣)를 손상시켜 소화되지 못한 노폐물인 '담(痰)'을 만들어냅니다. 이렇게 생긴 담은 폐에 쌓여 기침과 가래의 원인이 될 수 있습니다.

기름지고 자극적인 음식도 주의해야 합니다. 과자나 튀김류는 소화를 방해하고 몸에 담이 쌓이게 합니다. 또한 당분이 많은 주스나 단 음료 역시 몸속에서 끈적한 습담(濕痰)을 만들어 기침을 악화시킬 수 있습니다. 기침이 잦을 때는 달콤한 음료 대신 따뜻한 물이나 차를 마시는 것이 훨씬 낫습니다.

아이의 기침을 완화하기 위해서는 음식뿐만 아니라 생활 환경을 세심히 관리하는 것도 중요합니다. 겨울에는 실내 온도를 20~22℃, 여름에는 24~27℃로 유지하세요. 습도는 50~60% 정도가 적당합니다. 특히 건조한 가을과 겨울에는 가습기를 사용해 공기를 촉촉하게 유지하면 아이의 기관지가 마르지 않아 기침 완화에 큰 도움이 됩니다.

잠들기 전 엄마의 따뜻한 손길도 아이의 호흡을 편안하게 만들어줍니다. 아이를 엎드리게 한 뒤, 따뜻한 손바닥으로 날개뼈 사이, **폐수혈(肺俞穴)**[1] 부위를 위에서 아래로 부드럽게 쓸어내리면 폐의 기혈 순환이 촉진되어 숨쉬기가 한결 수월해집니다. 무엇보다 이 시간은 엄마와 아이가 정서적으로 교감하는 소중한 순간이 됩니다.

---

1 부록 259쪽 참고

기침 소리에 귀 기울이는 시간

부모가 아이의 기침을 관찰하고 생활 속에서 관리하는 일은 매우 중요하지만 가정에서의 돌봄만으로는 한계가 있습니다. 부모가 맡아야 할 가장 큰 역할은 아이의 모든 상황을 직접 해결하려는 '만능 해결사'가 되는 것이 아니라 아이의 몸이 보내는 위험 신호를 빠르게 알아차리고 전문가에게 도움을 요청하는 '조기 경보 시스템'이 되는 것입니다.

특히 몇 가지 상황에서는 지체하지 말고 곧바로 병원이나 응급실을 찾아야 합니다. 아이가 숨쉬기 힘들어하며 어깨를 들썩이거나 코를 심하게 벌름거릴 때, 숨소리에서 '쌕쌕' 혹은 '그렁그렁' 하는 소리가 또렷하게 들릴 때는 즉각적인 진료가 필요합니다. 기침 중 얼굴이나 입술이 파랗게 변하거나, 38.5도 이상의 고열이 이틀 이상 지속되며 해열제를 써도 별 차도가 없는 경우도 마찬가지입니다. 또한 기침 때문에 밤에 잠을 거의 이루지 못하거나 낮에도 축 늘어져 있다면, 혹은 기침이 특별한 호전 없이 3주 이상 이어진다면 반드시 전문가의 진찰을 받아야 합니다.

부모의 지나친 불안은 경계해야 하지만 합리적인 걱정과 빠른 판단은 아이를 위험에서 지켜내는 힘이 됩니다. "이 정도는 괜찮겠지."라는 막연한 기대보다는 "혹시 모르니 확인해보자."라는 신중한 태도가 아이의 건강을 지키는 가장 안전한 길이 될 수 있습니다.

그날 밤, 어둠 속에서 둘째의 기침에 잠 못 이루던 무력한 엄마였던 제가, 이제는 아이의 기침을 조금 다른 시선으로 바라보게 되었습니다. 여전히 기침 소리가 들리면 가슴이 철렁 내려앉지만 예전처럼 속수무책으로 불안에

휩쓸리지는 않습니다. 대신 귀를 기울여 어떤 기침 소리를 내는지, 가래가 끼어 있지는 않은지, 언제 더 힘들어하는지를 살펴봅니다.

기침은 불안의 상징이 아니라 아이의 몸이 들려주는 소중한 대화입니다. 세상에 아이를 한 번도 아프지 않게 키울 수 있는 부모는 없습니다. 아이의 기침에 너무 불안해하지 마세요. 대신 애정 어린 관찰자가 되어주세요. 그것만으로도 부모는 충분히 좋은 '홈닥터'이자, 세상에서 가장 든든한 우리 아이의 주치의입니다.

2.

식욕과 대변으로 살펴보는
소화기 건강

❀ ❀ ❀

"아이가 정말 밥을 안 먹어요. 겨우 세 숟가락 정도, 그것도 한 시간을 넘게 쫓아다녀야 겨우 먹어요. 그런데 간식은 또 잘 먹어요. 혹시 위에 문제가 있는 건 아닐까요?" 6살 민수 어머니의 하소연이었습니다. 옆에 앉은 민수는 얼굴빛이 희고 입술도 창백했습니다. "요즘 하루에도 몇 번씩 '배 아파.'라는 말을 해요. 병원에 가서 검사를 받아도 이상은 없다고 하니 더 답답해요." 밥상 앞에서 아이가 고개를 절레절레 흔들 때마다, 어린이집 알림장에 "오늘도 배가 아프다고 했어요."라는 글이 적힐 때마다, 엄마의 마음은 까맣게 타들어갑니다.

진료실에서 민수 어머니와 비슷한 걱정을 가진 부모님을 자주 만납니다. 실제로 내원하는 아이 중 절반 이상이 소화기 문제를 가지고 있습니다. 밥을 잘 먹지 않고, 자주 배가 아프며, 변비와 설사를 반복하는 증상은 모두 비위(脾胃)의 기능과 연결됩니다. 진료실에서는 이 모든 증상이 하나의 흐름 속에서 이어져 있다는 것이 분명히 보입니다. 그러나 부모 입장에서는 각각의 증상을 따로따로 겪다가 나중에야 비로소 하나로 엮어 이해하게 되는 경우가 많습니다. 저 역시 아이를 키우며 같은 과정을 겪었습니다.

첫째가 두 살이던 무렵, 식탁은 매일 전쟁터 같았습니다. "한 입만 더!", "이것만 먹으면 끝!"이라는 말 등으로 별의별 방법을 다 동원해도 아이는 입을 꾹 다문 채 고개를 돌리기 일쑤였습니다. 그런데 과자나 초콜릿만큼은 놀랄 정도로 빠르게 먹어치웠습니다. 머릿속에는 '비위허약'이라는 진단명이 떠올랐지만 정작 내 아이 앞에서는 그 어떤 이론도 무용지물 같았습니다.

그러던 어느 날 밤, 남편과 마주 앉아 이야기했습니다.

"나 정말 지쳤어. 하루 종일 밥 한 숟가락 먹이려고 이렇게까지 애써야 하나 싶어." 제 말에 남편은 조심스럽게 대답했습니다.

"우리가 너무 조급한 건 아닐까? 어쩌면 율이는 필요한 만큼은 먹고 있는지도 몰라."

"그래도 또래보다 작잖아. 밥을 잘 안 먹으니까…."

"이제 우리부터 좀 바꿔보자. 억지로 먹이려 하지 말고."

그 대화는 제 마음의 방향을 바꾸는 전환점이 되었습니다. 그날 이후, 억지로 한 입이라도 더 먹이려 하기보다, 아이를 있는 그대로 바라보는 연습을 시작했습니다. 먹이는 것보다 관찰하는 것에 집중하자 식탁 위의 전쟁은 조금씩 잦아들었고 아이의 몸이 보내는 작은 신호들이 하나둘 눈에 들어오기 시작했습니다.

이 글을 읽는 많은 부모님도 비슷한 경험을 해보셨을 겁니다. 식욕부진이

나 반복되는 복통, 변비와 설사는 먹고 싸는 문제를 넘어, 아이가 부모에게 보내는 중요한 몸의 메시지입니다. 이 메시지를 올바로 읽어낼 수 있다면 불안과 죄책감 대신 아이를 도울 수 있는 힘을 얻게 됩니다. 지금부터 그 길을 차근차근 걸어가 보겠습니다.

아이들은 왜 이렇게 자주 소화기 문제를 겪는 걸까요?

소화기를 대표하는 핵심 장부는 '비위(脾胃)'입니다. 여기서 말하는 비위는 단순히 위(stomach)나 장(intestine) 같은 개별 장기를 가리키는 것이 아닙니다. 음식을 받아들이고, 소화하여 영양분으로 바꾸고, 그것을 온몸에 고르게 전달하는 하나의 통합된 기능을 의미합니다. 소아의 경우 이 비위 기능이 아직 충분히 성숙하지 않았기 때문에 비상부족(脾常不足)하다고 표현해왔습니다. 막 흙을 뚫고 올라온 새싹이 연약하여 작은 바람에도 흔들리고 빗방울에도 상처 입기 쉬운 것처럼, 아이의 소화기도 아직 미완성이라 세심한 보살핌이 필요합니다.

'위'는 음식을 받아 부드럽게 혼합하는 '믹서기', '비장'은 그것을 받아 에너지로 바꾸는 '공장'으로 비유할 수 있습니다. 위가 음식을 부드럽고 소화하기 쉽게 분해하면, 비장이 그중 정미로운 영양분을 뽑아내어 폐, 심장, 뇌, 팔다리 등 온몸으로 보냅니다. 아이가 먹은 밥 한 숟가락이 키와 살, 그리고 뛰어놀 힘으로 바뀌는 과정의 중심에 비위가 있습니다. 그런데 믹서기가 고장 나거나 공장이 지쳐 있다면 어떻게 될까요? 음식이 덩어리째 넘어가 소화가 되지 않고, 영양이 흡수되지 않아 몸 전체의 활력이 흔들릴 수밖에 없습니다. 그 결과 소화불량, 식욕부진, 복통, 변비와 설사 같은 문제가 줄줄이 이어지게 됩니다.

소화기 문제는 크게 네 가지 원인으로 나눌 수 있습니다. 바로 식적(食積), 비기허(脾氣虛), 간울기체(肝鬱氣滯), 그리고 한사(寒邪)와 열사(熱邪)입니다.

'식적'은 소화되지 못한 음식이 위장에 쌓인 상태를 말합니다. 아이가 음식을 급하게 먹거나 한꺼번에 과식했을 때, 혹은 튀김·인스턴트 같은 기름지고 자극적인 음식을 자주 먹을 때 잘 생깁니다. 마치 도로에 차가 몰려 정체가 생기듯 위장 속 음식이 오래 머물며 부패하고 소화가 지연됩니다. 배가 더부룩하고, 신 냄새 나는 트림이 잦으며, 식욕이 떨어지는 것이 특징입니다. 아이가 자주 "체했어."라고 말한다면 식적을 의심해볼 수 있습니다.

'비기허'는 소화와 흡수의 중심인 비장(脾)의 기운이 약해진 상태입니다. 선천적으로 비위가 약하거나 병치레가 잦아 비장이 지쳐버린 경우가 많습니다. 음식은 들어오지만 소화와 에너지 전환 능력이 떨어져 마치 방전된 배터리 같은 상태가 됩니다. 조금만 먹어도 배부르다 하고, 쉽게 피로하며, 얼굴빛이 누렇고 윤기가 없습니다. 먹는 양에 비해 살이 잘 붙지 않고, 묽은 변을 자주 보거나 식후 곧바로 화장실에 가는 경우가 흔합니다.

간(肝)은 몸의 기(氣)와 혈(血)이 막힘없이 흐르도록 돕는 소통 조절자입니다. 스트레스나 불안 같은 정서적 자극이 반복되면 간의 기운이 막혀(**간울기체**), 위장과 비장의 기능까지 함께 흔들립니다. 밥을 잘 먹지 않거나 속이 답답하고 더부룩하다며 불편을 호소합니다. 갑자기 설사를 했다가 며칠은 변비로 고생하는 등 뱃속 리듬이 들쭉날쭉하기도 합니다. 평소 잘 먹던 아이가 새로운 환경이나 친구와의 갈등 등으로 스트레스를 받은 뒤, 저녁부터 "밥 안 먹어."를 외치고, 다음 날 아침 배가 불편하다며 화장실에 오래 앉아 있는 경우가 대표적입니다. '마음이 막히면 소화기가 먼저 반응한다.'는 말이 그대로 드러나는 상황입니다.

아이의 소화기는 외부 환경에도 민감합니다. **한사**(寒邪)는 차가운 기운이 뱃속으로 침범한 상태를 말합니다. 아이스크림, 찬 우유, 냉장고에서 막 꺼낸 과일 등을 자주 먹거나, 여름철 에어컨 바람에 배를 그대로 노출했을 때 발생하기 쉽습니다. 뱃속에 찬 바람이 쌩쌩 불면 장의 움직임이 비정상적으로 빨라져, 제대로 흡수되지 않은 묽은 변인 설사를 하게 됩니다. 이때 아이는 배가 차갑고 살살 아프다고 호소합니다.

열사(熱邪)는 뱃속에 불필요한 열이 쌓인 상태입니다. 과자, 튀김, 라면처럼 맵거나 기름진 음식을 많이 먹으면 위에 열이 쌓이기 쉽습니다. 이때는 수분이 말라 변이 딱딱하고 동글동글한, 이른바 토끼똥 모양이 되어 변비가 생깁니다. 입이 마르고 물을 자주 찾는 것도 열사가 있을 때 흔히 보이는 모습입니다.

요즘 아이들의 비위는 왜 더 약해졌을까요?

진료실에서 마주하는 아이들이 겪는 소화기 문제는 예전보다 훨씬 복합적이고 까다로워졌습니다. '비위가 약하다.'는 차원을 넘어 현대적인 생활 환경과 습관이 연약한 소화기를 끊임없이 흔들고 있기 때문입니다. 팬데믹 이후 굳어진 생활 리듬, 급격히 바뀐 식문화, 줄어든 활동량이 아이의 비위를 더 쉽게 지치게 만듭니다.

무엇보다 배달 음식과 인스턴트 식품의 섭취가 크게 늘었습니다. 맞벌이 가정의 증가와 배달 시스템의 발달로 자극적이고 기름진 음식이 식탁에 자주 오르면서, 위장에 열이 쉽게 쌓이고 소화불량이나 복통, 변비가 생깁니다. 불규칙한 식사 시간과 혼자 먹는 습관도 문제를 악화시킵니다. 학원과 과제로 바쁜 아이는 끼니를 제때 챙기지 못하고 대충 먹는 경우가 많습니다. 가족과 함께하는 식사가 줄어들수록 정서적 안정이 약해지고, 비위의 리듬도 쉽게 깨집니다.

스마트폰과 함께하는 식사도 빼놓을 수 없습니다. 화면에 집중한 채 음식을 삼키면 뇌에서 위장으로 보내는 소화 신호가 약해지고 제대로 씹지 못한 음식이 위에 부담을 줍니다. 이런 습관은 식적(食積)으로 이어져 밥을 먹고도 속이 더부룩하고 트림이 잦은 문제로 나타납니다.

또한 활동량 감소도 중요한 원인입니다. 마음껏 뛰어놀 수 있는 공간과 시간이 줄어들면서 아이들의 전신 기혈 순환은 점점 정체되고 있습니다. 아무리 비장이 열심히 에너지를 만들어도, 그것을 온몸에 고르게 보내는 길이 막혀 있다면 비기허(脾氣虛) 상태는 더 심해질 수밖에 없습니다.

요즘 아이들의 소화기 문제는 식적, 비기허, 간울기체, 한열 같은 원인이 복합적으로 얽힌 생활습관형 문제입니다. 부모는 아이가 밥을 잘 먹는지, 변을 잘 보는지 확인하는 데만 그치지 말고 그 뒤에 자리한 생활 습관과 정서적 상태까지 함께 읽어내야 합니다. 아이의 뱃속은 단순히 음식을 담는 그릇이 아니라 마음과 리듬까지 품고 있다는 사실을 기억해 주세요.

아이의 배가 보내는 신호, 놓치지 마세요

진료실을 찾는 부모님의 얼굴에는 언제나 간절함이 담겨 있습니다. 다섯 살 현준이 어머니도 마찬가지였습니다.

"교수님, 아이가 밥을 너무 안 먹어요. 억지로 먹이면 울고불고 난리가 나고요. 화장실 가는 것도 매번 전쟁이에요. 3주째 혼자서는 변을 못 보고, 봐도 까만 토끼똥 몇 개가 다예요. 관장 없이는 도저히 안 되는데 이걸 계속할 수도 없잖아요." 어머니는 금방이라도 눈물이 터질 듯한 얼굴로 호소했습니다.

현준이는 긴장한 표정으로 앉아 있었습니다. 배꼽 주위는 단단하게 뭉쳐 있었고, 살짝만 눌러도 얼굴을 찡그리며 배에 힘을 주었습니다. 혀에는 두꺼운 백태가 끼어 있고, 중앙은 누렇게 변해 있었습니다. 위장에 음식이 쌓여 열이 발생하고 있다는 전형적인 신호였습니다.

"현준이 뱃속은 지금 꽉 막힌 도로 같아요. 소화되지 못한 음식이 쌓인 식적(食積) 상태라 새로운 음식이 들어갈 공간이 없고, 입맛이 없는 건 당연한 거예요. 게다가 음식 찌꺼기가 부패하면서 열이 생기고, 그 열이 몸속 수분을 말리니 변이 딱딱한 토끼똥처럼 변해버린 겁니다." 저는 그렇게 설명을 이어갔습니다.

"이런 상태가 오래가면 소화 공장인 비위(脾胃)가 지쳐버려요. 이것을 비기허(脾氣虛)라고 합니다. 비위가 힘을 잃으면 음식물을 제대로 밀어내지 못하고, 그럼 소화가 덜 된 음식물이 남으니 악순환이 반복됩니다."

단순히 변비약을 처방하는 것보다 왜 이런 증상이 생겼는지를 이해하는 것이 치료의 시작이라는 생각이 들었습니다. 그런 마음으로 충분히 설명하자, 어머니는 고개를 끄덕이며 말했습니다. "그래서 아이가 그렇게 기운이 없고 짜증만 냈나 보네요…."

현준이에게는 쌓인 음식을 소화시키고 위의 열을 식혀주는 한약을 처방했습니다. 동시에 집에서 꼭 실천해야 할 생활 관리법도 안내했습니다. 첫 단계는 식단을 단순하게 리셋하는 것이었습니다.

"딱 3일만, 흰죽과 맑은 뭇국, 무나물만 먹여보세요. 꽉 막힌 도로를 잠시 통제해 비위를 쉬게 하고 쌓인 것을 정리하는 과정이에요."

또한 식사 후에는 따뜻한 손으로 배꼽 주변을 시계 방향으로 30~50회 부드럽게 문질러주는 마사지를 권했습니다. 물도 억지로 많이 마시게 하기보다 아침에 일어나자마자 미지근한 물 반 컵을 마시는 습관부터 들이도록 했습니다.

2주 뒤 현준이 어머니에게서 떨리는 목소리로 전화가 왔습니다.

"교수님! 오늘 아침 현준이가 처음으로 '엄마, 응가 마려워요!'라고 말했어요. 화장실에서 바나나 같은 예쁜 변을 봤어요!"

저도 모르게 웃음이 터졌습니다. 한 달 뒤 현준이는 밝은 목소리로 "안녕하세요!" 하고 인사하며 진료실에 들어왔습니다. 두껍던 백태는 옅어졌고 단단하던 배도 한결 부드러워졌습니다. 어머니는 환하게 웃으며 말했습니다.

"요즘엔 '엄마, 밥 더 주세요.'라고 해요. 밥 한 그릇을 스스로 뚝딱 비우는 모습이 정말 꿈만 같아요."

아이의 몸이 보내는 신호를 제대로 읽고 막힌 길을 뚫어주며 지친 소화기에 다시 힘을 실어주자, 현준이는 스스로 회복할 수 있는 힘을 되찾았습니다.

교과서보다, 아이의 몸이 먼저 알려줍니다

진료실에서는 아이의 상태를 객관적으로 분석하고 해결책을 제시하지만 의사 가운을 벗고 집에 돌아오는 순간부터는 저 또한 그저 육아 앞에서 헤매는 엄마일 뿐입니다.

첫째 아이는 두 살 무렵 잠시 식욕이 떨어졌지만, 시간이 지나며 자연스럽게 회복되었습니다. 반면 둘째는 타고난 소화기가 약해 식욕부진이 훨씬 오래 이어졌습니다. 머릿속에서는 '비위가 허약하니 전형적인 비기허(脾氣虛) 증상이지.' 하는 진단이 자동으로 떠올랐습니다. 비위를 보강하는 한약, 체질에 맞는 식단이 줄줄이 스쳐 갔습니다. 그러나 엄마로서 마주한 현실은 달랐습니다. 정성껏 만든 이유식은 고갯짓 한 번에 식탁 밖으로 밀려났고, 달여온 약은 아이의 꽉 다문 입술 앞에 아무 소용이 없었습니다. '비위를 보해야 한다.'는 원칙은 현실 앞에서 멀게만 느껴졌습니다.

조급한 마음에 실수를 반복했습니다. 식탁에 오래 앉혀두려고 영상을 틀어주거나, 뭐든 한 입이라도 더 먹이려고 간식으로 유도하다가 정작 식사 자체를 망쳐버린 적도 있었습니다. 그렇게 식사 시간은 아이와 저 모두에게 큰 스트레스가 되어버렸습니다. 지금 돌아보면 명백한 실패였습니다. 그러다 문득 깨달았습니다. '내가 아이를 환자처럼만 대했구나. 몸만 들여다보고 마음은 보려 하지 않았구나.'

그날 이후 치료하는 한의사가 아니라 지켜보는 엄마가 되기로 했습니다. 아이가 어떤 음식을 좋아하는지, 어떤 질감을 유독 싫어하는지, 어떤 상황에서 더 먹지 않는지를 하나하나 기록하기 시작했습니다. 전문가의 눈이 아니라 부모의 눈으로 돌아가 관찰을 이어가자, 그동안 보이지 않던 것들이

드러났습니다. 윤이는 질감에 민감하다는 사실을 알게 되었습니다. 푹 익힌 무나 나물은 보자마자 뱉어냈지만, 아삭하거나 바삭한 음식에는 호기심을 보였습니다.

그렇게 시작된 것이 '잘게 다진 볶음밥'이었습니다. 채소를 잘게 다져 밥과 함께 고슬고슬하게 볶으니 익숙한 채소 모양이 보이지 않아 아이가 안심했고 볶음밥 특유의 고소한 향과 살짝 바삭한 식감이 아이의 입맛을 자극했습니다. 처음에는 한 숟가락, 다음 날은 두 숟가락…. 그리고 어느 날 아이가 "엄마, 나 이거 또 해줘!"라며 웃는 얼굴로 말했을 때, 울컥했습니다. 단지 볶음밥 한 그릇을 먹었다는 의미가 아니라 아이의 몸과 마음을 함께 이해하려 노력한 끝에 얻은 소중한 연결의 순간이었기 때문입니다.

그날 알게 되었습니다. 정답은 교과서 속에만 있는 것이 아니라 아이의 몸과 그 몸이 보내는 작은 신호들 속에 있다는 것을요. 한의학이라는 훌륭한 지도가 있다 해도 그 지도를 따라 길을 찾아가는 주체는 부모와 아이입니다. 그 후로는 더 이상 완벽한 해결사가 되려 하지 않았습니다. 대신 아이 곁에서 함께 관찰하고, 때로는 실수하며, 그 실수에서 배우는 '함께 성장하는 엄마'가 되기로 했습니다.

물론 여전히 쉽지 않은 순간도 있습니다. 아이가 또다시 입을 꾹 다물면 조급한 마음이 올라오기도 합니다. 하지만 그 마음조차 흘려보내려 노력합니다. '오늘은 이 정도면 충분해. 아이가 편안하다면 나도 괜찮아.' 그렇게 스스로를 다독이며 나아가고 있습니다.

육아는 미리 완성된 해답지를 따라가는 길이 아닙니다. 우리 아이만의 건강 지도를, 부모와 아이가 함께 그려나가는 여정입니다. 그 지도에는 실수한 날의 흔적도, 조금 늦게 도착한 길도 표시될 것입니다. 그러나 그렇게 그려진 지도야말로 아이에게 가장 단단하고 정확한 길이 됩니다. 아이의 신호에 귀 기울이고 그 속도를 믿고 기다리는 것, 그것이 아이와 함께 건강한 삶을 만들어가는 가장 확실한 방법입니다.

집에서 시작하는 엄마표 홈케어

아이의 몸은 항상 무언가를 말하고 있습니다. 그 신호를 읽는 좋은 방법 중 하나는 기록입니다. 아이의 식습관과 반응을 매일 적으면 작은 변화를 발견할 수 있습니다. 같은 방식으로 대변을 관찰하고 기록하는 일 또한 소화기 상태를 이해하는 데 큰 도움이 됩니다.

대변은 아이의 몸속에서 지금 어떤 일이 일어나고 있는지를 보여주는 가장 직접적인 단서입니다. 기록은 복잡할 필요가 없습니다. '언제, 몇 번, 어떤 모양이었는지.' 하루 한 줄만 남겨도 충분합니다. 이렇게 쌓인 기록은 아이의 컨디션과 생활 습관 사이의 연결고리를 찾아내는 데 도움을 주고, 필요할 때 진료 현장에서 중요한 단서가 되어줍니다. 다음 표를 참고해 보세요.

대변 관찰 일지

날짜	대변 횟수	모양 (브리스톨 척도)	색깔	냄새	식사량/특이사항	엄마의 메모 (컨디션, 수면 등)
6/22	1회	2번 (울퉁불퉁 소시지 모양)	짙은 갈색	평소보다 심함	아침: 밥 1/3공기, 점심/저녁: 깨작거림	배 아프다고 2번 말함. 잠들기 힘들어함.
6/23	0회	-	-	-	하루 종일 거의 안 먹으려 함. 과자만 찾음.	짜증이 늘고 기운 없어 보임.
6/24	1회	4번 (부드러운 가래떡 모양)	황금색	보통	흰죽, 뭇국 줌. 저녁엔 한 그릇 다 먹음.	컨디션 회복. 잘 놀고 잘 잠.

※ 브리스톨 대변 척도(Bristol Stool Scale)

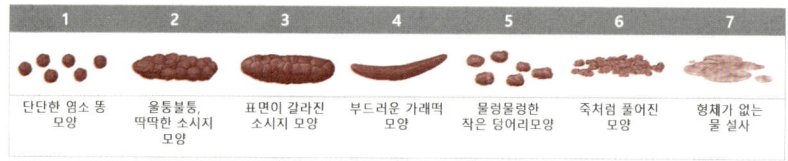

아이가 갑자기 배가 아프다고 하거나 평소와 다른 대변을 볼 때, 부모가 가장 먼저 떠올리는 질문은 "지금 뭘 해줘야 하지?"일 것입니다. 집에서 해줄 수 있는 돌봄은 어렵지 않지만, 상황에 맞게 판단하는 것이 무엇보다 중요합니다.

만약 아이가 딱딱한 토끼똥 같은 변을 보며 힘들어한다면, 이는 몸에 열이 쌓이고 수분이 부족하다는 신호일 수 있습니다. 이럴 때는 억지로 화장실에 오래 앉히기보다 충분한 수분과 섬유질을 공급하는 것이 우선입니다. 배나 무, 푸룬, 미역처럼 부드럽고 수분이 풍부한 식재료를 활용해 보세요. 또한 손등의 엄지와 검지 사이, 도톰하게 솟은 지점인 **합곡혈(合谷穴)**[2]을 1~2분간 부드럽게 눌러주면 긴장이 풀리고 장운동을 촉진하는 데 도움이 됩니다.

한편, 갑작스럽게 묽은 설사가 나타난다면, 찬 기운이 장에 들어왔거나 상한 음식을 먹은 경우일 수 있습니다. 이때는 배를 따뜻하게 덮어주거나, 손을 비벼 따뜻하게 한 뒤 복부를 감싸 안아주는 것만으로도 아이가 큰 안정감을 느낍니다. 탈수가 걱정된다면 따뜻한 보리차, 연한 매실차, 찹쌀 미

---

2 부록 259쪽 참고

음을 조금씩 자주 마시게 해주세요. 다만 찬 우유나 아이스크림, 생과일처럼 위장을 더 차게 만드는 음식은 피해야 합니다.

식사 후 배가 더부룩하거나 속이 불편하다고 호소한다면 체기가 원인일 가능성이 큽니다. 이때는 억지로 트림을 시키기보다는 등을 아래로 쓸어내리듯 가볍게 두드리거나, 손바닥 중앙의 **노궁혈(勞宮穴)**[3]을 천천히 눌러 위장의 긴장을 풀어주는 방법이 좋습니다. 무즙, 생강차처럼 위장을 따뜻하게 풀어주는 음식도 체기를 가라앉히는 데 유용합니다.

모든 처치에서 중요한 것은 빨리 낫게 하려는 조급함이 아닙니다. 아이의 불편을 줄여주고 스스로 회복할 수 있는 힘을 키워주는 데 초점을 맞추는 것이 가장 현명한 대응입니다.

앞서 소개한 홈케어는 일상적인 불편을 완화하고 아이가 스스로 회복할 수 있도록 돕는 좋은 방법입니다. 하지만 모든 상황이 집에서 해결될 수 있는 것은 아닙니다. 아이의 몸이 보내는 신호 중에는 즉각적인 의학적 개입이 필요한 위험 신호도 존재합니다.

예를 들어, 아이가 8시간 이상 소변을 보지 않거나, 울어도 눈물이 나오지 않고 입술이 바짝 마르며 축 늘어져 있다면 심한 탈수가 진행된 것입니다. 이때는 물만 마시게 할 것이 아니라 반드시 병원에 가서 수액 치료 등 전문적인 처치를 받아야 합니다.

또한 아이가 배를 만지지도 못하게 하며 자지러지게 울거나, 식은땀을 흘

---

3 부록 259쪽 참고

리며 데굴데굴 구를 정도의 심한 복통을 호소한다면 급성 충수염(맹장염), 장중첩증 같은 긴급 질환일 가능성이 높습니다. 이때는 지체 없이 진료를 받아야 합니다. 하루 8회 이상 반복되는 심한 설사, 초록빛이나 노란 담즙이 섞인 구토가 동반될 때도 단순 장염으로 치부해서는 안 됩니다.

혈변, 검은색·끈적한 변은 위장관 출혈을 의심해야 합니다. 또한 2주 이상 이어지는 식욕부진과 뚜렷한 체중 감소, 혹은 38도 이상의 고열과 함께 나타나는 소화기 증상 역시 반드시 전문의의 진단을 받아야 합니다.

이러한 신호들은 단순한 기능성 장애가 아니라 위중한 질환의 초기일 수 있습니다. '조금 더 지켜보자'는 선택이 골든타임을 놓치게 만들 수 있습니다. 불안해서 병원을 찾는 것이 과한 대응처럼 느껴질 수도 있습니다. 하지만 진료 후 "별일 아니었네요."라는 말을 듣는 것이 "왜 좀 더 일찍 오지 않으셨어요."라는 말을 듣는 것보다 훨씬 낫습니다.

아이의 몸이 보내는 비상등을 정확히 알아차리는 것, 그것이야말로 우리 아이의 첫 번째 주치의로서 부모가 반드시 갖춰야 할 중요한 역량입니다.

앞에서 소개했던 민수 이야기, 기억하시죠?

처음 진료실을 찾았을 때, 민수 어머니는 "우리 아이만 유독 안 먹는 것 같아요."라며 초조한 마음을 감추지 못했습니다. 그러나 아이가 본래 비위가 약한 체질이라는 것을 알게 된 뒤로는 억지로 먹이기보다 아이의 속도에 맞춘 돌봄을 시작했습니다. 식탁에는 아이가 받아들일 수 있을 만큼의 양만 올리고 찬 음식은 줄이며 따뜻한 음식 위주로 식단을 바꾸었습니다. 또 하루에 한 번은 배를 따뜻하게 쓸어주는 마사지를 꾸준히 해주었고, 아이의 일상과 감정을 세심하게 살피기 시작했습니다.

그렇게 3개월이 흐른 뒤, 민수는 여전히 많이 먹는 아이는 아니었지만 더 이상 "배 아파."를 입에 달고 살지 않게 되었습니다. 무엇보다 식사 시간이 즐거운 시간이 되었다는 것이 가장 큰 변화였습니다. 어머니는 이렇게 말했습니다.

"예전에는 아이가 밥을 안 먹으면 제가 더 스트레스를 받았어요. 그런데 이제는 '오늘은 이 정도면 됐어.'라고 말할 수 있게 됐어요. 아이가 편해하니까 저도 훨씬 편안해졌고요."

아이의 속도에 맞춰, 믿음으로 기다려주세요

민수의 사례가 보여주듯 아이의 소화기 문제는 단순히 무엇을 먹느냐의 문제가 아닙니다. 그 안에는 아이의 체질, 생활 리듬, 감정 상태, 그리고 부모의 불안과 조급함까지 함께 얽혀 있습니다. 밥과 대변만 바라본다면 문제의 절반밖에 보지 못하는 셈입니다.

아이가 하루이틀 밥을 거른다고 해서 곧바로 큰일이 벌어지지는 않습니다. 부모 마음에는 한 끼만 비어도 걱정이 앞서지만, 아이들은 생각보다 훨씬 현명해서 필요한 만큼은 스스로 찾아 먹을 줄 압니다. 부모가 아이 곁에서 해줄 수 있는 일은 다양한 음식을 준비하고, 식탁을 즐겁고 편안한 자리로 만들어주며, 아이의 몸과 마음이 보내는 신호를 세심히 살피는 것입니다.

무엇보다 중요한 것은 이 모든 과정에서 조급함을 내려놓고 아이의 속도를 믿어주는 태도입니다. 아이의 비위는 하루아침에 단단해지지 않습니다. 정원에 씨앗을 뿌리고 물을 주며 햇볕을 기다리듯 부모는 매일의 작은 관심과 꾸준한 기다림으로 아이의 성장을 도와야 합니다.

 오늘부터는 '왜 이렇게 안 먹지?'라는 불안 대신 '지금은 잠시 쉬어가는 시간일지도 몰라.'라는 여유를, '어떻게든 먹여야 해.'라는 조급함 대신 '아이가 보내는 신호를 들어보자.'는 믿음을 품어보길 바랍니다. 아이는 그렇게 자신만의 속도로 천천히 뿌리내리고 자라납니다. 그 여정에 이 책이 따뜻한 동반자가 되어 드리기를 바랍니다. 오늘도 아이를 바라보는 당신의 눈빛과 손길을 진심으로 응원합니다.

3.

피부에 드러나는
아토피와 알레르기

❈ ❈ ❈

새벽 두 시, 모두가 잠든 시간. 고요를 깨뜨리는 '사각사각' 소리가 들려옵니다. 단순한 마찰음이 아니라 아이가 몸으로 내는 절박한 신호입니다. 한 어머니는 말합니다. "밤새 긁어서 이불이 피로 물들어요." 또 다른 어머니는 울먹입니다. "긁지 말라고 소리치고는 후회해요. 도대체 이 아이 몸에 무슨 일이 벌어지는 걸까요?"

진료실을 찾는 아이와 부모의 발걸음은 언제나 조심스럽고 간절합니다. 팔과 다리가 접히는 부위에는 긁힌 자국으로 검게 착색된 피부가 보이고 손톱 끝에는 말라붙은 피딱지가 남아 있습니다. 아이는 무심한 표정으로 앉아 있지만 엄마는 지친 얼굴로 고개를 숙입니다. 밤마다 긁는 소리에 온 가족이 뒤척이고, 아침이면 상처투성이 피부를 바라보며 한숨짓는 날들이 이어집니다.

아토피피부염은 단순한 피부 문제가 아닙니다. 아이의 일상과 가족의 삶

전체를 흔드는 질환입니다. 아이는 말로 표현하지 못하는 불편함을 몸으로 드러내고, 부모는 그 몸부림 앞에서 무력감과 후회의 감정을 겪습니다.

이 장에서는 아토피를 피부 가려움이나 발진 문제로만 다루지 않습니다. 진료실에서 만난 아이들의 피부와 눈빛에는 수많은 이야기가 담겨 있습니다. 밤마다 긁느라 지쳐버린 작은 손길, 그 곁에서 애가 타는 부모의 깊은 한숨까지. 그 안에는 단순한 피부 문제가 아니라 몸과 마음이 함께 겪는 긴 여정이 숨어 있습니다. 이 장에서는 그 목소리에 귀 기울이며, 아토피를 겪는 아이와 부모가 함께 조금은 가벼운 숨을 내쉴 수 있는 평온한 밤을 되찾을 길을 풀어내려 합니다.

책으로 배운 아토피, 아이를 통해 다시 배우다

한의학에서 아토피피부염은 태열(胎熱)이나 태렴창(胎斂瘡)의 범주로 설명됩니다. 핵심은 아이 몸속에 쌓인 열(熱)과 습(濕)이라는 개념입니다. 원인은 크게 세 가지로 나눌 수 있습니다.

첫째, 태열(胎熱)입니다. 엄마 뱃속에서부터 전달받은 열을 의미합니다. 임신 중 맵고 기름진 음식을 자주 먹었거나 큰 스트레스를 겪은 경우, 그 열독(熱毒)이 아이에게 전해져 태어날 때부터 피부에 열이 많은 체질로 드러날 수 있습니다.

둘째, 비폐기허(脾肺氣虛)입니다. 아이들의 소화기와 호흡기는 아직 충분히 성숙하지 않았습니다. 소화기인 비위(脾胃)가 약하면 음식물이 제대로 소화되지 못해 노폐물이 쌓이는데, 이를 습담(濕痰)이라 부릅니다. 이 습담이 피부로 올라오면 진물이 나는 형태의 아토피로 이어질 수 있습니다. 또한 폐는 피부와 털을 주관(肺主皮毛)합니다. 폐 기능이 약하면 피부 장벽도 약해져 외부 자극에 쉽게 민감해지고, 알레르기 비염이나 천식 같은 질환이 함께 나타나기도 합니다.

셋째, 풍·습·열(風·濕·熱)과 같은 환경 요인입니다. 풍(風)은 가려움을, 습(濕)은 진물을, 열(熱)은 붉은 염증과 발진을 일으켜 증상을 악화시킵니다. 내부의 허약함과 외부의 자극이 겹치면 아이의 피부는 쉽게 무너집니다.

아토피 치료의 핵심은 아이 몸속의 열을 가라앉히고, 쌓인 습담을 풀어주며, 약해진 소화기와 폐 기능을 보강해 스스로 균형을 회복하게 돕는 데 있습니다. 이렇게 간단히 정리하면 복잡해 보이던 아토피의 원인과 치료 방향이 한눈에 드러나는 것 같습니다. 그래서 처음에는 아토피가 생각보다 어렵지 않은 질환처럼 느껴지기도 했습니다.

둘째를 임신했을 때는 참 고단한 시간이었습니다. 첫째에게 손이 많이 가는 시기였고, 대학에 임용된 지 얼마 되지 않아 강의와 진료, 논문 준비 등을 하느라 쉴 틈이 없었습니다. 몸은 항상 피곤했고, 속도 자주 메스꺼워 매운 음식이나 자극적인 음식으로 달래곤 했습니다. 지금 돌이켜보면 몸 안에 열이 쌓일 수밖에 없는 환경이었습니다.

예정일보다 조금 이르게 태어난 둘째는 생후 한 달이 지나지 않아 얼굴이 붉게 달아오르더니 곧 볼과 턱까지 진물이 흐르며 피부가 벗겨지듯 일어나기 시작했습니다. 의학적으로는 익히 알고 있던 현상이었지만, 막상 내 아이에게 직접 나타나니 가슴이 덜컥 내려앉았습니다.

"엄마 뱃속에서 물려받은 열."

익숙하던 그 문장이 순식간에 죄책감으로 다가왔습니다. 매운 국물에 밥을 말아 먹던 어느 날, 잠 못 이루며 스트레스를 씹어 삼키던 그날들이 아이의 피부에 고스란히 전해진 듯했습니다. 한의사로서는 담백하게 이해되던 설명이 엄마로서는 스스로를 향한 비난처럼 들렸습니다. 태열(胎熱)은 단순한 개념이 아니라, 아이의 고통을 내 탓으로 돌리게 만드는 무거운 단어였습니다.

아이에게 증상이 나타난 순간부터 매일 반성하며 조심했습니다. 한의사나 교수라는 이름에 의지하기보다 엄마로서 할 수 있는 모든 노력을 기울이고 싶었습니다. 모유 수유를 하면서 가장 신경 쓴 건 식단이었습니다. 매운 음식과 기름진 음식은 철저히 피했고 밥·국·나물 위주의 담백한 식단을 이어갔습니다. 모유를 통해 아이 피부에 다시 자극이 갈까 두려웠습니다.

이유식을 시작한 뒤에는 더 신중해졌습니다. 계란, 유제품, 밀가루 같은 흔한 알레르기 유발 식품은 한참을 미룬 끝에 아주 소량부터 천천히 시도했습니다. 새로운 재료를 넣을 때마다 그날 저녁에는 아이의 피부 변화를 살폈고, 다음 날 아침 이불에 묻은 작은 자국에도 긴장했습니다. '혹시 어제 먹인 그 재료 때문은 아닐까?', '앞으로 평생 먹을 수 없으면 어쩌지?' 마치 음식이 영양 공급원이 아니라 위험 요소처럼 보이기 시작했습니다. 그만큼 아이의 피부 반응에 절박하던 시기였습니다.

조심스레 식단을 쌓아가며 점점 마음도 단련되어갔습니다. 이론이 알려주는 원칙보다 더 중요한 것은 아이가 견딜 수 있는 속도와 몸이 허락하는 방식에 맞춰 함께 걸어가는 일이었습니다. 다행히 일상의 관리가 조금씩 열매를 맺기 시작했습니다. 붉게 달아올라 있던 볼이 가라앉기 시작했고, 진물이 번지던 부위는 건조하지만 단단하게 아물어갔습니다. 물론 완전히 사라진 것은 아니었습니다. 감기에 걸리거나 피곤한 날이면 피부가 다시 붉어졌고, 밤에 긁는 소리가 들릴 때도 있었습니다.

이 과정을 겪으며 아토피를 바라보는 눈이 달라졌습니다. 예전에는 이 증상을 어떻게든 없애야 할 문제로만 여겼습니다. 하지만 아토피는 하루아침에 사라지지 않는다는 것, 그리고 그것이 꼭 엄마 탓도 아이 탓도 아니라는 것을 알게 되었습니다. 마음속에 완치라는 단어 대신 균형과 관리라는 단어가 자리 잡기 시작했습니다. 아이의 몸이 보내는 신호에 귀 기울이고, 생활 습관과 음식, 감정까지 함께 살피며 공존하는 법을 배우는 것. 그것이 아토피 육아에서 가장 중요한 태도임을 배웠습니다. 피부 상태 하나에 흔들리기보다 긴 호흡으로 아이의 성장 과정을 바라보려 합니다. 가끔 얼굴이 다시 붉어지는 날을 마주할 때도 다시 한번 이겨낼 힘이 있다는 걸 알기에 조금은 덜 불안합니다.

장 건강과 피부의 관계

최근 아토피피부염을 설명하는 새로운 키워드로 마이크로바이옴(microbiome)이 주목받고 있습니다. 장내 미생물의 다양성과 균형이 면역 체계 형성과 피부 염증 반응에 직접적으로 영향을 준다는 연구가 잇따르고 있습니다. 아토피피부염을 앓는 아이의 장에는 유익균이 부족하고, 유해균의 비율이 높다는 결과가 연이어 보고되고 있습니다. 또, 프로바이오틱스가 풍부한 아이일수록 피부 증상이 덜 심하거나 호전이 빠르다는 연구 결과도 다수 발표되고 있습니다.

이러한 발견은 예로부터 강조되어온 '비위(脾胃)가 피부 건강의 뿌리'라는 관점과 통합니다. 한의학에서는 장을 단순한 소화 기관이 아니라 기혈(氣血)을 만들고 면역의 방어선을 지탱하는 중심으로 봅니다. 비위가 기혈을 충분히 생성해야 폐가 이를 바탕으로 위기(衛氣)를 만들어낼 수 있습니다. 장 기능이 약해지면 위기(衛氣) 또한 허해지고, 피부 장벽이 쉽게 무너져 외부 자극에 과민하게 반응하게 됩니다.

코로나 팬데믹 기간을 지나면서 이 균형은 더욱 흔들렸습니다. 손 소독제와 살균제의 과도한 사용은 적절한 면역 자극의 기회를 앗아갔습니다. 배달 음식과 가공식품의 증가는 장내 미생물의 다양성을 떨어뜨렸습니다. 그 결과, 아이의 장은 말없이 무너져 갔고, 피부는 가려움과 진물, 붉은 발진으로 '안에서 뭔가 어긋나고 있다.'는 메시지를 보내기 시작했습니다.

밤새 긁는 아이, 잠 못 드는 엄마

아토피는 단지 피부에 국한된 문제가 아닙니다. 장내 미생물과 아이의 체질, 생활 습관, 정서적 환경까지 얽혀 나타나는 복합적인 신호입니다. 그래서 진료할 때는 피부만이 아니라 아이의 일상과 환경 전반을 들여다봅니다. 아이의 피부가 보내는 메시지를 해석하기 위해 부모의 식단, 수면 패턴, 정서 상태까지 차분히 묻고 관찰합니다. 때로는 아이보다 부모의 눈빛에서 더 많은 단서를 읽어내기도 합니다. 이제 소개할 이야기는 그런 복잡한 연결 속에서 아이와 가족이 함께 나아갔던 여정의 기록입니다.

생후 100일 남짓 된 아기를 안고 찾아온 어머니의 얼굴에는 피곤함과 죄책감이 묻어 있었습니다. "교수님, 제가 뭘 잘못한 걸까요? 완전 모유 수유 중인데… 애 얼굴이 다 뒤집어졌어요." 아기의 볼은 붉게 달아올라 있었고, 진물이 맺힌 피부는 연약하기 그지없었습니다. 아이의 피부를 살피며 조심스럽게 여쭈었습니다. 산후 회복은 잘 되고 있는지, 잠은 조금이라도 주무시는지, 최근 스트레스는 어떤지. 어머니는 눈시울을 붉히며 털어놓았습니다. 밤마다 보채는 아이 탓에 잠을 설친 지 오래이고, 남편은 바빠 육아를 거의 혼자 감당하고 있다고 했습니다. 식사는 미역국과 밥으로 겨우 버티고 있는데, 아이 얼굴을 볼 때마다 죄책감이 밀려와 눈물이 난다고 했습니다.

아이의 증상은 엄마의 상태와 맞물려 함께 악화되고 있었습니다. 엄마의 수면 부족과 정서적 스트레스가 몸 안에 열(火)을 만들어내고, 그 기운이 모유를 통해 아이에게 전달되어 피부 염증이 심해진 것이지요.

치료는 아이보다, 아이를 돌보는 어머니에게 집중하기로 했습니다. 우선 어머니가 지친 몸과 마음을 추스를 수 있도록 가족의 도움을 적극적으로 받을 것을 당부했습니다. 또한 어머니의 몸속 열을 가라앉히고 기운을 보강하는 한약을 처방했습니다. 한의학에는 모자동복(母子同服)이라는 치료 개념이 있습니다. 아이가 직접 약을 먹지 않아도 어머니가 한약을 복용하면 모유를 매개로 아이의 병이 치료될 수 있다는 원리입니다. 따라서 아이는 별도의 약을 복용하지 않았습니다. 어머니의 몸이 회복되면 그 변화가 자연스럽게 아이에게 전해질 것이기 때문입니다.

"아기에게 가장 좋은 약은, 엄마의 편안한 마음입니다."

몇 달 뒤 다시 만난 모자는 전혀 다른 모습이었습니다. 아기의 피부는 매끄럽게 안정되어 있었고, 무엇보다 어머니의 얼굴에 편안한 미소가 번지고 있었습니다. "요즘은 아이가 밤에 푹 자요. 제 마음이 편해지니까 아이 피부도 신기하게 가라앉더라고요." 그날 저는 약보다 더 강력한 치유의 힘이 어디에서 오는지를 다시 한번 확인했습니다.

초등학교 5학년 경민이는 어머니 손에 이끌려 진료실로 들어왔습니다. 문 앞부터 울상 짓던 어머니는 자리에 앉자마자 깊은 한숨을 내쉬며 말했습니다.

"교수님, 정말 지쳤어요. 학원에서 시험만 보고 오면 밤새 긁어요. 긁지 말라고 아무리 소리쳐도 소용이 없어요."

경민이의 팔과 다리 접히는 부위는 긁은 자국이 남아 있었고, 군데군데 피딱지가 앉아 있었습니다. 아이는 입을 굳게 다문 채 바닥만 바라보고 있었습니다. 어머니께 양해를 구한 뒤 경민이와 단둘이 이야기를 나누었습니다. 처음에는 시선을 피하던 경민이도 조용한 분위기 속에서 몇 마디 말을 주고받자 서서히 마음을 열었습니다.

"학원 숙제가 너무 많아요. 시험을 망칠까 봐 걱정돼요. 엄마는 공부하라고만 하고… 그냥 답답해요."

경민이의 아토피는 단순한 피부 문제가 아니었습니다. 가슴속에 쌓인 말들이 피부로 터져 나온 것이었습니다. 이를 간기울결(肝氣鬱結)이라 합니다 간은 감정의 흐름을 주관하는데 스트레스가 쌓이면 이 흐름이 막히고, 억눌린 기운이 화(火)로 바뀌어 가장 약한 부위인 피부로 드러나는 것입니다.

치료는 단순히 피부를 진정시키는 데 그치지 않았습니다. 몸에는 간의 열을 가라앉히고 소통시키는 한약을, 마음에는 감정을 표현할 수 있는 작은 도구를 함께 처방했습니다. 경민이에게는 '감정노트'를, 어머니에게는 '대화의 문장'을 건넸습니다. 그러면서 경민이에게는 속상하거나 답답한 마음을 꾹꾹 눌러놓지 말고 글이나 그림으로 적어보자고 했습니다. 어머니에겐 "긁지 마!" 대신 "많이 가려웠구나. 오늘 무슨 일이 있었어?"라고 물어보길 권했습니다.

경민이와 어머니는 2주 간격으로 진료실을 찾았습니다. 경민이는 매번 노트를 들고 와 자신의 이야기를 들려주었고, 어머니도 처음보다 훨씬 부드러운 표정으로 앉아 있었습니다.

"요즘은 아이가 와서 '엄마, 나 오늘 속상한 일 있었어.'라고 말해줘요. 긁는 모습을 볼 때마다 화부터 내던 제가, 아이 마음을 먼저 들여다보게 됐어요."

조급했던 어머니의 마음에 여유가 생기자 경민이의 피부도 점차 안정되어 갔습니다. 경민이의 아토피는 약만으로 해결되지 않았습니다. 아이가 마음을 털어놓는 시간, 그리고 그 마음을 받아주는 엄마의 변화 속에서 비로소 진짜 치료가 시작되었습니다.

일곱 살 지혜는 어머니 손을 잡고 조심스럽게 진료실에 들어섰습니다. 입으로 호흡하느라 늘어진 표정에는 피곤함이 묻어 있었고 눈 밑에는 짙은 다크서클이 내려앉아 있었습니다. 어머니는 말했습니다.

"환절기만 되면 콧물, 재채기, 코막힘이 끊이질 않아요. 그런데 이상하게 코가 심해질 때마다 피부도 뒤집어져요. 같이 치료할 수 있을까요?"

지혜는 비염과 아토피피부염을 함께 앓고 있었습니다. 피부는 건조하고 가려웠으며, 코는 막혀 늘 답답했습니다. 피부과와 이비인후과를 오가며 스테로이드제와 항히스타민제를 사용했지만, 증상은 반복되었습니다. 어머니의 걱정은 점점 깊어졌고, 저는 아이의 피부와 코 상태를 살피며 천천히 설명을 시작했습니다.

"지혜의 문제는 따로 떼어서가 아니라 함께 봐야 합니다. 폐(肺)는 코와 피부를 함께 주관합니다. 코는 정문, 피부는 성벽이에요. 정문이 약하면 외부 자극이 쉽게 들어오고, 성벽도 함께 무너질 수밖에 없죠."

어머니는 크게 고개를 끄덕였습니다.

"정말 그래요. 콧물이 심한 날이면 밤에 긁는 것도 더 심해져요."

지혜의 치료 방향은 폐의 기능 강화에 두었습니다. 피부의 가려움을 줄이는 데서 그치지 않고, 코 점막을 안정시키고 면역력을 높여 몸 전체의 방어력을 끌어올려야 했습니다. 이를 위해 폐의 기운을 보하는 한약을 처방하고, 집에서는 코 세척과 아로마 요법을 병행하도록 했습니다. 또한 피부 장벽을 지키기 위한 피부 보습 관리도 함께 지도했습니다.

지혜는 두 달간 꾸준히 치료를 이어갔습니다. 어머니는 내원할 때마다 아이의 호흡기와 피부 변화를 세심히 기록해 왔습니다.

"이번 환절기에는 마스크 없이 버텼어요. 아침 재채기가 거의 사라졌고 밤에 긁는 것도 눈에 띄게 줄었어요."

피부가 회복된 것도 반가웠지만, 무엇보다 아이가 편안하게 코로 숨을 쉴 수 있게 되었다는 말에 깊은 안도감을 느꼈습니다. 우리는 종종 피부와 코를 별개의 문제로 생각하지만, 몸은 결코 그렇게 분리되어 있지 않습니다. 코와 피부, 장과 감정까지― 우리 몸은 놀라울 만큼 정교하게 연결되어 있습니다. 아토피는 그 연결의 균형이 흔들릴 때 겉으로 드러나는 신호일 뿐입니다.

밤중 가려움 대처법

아토피를 겪는 아이를 키우는 집이라면 누구나 한 번쯤 겪어봤을 그 밤. 잠결에 들려오는 사각사각 긁는 소리에 눈이 번쩍 떠지는 순간, 부모는 이미 하루치 에너지를 다 소진한 듯한 피로를 느낍니다. 밤에는 생체 리듬상 피부 온도가 오르고 자율신경계가 예민해져 가려움이 더 심해집니다. 음혈이 부족해 허열(虛熱)이 쉽게 뜨는 체질의 아이는 이 시간에 증상이 악화되기 쉽습니다. 많은 부모가 "새벽에 더 심하게 긁어요."라고 말하는 건 우연이 아닙니다.

이때 중요한 것은 자극을 최소화하는 빠른 대응입니다. 먼저 차가운 찜질을 해보세요. 깨끗한 수건을 찬물에 적셔 가려운 부위에 조심스럽게 대줍니다. 너무 차갑지 않게, 아이가 시원하다고 느낄 정도면 충분합니다. 다음은 손톱 관리입니다. 매일 밤 아이가 잠들기 전 손톱을 짧게 다듬고, 가능하다면 면장갑을 씌워주는 것이 좋습니다. 직접 긁는 대신 스치는 정도로만 자극이 전달되어 피부 손상을 줄일 수 있기 때문입니다.

또한 주의 전환도 효과적입니다. 가려운 부위에 집중하지 않도록, 배를 살살 문질러주거나 잔잔한 동화를 들려주어 아이의 마음을 다른 곳으로 이끌어 줍니다. 마지막으로 보습제를 발라주세요. 냉장고에 보관해둔 보습제를 꺼내 두드리듯 살살 발라주면 진정 효과가 큽니다. 문지르거나 비비지 않고, 바람이 지나가듯 가볍게 스며들게 하는 것이 핵심입니다.

이러한 돌봄은 단순한 피부 관리 이상의 의미를 가집니다. 아이는 그 순간 '엄마가 내 가려움을 이해하고 함께 버텨주고 있구나.'라는 감각을 느낍니다. 아토피 돌봄의 출발점은 약이나 처방이 아닙니다. 깊은 밤, 아이 곁을 지켜주는 부모의 따뜻한 손길에서 시작됩니다.

피부를 씻는 시간, 마음을 어루만지는 시간

아토피를 앓고 있는 아이에게 목욕은 양날의 검과 같습니다. 제대로 하면 피부를 편안하게 해주는 회복의 시간이 되지만, 방법이 잘못되면 오히려 피부 장벽을 더 약하게 만들 수 있기 때문입니다.

무엇보다 물의 온도가 중요합니다. 뜨거운 물은 피부 속 수분을 빠르게 증발시키고 유분막까지 벗겨냅니다. 손목 안쪽에 대었을 때 '미지근하다.'라고 느껴지는 37~38도가 적절합니다. 아이가 거부감 없이 들어갈 수 있도록 너무 뜨겁지도, 차갑지도 않게 조절해 주세요.

목욕은 짧고 간단하게 하는 것이 원칙입니다. 10분 이내로 가볍게 헹구는 정도면 충분합니다. 욕조에 오래 머무르며 장난감으로 노는 대신, 이 시간에는 피부 정리에 집중하고 놀이 시간은 따로 마련해 주세요.

세정제는 꼭 필요할 때만 사용합니다. 약산성(pH 5.5) 제품을 소량 사용하되 풍성한 거품을 내기보다는 부드럽게 엎듯 씻어내는 정도가 좋습니다. 때를 미는 것은 금물이며 씻은 후에는 수건으로 문지르지 말고 톡톡 두드리듯 물기를 닦아냅니다.

마지막으로 중요한 단계는 보습입니다. 목욕 후 3분 안에, 피부가 물기를 머금고 있을 때 바로 보습제를 발라 수분이 날아가지 않도록 덮어주세요. 연고·크림·로션 중 어떤 제형이든 상관없습니다. 핵심은 얼마나 자주, 얼마나 충분히 바르느냐입니다. 팔꿈치와 무릎 뒤, 귀 주변, 배와 등까지 꼼꼼히 챙겨주세요.

아토피 피부를 가진 아이에게 목욕은 단순한 청결 관리가 아닙니다. 하루의 가려움과 열감을 식혀주고, 아이의 몸과 마음을 차분히 안정시키는 작은 의식입니다. 엄마의 손끝에서 전해지는 따뜻한 물의 감촉, 부드러운 수건, 잔잔한 목소리는 단순한 위생을 넘어 "오늘도 잘 버텼어, 이제 편히 자렴."이라는 위로의 메시지가 됩니다.

음식이 피부에 남기는 흔적

아토피로 진료실을 찾는 부모님에게 "음식은 어떻게 조절하고 계세요?"라고 물으면 종종 이런 대답이 돌아옵니다.

"알레르기 검사에서는 특별한 게 없었어요."

"무얼 먹는다고 더 심해지는 것 같지도 않아서요. 따로 피하는 음식은 없어요."

하지만 여기에는 중요한 오해가 숨어 있습니다. 알레르기 검사는 우리가 먹는 모든 음식 항원을 확인할 수 있는 검사가 아닙니다. 또 평소 특별히 조심하는 음식이 없다면 어떤 것이 증상을 악화시키는지 정확히 알아내기 어렵습니다.

깨끗한 물에 잉크 한 방울을 떨어뜨리면 금세 색이 변하지만, 탁한 물에 잉크를 떨어뜨리면 변화가 보이지 않습니다. 즉, 몸속이 다양한 자극으로 어지러운 상태에서는 원인을 구분하기 힘든 것이지요. 그러니 우선 몸을 '깨끗한 물' 상태로 되돌려 놓는 과정이 필요합니다. 그 시작이 바로 '클린 식단'입니다. 대표적인 염증 유발 음식을 3주 정도만 끊어도 피부 반응이 놀랍게 달라지는 경우를 자주 보게 됩니다. 이 시기에 피해야 할 음식은 다음과 같습니다.

- **밀가루 음식:** 빵이나 면류처럼 밀가루가 주재료인 음식은 소화 과정에서 장에 부담을 주고 알레르기 반응을 일으킬 수 있습니다.
- **가공식품:** 라면, 과자, 냉동식품처럼 인공 첨가물과 방부제가 들어간 음식은 피부를 자극해 더 예민하게 만들 수 있습니다.
- **단 음식:** 사탕, 초콜릿, 아이스크림, 탄산음료 등 설탕이 많이 든 음식은 염증 반응을 악화시키기 쉽습니다.
- **튀긴 음식:** 치킨, 감자튀김, 각종 튀김류처럼 나쁜 기름에 조리된 음식은 열과 독소를 더해 피부 회복을 방해합니다.

이 네 가지 범주의 음식을 끊은 뒤 아이의 피부 변화를 관찰해보세요. 증상이 가라앉기 시작하면 일반적인 식품을 한 가지씩 다시 시도해 반응을 확인합니다. 모든 아이에게 음식이 중요하지만, 아토피를 겪고 있는 아이에게는 더욱 그렇습니다. 음식은 단순한 영양 공급의 수단이 아니라, 환경 조절이자 치료의 일부입니다. 잘 관리하면 약보다 더 큰 힘을 발휘할 수 있습니다. 아토피는 피부에 드러나지만 그 뿌리는 몸속 만성 염증과 면역 불균형에 있습니다. 음식으로 염증 반응을 줄이고 회복력을 도울 수 있다면 이미 치료의 절반이 시작된 셈입니다.

이 과정에서 '식사 일기'는 가장 유용한 도구가 될 수 있습니다. 모든 음식을 제한할 필요는 없습니다. 다만 아이의 몸이 보내는 신호를 놓치지 않도록 기록하는 것입니다. 날짜를 적고, 먹은 음식·간식·외식 여부를 기록한 뒤, 같은 날 밤이나 다음 날의 피부 상태, 긁은 횟수, 수면, 기분 변화를 함께 적습니다. 2~3주만 꾸준히 기록해도 패턴이 보이기 시작합니다.

'이 음식을 먹은 다음 날 꼭 더 긁네.'

'야식을 먹은 날 밤엔 뒤척임이 더 심해.'

'스트레스를 받은 날엔 음식보다 감정이 더 크게 작용하는 것 같아.'

이런 과정을 통해 부모는 아이의 피부 반응이 단순한 우연이 아니라 이해 가능한 메시지임을 알게 됩니다. 그리고 그 메시지를 가장 잘 해석할 수 있는 사람은 매일 식사를 챙기고 아이를 지켜보는 부모입니다.

식사 일기는 단순한 기록을 넘어 아이의 몸에 귀 기울이고 반응을 존중하는 연습입니다. 매일의 기록이 쌓일수록 부모는 아이의 몸을 더 깊이 이해하게 됩니다. 아이 역시 '나는 늘 조심해야 해.'라는 불안 대신, '내 몸을 이해하고 스스로 회복력을 키워갈 수 있어.'라는 자신감을 갖게 됩니다. 음식은 단번에 피부를 바꾸지는 않지만 아이의 몸속 균형을 천천히, 그러나 확실하게 변화시킵니다.

사계절을 따라 흔들리는 아토피 피부

아토피는 특정 계절에만 심해지는 병이 아닙니다. 계절마다 피부를 괴롭히는 자극이 달라지고, 아이의 면역 반응 또한 변화하기 때문에 사계절 내내 서로 다른 방식으로 도움을 요청하는 신호를 보냅니다.

봄 – 황사와 꽃가루의 계절

봄은 기온이 따뜻해지지만 피부는 가장 예민해지는 시기입니다. 황사·

미세먼지·꽃가루가 공기 중에 많고, 야외 활동이 늘어나면서 피부 자극이 커집니다. 외출 후에는 반드시 샤워나 세안을 시켜주고, 가벼운 긴팔 옷으로 피부 노출을 줄여주세요. 집 안에서는 공기청정기와 가습기를 활용해 실내 환경을 안정적으로 유지하는 것이 좋습니다.

여름 – 땀과 자외선의 이중 자극

여름은 아이가 활발히 움직이며 땀을 많이 흘리는 시기입니다. 땀은 증발하는 과정에서 피부를 더 자극하는데, 심한 경우 진물까지 생길 수 있습니다. 따라서 땀을 흘린 뒤 곧바로 씻겨주는 것만으로도 증상이 완화되는 경우가 많습니다. 자외선 차단제는 무향·무알코올·무기자차 성분의 저자극 제품을 선택하세요. 수영장 염소 성분도 주의해야 합니다. 증상이 심할 때는 수영장을 가급적 피하고 물놀이 후에는 반드시 샤워와 보습을 해주세요. 또한 실내외 온도 차가 5도 이상 나지 않도록 조절해 피부 온도 균형을 지켜주는 것이 중요합니다.

가을 – 건조함이 시작되는 계절

가을은 일교차가 크고 대기가 건조해지면서 피부 장벽이 흔들리기 쉬운 시기입니다. 진드기 같은 항원이 늘어나 아토피아 알레르기 비염이 동시에 악화되기도 합니다. 이 시기에는 가습기를 다시 사용하고, 보습제 양도 여름보다 두 배 정도 늘려주세요. 침구류는 주 1회 이상 세탁해 햇볕에 말리고, 피부에 직접 닿는 옷은 부드러운 면 소재로 바꿔주는 것이 좋습니다.

겨울 – 아토피에 가장 가혹한 계절

겨울은 실내 난방으로 덥고 건조한 환경 속에서, 외부의 차가운 바람과 큰 온도 차가 반복되는 가장 힘든 시기입니다. 겹겹이 껴입은 옷의 마찰이나 속옷 안의 땀도 피부에 부담이 됩니다. 하루 세 번 이상 보습제를 바르는 것을 기본으로 하고, 제형은 크림이나 연고처럼 두껍고 밀폐력이 강한 제품을 사용하는 것이 좋습니다. 피부에 닿는 속옷은 면 100%의 부드러운 재질을 고르고, 실내 습도는 최소 50% 이상을 유지해야 합니다.

새로운 계절을 맞이할 때마다 피부는 바뀐 환경에 적응해야 합니다. 따라서 아토피 관리도 늘 하던 대로가 아니라, 시기에 맞춰 조율하고 조정하는 감각이 필요합니다. 계절이 바뀔 때마다 우리 집 아토피 관리 루틴을 점검하며, 피부가 보내는 작은 신호를 놓치지 않는 것이 가장 큰 예방법이 됩니다.

흉터가 아니라, 성장의 무늬

아토피는 완치를 향한 싸움이라기보단, 아이와 함께 살아내는 여정에 가깝습니다. 이 말을 처음 들으면 꽤나 절망적일 수 있습니다. "평생 관리해야 한다고요?" 하고 되묻는 부모님들의 표정을 볼 때면, 제가 처음 이 사실을 알았을 때 느꼈던 복잡한 감정이 떠오르곤 합니다. 하지만 시간이 흐르면서 깨닫게 되었습니다. 아토피를 겪은 아이 덕분에 가족 모두가 더 건강한 생활 습관을 배우게 되었다는 사실을요.

아이를 위해 시작한 식단 조절은 어느새 가족 전체의 식탁을 바꾸어 놓았습니다. 피해야 할 음식들 대부분은 어른에게도 멀리하면 좋은 것들이었습니다. 몸에 좋지 않은 음식을 일찍부터 구별하고 피하는 것은 아이에게 제한이 아니라 어릴 때부터 건강한 습관을 지니는 기회가 됩니다.

"아이 때문에 못 먹는 게 아니라 아이 덕분에 가족 모두가 더 건강한 식습관을 배우는 겁니다."

밤마다 긁는 소리에 뒤척이고 상처 난 피부를 보며 마음 졸였던 시간이 있었습니다. 아이 손톱을 다듬고, 냉장고에서 보습제를 꺼내 바르며, 음식을 조심스레 고르던 그 모든 순간. 돌아보면 우리는 함께 버텼고, 함께 자라났습니다. 아토피가 남긴 것은 단순한 피부의 흉터가 아닙니다. 아이와 부모가 겪은 수많은 시도와 좌절, 위로의 순간이 쌓여, 아이의 몸과 마음 그리고 부모의 마음속에 단단하고 아름다운 성장의 무늬로 새겨졌습니다.

지금 이 순간에도 아이의 가려움에 잠 못 이루는 부모님께 전합니다.

지금도 충분히 애쓰고 계십니다. 그 마음만으로도 아이는 힘을 얻습니다.

조급해하지 마세요. 천천히, 아이와 함께 걸어가면 됩니다.

끝이 보이지 않던 터널 같던 시간이 지나고 나면, 아이의 흉터는 옅어지고 함께 버텨낸 기억은 부모와 아이 모두를 평생 지탱해줄 힘으로 남을 것입니다.

오늘 밤만큼은 긁는 소리가 아니라 아이의 고른 숨소리를 들으며 편히 마음을 내려놓으시길 바랍니다.

4.

수면과 자율신경, 회복력의 열쇠

❀ ❀ ❀

『부모로 산다는 것』의 저자 제니퍼 시니어는 "부모가 되어 처음 마주하는 고통은 수면 부족이다."라고 말합니다. 아이가 태어난 순간, 평온한 밤은 사라집니다. 부모는 아이의 울음에 함께 깨어나며 밤의 리듬을 잃게 됩니다. 수면 부족은 부모의 자제력과 감정 조절 능력을 빠르게 소진시킵니다. "결국 가장 약한 존재인 자기 아이에게 고함을 지르게 된다."는 그녀의 말처럼, 온화한 부모조차 반복된 밤샘 끝에는 후회와 죄책감에 휩싸이게 됩니다. 이 문장을 처음 읽었을 때 가슴 한구석이 저릿했습니다. 아이와 부모가 함께 지쳐가는 밤이 이어질 때, 가장 힘든 것은 사실 부모의 마음입니다. 아이의 수면 문제는 성장과 면역력에 국한되지 않습니다. 가족 전체의 정서적 균형을 흔드는 신호이며, 부모의 자존감과 부부 관계, 형제자매의 일상까지 깊게 맞닿아 있는 문제입니다.

'잠을 잔다.'는 것은 단순히 눈을 감는 행위가 아니라 아이의 신경계를 이

완시키고 몸과 마음을 동시에 쉬게 하는 복합적인 조절 과정입니다. 숙면을 위해서는 신경계가 휴식 모드로 전환되어야 하는데, 이를 조절하는 것이 자율신경계입니다. 교감신경(긴장과 활동)이 가라앉고 부교감신경(이완과 회복)이 우세할 때 비로소 깊은 잠에 들 수 있습니다. 하지만 자극이 많은 환경, 지속되는 불안, 혹은 가려움·소화불량 같은 신체 증상이 있으면 교감신경이 과도하게 활성화되어, 몸은 피곤해도 머리는 깨어 있는 상태가 됩니다. 한의학에서는 이를 "심신이 안정되지 못해 기가 흩어진다"고 설명합니다. 심장의 신(神)을 안정시키고 기혈을 안으로 모아야 비로소 잠에 들 수 있습니다.

　이번 장에서는 아이의 수면을 방해하는 원인을 유형별로 정리해 보고, 편안한 수면을 돕는 생활 리듬과 환경 조절법을 함께 다루겠습니다. 수면은 회복의 시작이며 아이가 깊이 잠드는 순간 부모도 회복됩니다. 아이의 꿀잠을 되찾기 위한 여정을 함께 시작해 보겠습니다.

　많은 부모님이 아이의 수면 문제를 나쁜 습관이나 훈육의 문제로 생각합니다. 하지만 아이의 잠은 몸 전체의 건강 상태를 비추는 거울이자 중요한 진단 지표입니다. 그 핵심에는 음양(陰陽)의 균형이 있습니다. 낮에는 활발히 움직이도록 이끄는 양(陽)의 에너지가, 밤에는 몸을 쉬게 하고 회복시키는 음(陰)의 에너지가 필요한데, 이 두 에너지는 시간에 따라 자연스럽게 전환되어야 합니다. 건강한 아이는 이 흐름이 자연스러워 낮에는 세상을 온몸으로 탐색하고, 밤에는 편안히 잠에 듭니다. 하지만 전환이 매끄럽지 않으면 잠들기 힘들거나 자주 깨고, 깊은 잠에 들지 못하는 문제가 생깁니다. 이는 곧 아이의 몸속 리듬인 음양의 조화가 어딘가에서 어긋나 있다는 신호일 수 있습니다.

『한의소아청소년의학』 교과서에서는 수면 장애를 여러 원인으로 세분화하지만, 진료실에서 아이들을 관찰하다 보면 임상적으로 크게 세 가지 유형으로 나눌 수 있습니다. 이 세 가지 유형을 중심으로, 원인과 실제 사례, 그리고 가정에서 실천할 수 있는 관리법을 차례로 짚어보겠습니다.

열이 많은 아이

수면 문제를 보이는 아이 중 가장 흔한 유형은 '속에 열이 많은 아이'입니다. 아이들은 본래 어른보다 양기가 왕성한 순양지체(純陽之體)로 태어나 열이 많습니다. 그런데 여기에 미숙한 소화기에 비해 음식 섭취가 과도하거나, 감기와 같은 감염이 반복되면 위장과 심장이 과열되면서 쉽게 흥분하고 잠들기 어려워집니다. 겨우 잠이 들어도 자는 내내 몸부림을 치거나 이불 덮는 것을 답답해하는 경우가 많습니다. 머리·등·가슴 등의 상체에 땀이 많고, 입술이 자주 마르거나 입에서 냄새가 나는 경우도 많습니다. 또한 대변이 단단하거나 변비 경향을 보이기도 합니다.

여섯 살 준서는 밤 11시가 넘어도 지치지 않고 뛰어다니는 '에너자이저' 같은 아이였습니다. 온 가족이 잠자리에 들어도 침대 위에서 방방 뛰고 깔깔대며 웃다가, 갑자기 짜증을 내곤 했습니다. 어렵게 잠이 들어도 이불을 걷어차며 방 안을 굴러다녔고, 부모는 매일 새우잠에 시달렸습니다. 진찰해 보니 혀는 붉고 두꺼운 황색 설태가 덮여 있었으며, 명치 아래는 단단했고 손과 발바닥은 뜨거웠습니다. 늦은 저녁 간식과 취침 전 활동적인 놀이가 겹치며 위장에 열이 쌓였고, 그 열이 심장(心火)까지 자극해 준서를 흥분 상태로 만든 것이었습니다.

치료는 위장의 열을 내려주고 소화를 돕는 한약을 처방하며, 생활 습관을 조정하는 방향으로 진행했습니다. 저녁 식사는 잠들기 최소 3시간 전에 마치고, 양은 평소의 2/3 정도로 줄였습니다. 잠자리 직전 간식은 중단했고, 식후에는 바로 눕지 않고 가볍게 산책하도록 했습니다. 처음엔 다소 힘들어했던 준서도 며칠이 지나자 점차 새로운 리듬에 적응했습니다. 3주 뒤 어머니는 "어젯밤엔 20분 만에 잠들어 아침까지 깨지 않고 푹 잤어요."라며 환한 미소를 지었습니다.

열이 많은 아이에게는 위장의 부담을 덜고, 쌓인 열기를 식혀주는 일상 관리가 무엇보다 중요합니다. 저녁 늦게 먹는 습관은 피하고, 식사 후에는 20분 정도 가볍게 산책하며 소화를 도와주세요. 자는 동안 땀이 많이 난다면 통기성이 좋은 면이나 인견 소재의 잠옷으로 바꾸고, 얇고 간결하게 입히는 것이 도움이 됩니다. 부모의 기준이 아니라 아이가 느끼는 온도에 맞춰주는 것이 핵심입니다.

또 하나 효과적인 방법은 '쿨다운 마사지'입니다. 잠들기 전, 목뒤에서 꼬리뼈까지 척추를 따라 20~30회 부드럽게 쓸어내리면 경락이 자극되어 몸속에 뭉쳐 있던 열이 아래로 흘러가면서 진정됩니다. 이 마사지는 몸과 마음을 동시에 안정시키는 데 유익합니다. 열이 많은 아이는 특별한 약물치료 없이도 생활 습관과 환경 조절만으로 수면의 질이 크게 좋아질 수 있습니다.

마음이 불안한 아이

수면에 어려움을 겪는 아이 중에는 겉으로 큰 증상이 드러나지 않지만, 잘 놀라거나 예민한 기질 때문에 힘들어하는 경우가 있습니다. 선천적으로 민감한 기질을 가진 경우도 있고, 어린이집 입학이나 동생의 출생처럼 환경의 변화로 불안이 커지기도 합니다. 한의학에서 심장(心臟)은 정신 활동을, 담(膽)은 용기와 결단을 주관합니다. 이 두 기능이 약해지면 작은 자극에도 쉽게 놀라고 불안해져 깊이 잠들기 어렵습니다. 이런 아이들은 잠귀가 밝아 작은 소리에도 쉽게 깨며, 악몽을 꾸거나 자면서 끙끙대는 일이 잦습니다. 낮에는 엄마와 떨어지는 것을 힘들어하고 낯선 환경에 적응하기 어려워하며, 가슴이 두근거린다고 표현하기도 합니다.

세하가 그런 아이였습니다. 두 돌 무렵 어린이집에 다니기 시작했지만 적응이 느려, 낮 동안 쌓인 긴장과 불안이 밤의 수면을 흔들었습니다. 매일 밤 두세 번씩 자지러지게 울며 깼고, 한 번 깨면 한 시간 넘게 엄마 품에서 울었습니다. 어머니는 "어린이집에 너무 일찍 보냈나 싶어 죄책감이 든다."라며 눈시울을 붉혔습니다. 진료실에서도 엄마 무릎에 꼭 매달려 있는 세하를 살펴보니, 맥은 약하고 가늘었으며 혀끝은 붉었습니다. 이는 심담허겁(心膽虛怯), 심장이 허하고 담이 약해진 전형적인 모습이었습니다. 이에 산조인, 백복신 등 마음을 진정시키고 심장의 기운을 보강하는 한약을 처방했고, 안정된 수면 환경의 중요성을 함께 설명드렸습니다. 부모님에게는 매일 밤 잠자리 의식을 만들어 실천해보기를 권했습니다. 조명을 포근하게 낮추고, 아이가 좋아하는 그림책을 나지막한 목소리로 읽어주며, 잠들기 전에는 등을 천천히 쓸어주면서 "사랑해, 세하야. 내일도 재미있게 놀자. 잘 자."라고 속삭이도록 했습니다. 며칠 동안은 큰 변화가 없었지만, 일주일이 지나자 세하는 이 시간을 기다리기 시작했습니다. 2주 후에는 깨는 횟수가 줄었고 한 달 뒤에는 밤새 편안히 잘 수 있었습니다. 어머니는 "이제 밤이 두렵지 않아요."라며 밝게 웃었습니다.

불안이 많은 아이에게는 특별한 치료보다 예측 가능한 리듬과 부모의 안정된 태도가 큰 힘이 됩니다. 아이가 어둠을 무서워하거나 작은 소리에 민감하다면, 은은한 수면등을 켜주거나 라벤더 향, 백색소음을 활용하는 것도 도움이 됩니다. 그러나 무엇보다 강력한 안정제는 부모의 목소리입니다. 잠들기 전, 아이에게 들려주는 차분한 책 읽기는 '안전하다.'는 신호가 되어줍니다. 같은 시간, 같은 순서로 반복되는 잠자리 루틴은 예측 가능성과 안정감을 주어 자연스럽게 편안한 잠으로 이끌어줍니다.

아이가 마음이 불안해서 좀처럼 잠들지 못하는 날에는 복식호흡을 권해보셔도 좋습니다. 배로 깊게 들이마시고 천천히 내쉬는 단순한 호흡만으로도 긴장된 신경이 이완되고, 불안이 가라앉습니다. 이 과정 속에서 아이는 조금 더 편안하게 잠의 문턱에 다가설 수 있습니다.

불안이 많은 아이에게 필요한 것은 기계적인 훈육이 아니라, 부모의 따뜻한 목소리와 손길이 만들어주는 '안심할 수 있는 밤'입니다.

체력이 약한 아이

활동성이 많거나 예민한 아이와 달리, 체력이 부족해서 잠을 깊이 유지하지 못하는 경우도 있습니다. 반복되는 감기나 장염, 비염으로 몸이 지쳐 있거나 큰 병 이후 회복이 더딘 경우, 혹은 선천적으로 약하게 태어난 아이에게 자주 나타납니다.

몸을 움직이는 에너지인 기(氣)와 영양을 공급하는 혈(血)이 모두 부족한 기혈양허(氣血兩虛) 상태에서는 조절 능력이 떨어져 수면을 유지할 힘조차 부족해집니다. 이런 아이들은 잠은 쉽게 들지만 깊은 잠으로 이어가지 못해 자주 깨며 칭얼거립니다. 자는 동안 식은땀이 나면서 체온이 떨어지고, 몸이 식으니 다시 깨는 악순환이 반복됩니다. 얼굴은 혈색이 돌지 않아 창백해 보이고 입술에도 생기가 없습니다. 낮에는 기운이 달려 금세 지치고 오래 놀지 못하며, 식사량이 적은 편입니다. 간혹 밤중에 다리가 아프다며 성장통을 호소하기도 합니다.

초등학교 입학을 앞둔 지호가 그랬습니다. 감기를 달고 살았고 열이 나면 기침이 오래 이어졌습니다. 문제는 감기가 나아도 수면이 회복되지 않는다는 점이었습니다. "자는 동안 땀이 흠뻑 나 옷이 다 젖을 정도예요. 아침에는 겨우 일어나 피곤해하고 밥도 잘 안 먹으려고 해요." 어머님의 걱정은 매우 깊었습니다. 진찰 결과 지호는 전형적인 기혈양허 상태였습니다. 얼굴은 창백하고 맥은 약했으며, 혀는 옅은 빛을 띠었습니다. 기운이 부족하면 땀구멍을 조절하는 기능이 떨어져 잠자는 동안 땀이 줄줄 새어 나옵니다. 자는 동안 에너지가 회복되는 것이 아니라 소모되고 있었던 것입니다.

지호에게는 기와 혈을 보강하는 한약을 처방했습니다. 황기와 인삼은 기운을 북돋우고, 숙지황과 당귀는 혈을 보충하는 대표적인 약재입니다. 또 체력을 소모하는 격한 운동보다는 햇볕을 쬐며 가볍게 걷는 활동을 권했습니다.

지호의 변화는 땀이 줄어드는 것에서부터 시작되었습니다. 식은땀이 덜 나니 추위에 깨는 일이 줄었고 자연스럽게 수면의 질이 개선되었습니다. 수면이 회복되자 아침 표정이 밝아지고 식욕도 돌아왔습니다. 두 달간 꾸준한 치료 끝에 지호는 감기에 자주 걸리던 아이에서, 잘 먹고 잘 자는 아이로 변화해 건강하게 학교에 입학할 수 있었습니다.

체력이 약한 아이들의 수면 관리에는 섬세한 조율이 필요합니다. 낮잠을 늦게 자거나 길게 자면 밤잠이 흐트러지기 쉬워 오후 3시 이전, 1시간 반 이내로 제한하는 것이 좋습니다. 격렬한 운동보다는 햇볕을 받으며 가볍게 걷거나 놀이터에서 자유롭게 노는 것이 더 효과적입니다. 허약한 아이는 억지로 잠들게 하기보다 낮 동안 기혈을 보충하고 리듬을 정돈해주는 방식이 훨씬 자연스럽고 효과적입니다. 에너지가 채워지고 소모가 줄어들면 아이는 스스로 더 깊고 편안한 잠에 들 수 있습니다.

아이들이 크는 시기에 흔히 겪는 성장통은 병이라기보다 발달 과정에서 나타나는 자연스러운 현상입니다. 뼈의 성장은 신(腎)의 기운인 신기(腎氣)가 주관합니다. 아이가 급속히 성장하는 시기에는 뼈가 빠르게 자라면서, 기혈(氣血)이라는 에너지와 영양 공급이 그 속도를 따라가지 못하는 일시적인 불균형이 생길 수 있습니다. 성장통은 주로 밤, 특히 잠든 지 1~3시간쯤 지난 뒤에 나타납니다. 아이는 다리나 무릎 주위가 뻐근하고 묵직하게 아프다며 울며 깨어 아픈 부위를 가리키곤 합니다. 통증은 무릎, 종아리, 허벅지에서 자주 나타나며 주물러주면 곧 편안해지는 특징이 있습니다. 키가 갑자기 크거나 활동량이 급격히 늘어난 아이에게 자주 관찰됩니다.

일곱 살 지훈이 역시 이런 성장통을 겪고 있었습니다. "자는 중 갑자기 소리를 지르며 무릎이나 종아리가 아프다고 울어요. 한참 주물러주면 다시 잠들긴 하지만 이틀에 한 번꼴로 반복돼 걱정돼요." 부모님은 혹시 뼈에 이상이 있는지 정형외과에서 검사까지 받았지만 특별한 이상은 없었습니다. 낮에는 운동장에서 잘 뛰어놀았지만, 밤마다 아파하는 모습을 보면 애가 탄다고 했습니다. 지호는 최근 6개월 사이 키가 4cm 가까이 자랐습니다. 진찰 결과, 병적 소견은 없었으나 성장에 따른 기혈 소모로 전반적으로 허약한 상태였습니다.

"걱정하지 않으셔도 됩니다. 이건 병이 아니라 성장통입니다. 뼈가 자라나는 속도에 비해 근육과 혈액의 공급이 따라가지 못해 생기는 통증이에요. 밤이 되면 온몸이 고요해지기 때문에 통증을 더 민감하게 느끼는 것이죠."라고 설명했습니다. 신기(腎氣)와 기혈의 일시적 불균형으로 이해할 수 있는 상황이었습니다. 지훈이에게는 뼈를 튼튼히 하고 기혈을 보강하는 한약을 처방했습니다. 또한 집에서 실천할 수 있는 두 가지 방법을 함께 권했습니다.

첫째, 잠들기 전 10분간 따뜻한 족욕으로 다리의 혈액순환을 도와주는 것입니다. 둘째, 족욕 후 다리를 부드럽게 늘려주는 스트레칭을 해줍니다. 부모의 따뜻한 손길은 그 자체로 최고의 진통제입니다. 한 달 뒤 지훈이는 밤에 울면서 깨는 일이 거의 사라졌습니다. "엄마, 나 이제 다리 안 아파!"라며 해맑게 웃는 지훈이의 얼굴에는 건강한 기운이 돌았습니다. 성장 속도에 맞게 기혈의 균형이 회복된 결과였습니다.

지금까지 살펴본 세 가지 유형은 임상 현장에서 자주 보이는 대표적인 패턴입니다. 하지만 아이들은 한 가지 유형에만 해당되기보다 열이 많으면서도 예민하고 동시에 체력이 부족한 등 복합적인 특징을 지니는 경우가 많습니다. 낮에는 잘 놀고 밥도 잘 먹지만 잠들기 전에는 불안을 표현한다든지, 밤에 땀을 많이 흘리면서도 깨지 않고 자는 등 단일한 틀로 구분하기 어려운 모습이 자주 관찰됩니다. 이는 아이의 체질, 성장 속도, 정서 상태, 생활 습관이 서로 얽혀 끊임없이 영향을 주고받기 때문입니다.

따라서 중요한 것은 유형을 단정하는 것이 아니라 부모의 세심한 관찰력입니다. 아이가 잠들기까지 걸리는 시간, 자는 동안의 움직임, 땀을 흘리는 부위와 성질, 잠에서 깬 뒤의 표정과 반응 같은 작은 단서들이 아이의 몸과 마음 상태를 알려주는 가장 중요한 힌트가 됩니다.

"우리 아이는 어떤 유형일까?"라는 질문보다 "우리 아이는 요즘 어떤 신호를 보내고 있을까?"라는 시선이 훨씬 유용합니다. 이런 관찰의 눈이 부모를 내 아이의 주치의로 성장하게 하고, 아이에게 맞는 수면 환경을 만들어주는 가장 확실한 방법이 됩니다.

자연의 리듬에 순응하는 삶

아이의 수면이 보내는 작은 신호들을 따라가다 보면 그 모든 것이 결국 하나의 큰 흐름으로 이어집니다. 아이의 몸과 마음을 지탱하고 수면을 결정짓는 근본적인 열쇠, 생체리듬(circadian rhythm)입니다. 생체리듬은 단순한 생활습관이 아니라 인체 내부의 생물학적 시계입니다. 연구에 따르면, 우리 몸의 생체리듬은 약 24.2시간의 자율 주기를 가지며 매일 아침, 햇빛이라는 강력한 신호를 통해 조율됩니다. 이를 동조화(entrainment) 또는 위상 재설정이라 부릅니다. 이 덕분에 시차가 큰 나라에 가더라도 며칠 안에 다시 해의 흐름에 맞춰 자연스럽게 생활할 수 있는 것입니다.

이 생체리듬을 형성하는 과정에서 중요한 역할을 하는 것이 바로 눈 속의 특별한 센서 세포입니다. 아침 햇빛이 눈에 들어오면, 이 세포가 뇌에 신호를 보내 멜라토닌(수면 호르몬)의 분비를 멈추게 합니다. 그러면 몸은 '지금은 깨어 있을 시간'이라는 신호를 몸 전체에 전달합니다. 이 세포에는 멜라놉신(melanopsin)이라는 단백질이 들어 있는데, 이는 파란빛(블루라이트, 460~480nm)에 민감하게 반응합니다. 따라서 밤에 스마트폰이나 밝은 조명에서 나오는 푸른빛을 오래 쬐면 멜라토닌 분비가 늦어져 잠드는 시간이 미뤄지고, 깊은 잠으로 이어지기 어려워집니다. 현대 아이들에게 수면장애가 많아진 중요한 이유 중 하나가 바로 이런 생활 환경 변화 때문입니다.

이러한 사실은 이미 수천 년 전부터 강조되어 왔습니다. 계절마다 해가 뜨고 지는 시간이 달라지듯, 기상 시간 또한 이러한 자연의 리듬에 맞추어 달라져야 한다고 보았습니다. 한의학 고전 『황제내경(黃帝內經)』에서는 계절에 따른 자연의 변화에 순응하는 것이 양생(養生)의 핵심이라 하며, 계절별로 적절한 수면과 기상 시간을 제시하고 있습니다.

- 봄·여름: 만물이 왕성하게 활동하므로 늦게 자고 일찍 일어날 것 (夜臥早起)
- 가을: 기운이 수렴하므로 일찍 자고 일찍 일어날 것(早臥早起)
- 겨울: 음기가 충만하므로 일찍 자고 늦게 일어날 것(早臥晚起)

겨울에 늦게까지 자는 것은 게으른 습관이 아닙니다. 이는 음기를 보존하고 신장의 기운을 지키기 위한 자연스러운 순응입니다. 반대로 여름에는 낮 활동이 많아 수면이 줄 수 있지만, 부족한 잠은 낮잠으로 보완할 수 있습니다.

이처럼 현대 생리학의 '빛-멜라토닌-생체시계' 이론과 한의학의 '자연에 순응하는 음양 리듬 조절' 개념은 서로를 보완하며 본질적으로 동일한 메시지를 전하고 있습니다. 부모가 아이의 수면을 위해 할 수 있는 일은 간단합니다. 하루를 햇빛으로 시작하고, 하루의 끝을 어둠 속에서 마무리할 수 있도록 돕는 것입니다. 아침에는 창가에서 햇살을 받으며 인사를 나누고, 저녁이 되면 실내 조명을 낮추고 미디어 기기를 꺼두세요. 잠들기 약 2시간 전부터는 온 가족이 함께 디지털 선셋(Digital Sunset)이라는 이름으로 모든 스크린을 꺼두는 것도 좋습니다. 가벼운 보드게임이나 그림 그리기, 책 읽기처럼 자극을 줄이고 감각을 안정시키는 활동을 잠들기 전 루틴으로 삼아보세요. 이런 작은 습관만으로도 아이의 신경계가 차분히 이완되고, 생채시계가 자연의 리듬에 맞춰집니다. 이것이야말로 부모가 아이에게 줄 수 있는 최고의 수면 선물이 됩니다.

수면의 질은 '얼마나 자느냐.' 못지않게 '언제 자느냐.'에도 크게 좌우됩니다. 아이가 늦게 자더라도 아침에 늦게 일어나 총 수면 시간을 채우면 괜찮다고 생각하기 쉽지만, 수면은 시간의 양으로만 평가할 수 없습니다. 성장호르몬은 밤 10시에서 새벽 2시 사이에 가장 활발하게 분비됩니다. 특히 밤 11시부터 새벽 3시(자시·축시)는 담과 간이 해독과 재충전을 맡는 중요한 시간입니다. 이때 깊은 잠에 들지 못하면 피로가 풀리지 않고, 몸속에 독소가 쌓여 아침이 더 힘들어집니다. 늦게 자고 늦게 일어나는 생활은 생체리듬을 무너뜨려 성장과 건강 모두에 부정적인 영향을 줍니다.

또한 '수면 교육'이라는 개념은 많은 부모에게 압박으로 다가옵니다. 정해진 시간에 눕히고 울어도 안아주지 않는 방식이 모든 아이에게 정답은 아닙니다. 수면 교육에 실패하면 "아이의 수면 문제가 내 탓인가?" 하는 죄책감이 들기도 합니다. 하지만 우리가 익숙하게 접하는 수면 교육의 개념은 사실 서구 문화에 뿌리를 두고 있습니다. 서구에서는 아이를 일찍 재우고 혼자 자게 하는 것을 독립심을 기르는 훈련으로 봅니다. 하지만 동양에서는 늦게 잠들더라도 부모와 함께 자며 정서적 유대를 쌓는 것을 더 중요하게 여겨왔습니다. 이런 차이는 단순한 육아 방식의 문제가 아니라 산업혁명 이후의 노동 구조와 사회적 리듬, 그리고 가족 가치관에서 비롯된 것입니다.

최근에는 두 문화가 서로 영향을 주고받으며 조금씩 변하고 있습니다. 그렇기에 어떤 방식을 따르는지는 그리 중요하지 않습니다. 그보다는 아이의 수면이 충분히 깊고 안정적인지, 그 습관이 가족의 생활과 조화를 이루고 있는지가 핵심입니다. 한의학의 관점에서 본 수면 관리는 '훈련'이라기보다 '조화'에 가깝습니다. 아이의 몸 상태를 살피고, 잠을 방해하는 원인을 풀어주며, 스스로 편안히 잠들 수 있는 환경을 마련해 주는 것, 이것이 진정한 수면 관리의 본질입니다.

부모와 아이가 함께 만드는 밤의 리듬

아이를 키우는 밤은 때로 외롭고 길게 느껴집니다. 한밤중 갑자기 울음을 터뜨린 아이를 안고 거실을 서성이다 보면, 부모는 스스로를 책망하거나 '내가 무엇을 놓쳤을까?' 하고 되묻게 됩니다. 그렇게 흘려보낸 수많은 밤 속에는 아이의 몸과 마음이 전하지 못한 이야기가 담겨 있습니다. 그러니 잠들기 힘들어하거나 자주 깨거나 깊이 자지 못하는 모습은 부모에게 건네는 무언의 신호이자, 함께 호흡을 맞춰보자는 작은 제안일지도 모릅니다. 그것은 문제라기보다, 조율의 시작에 가깝습니다.

낮에는 드러나지 않던 정서와 몸의 상태가 밤이 되면 더 분명히 드러납니다. 열이 많은 날엔 이불을 걷어차고 속상한 날엔 칭얼거림으로 마음을 표현합니다. 부모가 반드시 모든 신호를 해석해내야 하는 것은 아닙니다. 그 움직임을 살피려는 시선과 아이의 리듬을 존중하는 마음가짐이면 충분합니다.

이 장에서 다룬 수면 유형별 원인과 실천법은 아이가 스스로 편안한 잠을 받아들일 수 있도록 부모가 환경을 마련해주는 데 도움이 되는 안내서입니다. 아이의 수면에 있어 억지로 교육하거나 훈련하기보다 함께 리듬을 만들어간다는 마음으로 접근해 보세요. 그럴 때 어느새 아이는 더 깊이 호흡하고, 더 편안히 잠들며, 자신만의 안정된 리듬을 가진 사람으로 자라날 것입니다. 아이의 잠은 단지 아이만의 문제가 아닙니다. 부모와 아이, 그리고 가족 전체가 만들어내는 작은 공명(共鳴)입니다. 오늘 밤, 그 공명이 더 따뜻하게 울리기를 바랍니다.

5.

주의력과 활동성,
뇌와 몸의 균형

❀ ❀ ❀

화창한 4월의 어느 오후, 불안한 얼굴의 엄마와 그와는 대조적으로 호기심 가득한 눈으로 쉴 새 없이 주위를 살피는 남자아이가 진료실에 들어왔습니다. 초등학교에 막 입학한 1학년 아들의 손을 꼭 잡은 엄마의 표정에는 밤새 뒤척이며 쌓였을 걱정의 그림자가 짙게 드리워져 있었습니다.

"교수님, 아이가 수업 시간에 5분도 가만히 앉아 있지 못한대요. 담임 선생님께서 걱정스럽다며 따로 연락을 주셨어요. 밥 먹을 때는 물론이고 숙제를 할 때도 온 집안을 돌아다니는데, 이상하게 스마트폰으로 영상을 볼 때만큼은 몇 시간이고 유령처럼 가만히 있더라고요. 요즘 말하는 '팝콘 브레인'인지, ADHD는 아닌지… 걱정이 돼서 밤에 잠을 잘 수가 없어요."

새 학기 담임교사 상담이 끝나면 불안과 근심을 안고 진료실을 찾는 부모들이 부쩍 늘어납니다. 숨 가쁘게 걱정을 쏟아내는 어머니를 바라보며 겉으로는 차분하게 고개를 끄덕였습니다. 하지만 두 아들을 키우는 엄마로서 그 마음이 얼마나 타들어가는지 잘 알기에 가슴 한편이 저릿하게 아려왔습니다.

첫째가 초등학교 1학년 때, 첫 학부모 참관 수업이라 연차를 내고 설레는 마음으로 학교를 향했습니다. 의젓하게 수업에 참여하는 아들의 모습을 기대했지만 제 예상은 크게 빗나갔습니다. 아이는 수업에 집중하지 못하고 옆 친구와 장난을 치다 담임 선생님의 주의를 거듭 받았습니다. 선생님께서 아이를 지적하시느라 수업의 흐름이 여러 번 끊겼고, 뒤에서 지켜보던 다른 학부모들 사이에서는 "저 아이가 누구지?" 하는 수군거림이 들려왔지요. 그 순간 쥐구멍이라도 들어가고 싶을 만큼 얼굴이 화끈거렸습니다. 당장 문을 열고 교실 밖으로 도망가고 싶은 심정이었습니다. 그때의 저는 한없이 작아지고 괴로워하던 엄마였습니다. 머리로 아는 것과 현실 사이의 거리를 뼈저리게 느낀 순간이었습니다.

이 막막하고 절박한 심정을 누구보다 잘 알기에, 이번 장에서는 '산만함'과 '집중력 저하'라는 이름으로 뭉뚱그려진 아이들의 행동을 한의학의 시선으로 깊이 들여다보려 합니다. 모든 산만함이 곧 '문제'는 아니며, 모든 집중력 저하가 '질병'은 아닙니다. 중요한 것은 아이의 몸과 마음이 보내는 신호를 부모가 올바로 읽어내는 일입니다. 이제 아이의 안정적인 집중력을 길러 주는 여정을 함께 시작해 보시죠.

관찰과 분별: 문제적 산만함 vs 기질적 활발함

'집중력'은 '신기(神氣)'의 작용과 깊은 관련이 있습니다. '신(神)'은 인간의 정신 활동, 사고, 의식을 아우르는 개념이며, 그 근본은 심장(心)에 깃들어 있습니다. 심장이 편안하고 기운이 안정될 때 신(神)이 제 역할을 다해 정신이 맑아지고 하나에 몰두할 수 있습니다.

아이를 이해할 때 꼭 기억해야 할 점은, 아이는 태생적으로 에너지가 넘치는 존재라는 사실입니다. 이를 '양기(陽氣)가 왕성하다'고 표현하지요. 끊임없이 움직이고 활발하게 뛰노는 모습은 지극히 자연스러운 발달 과정입니다. 따라서 어른의 잣대로 이런 생동감을 '산만함'으로 단정해서는 안 됩니다.

또한 아이의 집중력 발달 단계는 나이에 따라 다릅니다. 세 살 전후의 아이는 호기심이 왕성해 한 가지 놀이에 오래 머물기 어렵습니다. 보통 5~7분 정도만 집중할 수 있습니다. 다섯 살 무렵이 되면 흥미 있는 활동에 몰입하기 시작하지만 여전히 쉽게 주의가 분산되어, 평균 10~15분 정도 집중하는 것이 일반적입니다. 초등학교 저학년 아이는 점차 구조화된 학습 환경에 적응하며 15~20분가량 집중할 수 있고, 고학년이 되면 30~40분 정도까지 의식적으로 집중을 유지할 수 있습니다. 물론 이는 어디까지나 평균치일 뿐 아이마다 편차가 있다는 점을 반드시 염두에 두어야 합니다.

그렇다면 언제 아이의 산만함을 단순한 기질이 아니라 '불균형의 징후'로 보아야 할까요? 그 해답은 아이에게 특정 증상이 함께 나타나는지 살펴보는 데 있습니다. 활발한 것을 넘어서서, 평소와 달리 짜증과 분노가 잦아지고, 깊은 잠을 이루지 못하거나 밥을 유난히 거부하며, 식은땀을 많이 흘린다면 이는 몸과 마음의 균형이 흔들리고 있다는 신호일 수 있습니다.

진료실에서 많은 아이를 만나며 깨달은 것은 산만함이 아이마다 전혀 다른 얼굴을 하고 나타난다는 점입니다. 아이의 체질과 몸 상태에 따라 원인과 양상이 달라지므로, 단편적인 행동만으로 성급하게 결론을 내려서는 안 됩니다. 이제 한의학에서는 집중력 저하의 원인을 어떻게 설명하는지 아이의 몸과 마음에서 일어나는 변화와 함께 차근히 짚어보겠습니다.

첫 번째 원인은 '**담화요심**(痰火擾心)'이라 부릅니다. 이는 마음을 주관하는 심장(心)에 불(火)이 과도하게 쌓여 정신(神)을 흔드는 상태를 말합니다. 촛불이 거센 바람에 흔들리듯 마음이 불안정해 한곳에 머물지 못하는 모습이지요. 현대 아이들에게서 흔히 나타나는 유형입니다. 과도한 학업 스트레스와 심리적 갈등 같은 정신적 자극과 스마트폰이나 태블릿 PC에서 쏟아지는 강렬한 시청각 자극은 모두 '화(火)'의 속성을 가집니다. 이런 자극에 지속적으로 노출되면 심장이 과열되어 아이는 쉽게 흥분하고 집중력을 잃게 됩니다. 이 유형의 아이는 쉴 새 없이 움직이고 말을 많이 하며, 행동이 부산스러워 보입니다. 작은 일에도 짜증을 내거나 화를 참지 못해 큰소리를 지르는 경우가 잦습니다. 얼굴과 머리 같은 상체에 땀이 유난히 많고, 잠자리에 들어도 30분 이상 뒤척이며 험한 꿈을 꾸거나 자주 깨기도 합니다.

두 번째 원인은 '**심비양허**(心脾兩虛)'입니다. 심장(心)은 혈액(血)에 의존해 정신 활동을 유지합니다. 그런데 혈이 부족하면 심장이 충분한 영양을 공급

받지 못해 정신이 활력을 잃고 집중력이 떨어집니다. 이때 혈의 생성에 중요한 역할을 하는 장부가 비위(脾胃)입니다. 비위는 음식을 소화해 몸에 필요한 기혈(氣血)을 만들어내는 '에너지 공장'이자, 동시에 생각(思)을 주관하는 기관입니다. 비위가 약하면 심장과 뇌로 가는 영양 공급이 부족해지고, 아이는 생각할 힘을 잃어 집중력이 저하됩니다. 연료가 부족한 자동차가 언덕을 오르지 못하는 모습에 비유할 수 있습니다. 필요한 에너지가 채워지지 않으니 뇌가 제 기능을 발휘하지 못하는 것입니다. 아침밥을 거르거나 식사 시간이 불규칙한 습관, 인스턴트나 밀가루 음식의 잦은 섭취는 이 에너지 공장의 가동을 멈추게 하는 대표적인 원인입니다. 이 유형의 아이는 조금만 움직여도 쉽게 지치고 "힘들다."는 말을 자주 합니다. 멍하게 있거나 불러도 바로 대답하지 못할 때가 많으며, 식사 시간이 길어 한 숟가락을 입에 문 채 30분 이상 버티는 경우도 흔합니다. 얼굴빛이 누렇거나 창백하고 입술에 혈색이 없는 것도 특징입니다. 활동적인 놀이보다는 앉거나 눕고 싶어 하는 경향이 있습니다. 또한 배가 자주 아프고 변이 무르거나 변비가 생기기도 합니다.

세 번째 원인은 '**신허간항**(腎虛肝亢)'입니다. 신장(腎)은 뇌의 근본적인 영양분인 정기(精氣)와 진액을 담당합니다. 신장의 음(陰)이 부족하면 간(肝)의 양(陽)이 상대적으로 강해져 신경계가 흥분하고 과민해집니다. 이때 아이는 쉽게 산만해지고 충동을 조절하지 못하며, 집중이 분산되기 쉽습니다. 마치 브레이크가 약해진 자동차와 같습니다. 브레이크(신음)는 제 기능을 못하는데, 엑셀(간양)만 세게 밟으니 속도 조절이 안 되는 것이지요. 이런 상태에서는 뇌에 열이 더해져 생각이 과도해지고 불안이나 초조, 분노가 함께 나타날 수 있습니다. 결국 논리적인 사고와 안정된 집중이 어려워집니다. 이 유형의 아이는 머리가 맑지 않아 "머리가 아프다."는 표현을 자주 합니다. 눈이 쉽게 충혈되고 코피를 자주 흘리며, 입이 마르고 입술도 건조한 것도 흔히 보이는 특징입니다.

집중력, 아이 탓이 아니었습니다

둘째 아들은 어려서부터 블록 쌓기에 재능을 보였습니다. 여섯 살이었던 아이가 몇 시간이고 꼼짝 않고 앉아 설명서도 없는 복잡한 성을 만들어내는 모습을 보며, 남편과 저는 감탄을 금치 못했습니다. 하지만 책 읽기 시간만큼은 달랐습니다. 동화책을 펼치기만 하면 5분도 지나지 않아 몸을 비비 꼬거나 딴청을 부리기 일쑤였습니다.

"블록 쌓기는 그렇게 잘하면서 왜 책만 보면 그러니? 하기 싫어서 그러는 거지? 명백한 선택적 집중이야."

아이의 '의지'를 탓하며 매섭게 꾸짖었습니다. 집중력이란 하기 싫은 일도 끈기 있게 해내는 능력이라고 굳게 믿었기 때문입니다. 아이의 행동을 '몸의 문제'가 아닌 '의지의 문제'로 몰아세우고 있었던 것입니다.

그러던 어느 날, 무심코 아이의 컨디션을 적어두던 육아 일기에서 놀라운 패턴을 발견했습니다. 피자나 과자, 아이스크림 같은 음식을 먹은 날 저녁이면 밤새 칭얼거리고, 다음 날 아침이면 눈 밑이 푸르스름해지며 평소보다 훨씬 더 산만하고 짜증이 심해졌습니다. 맑은 장국에 밥을 말아 먹고 과일로 간식을 대신한 날에는 비교적 차분하게 앉아 있는 시간이 늘어났습니다.

아들의 집중력 문제가 '의지'나 '정신력'이 아니라 '몸의 상태'와 긴밀하게 연결되어 있었던 것입니다. 소화기가 약한 아이가 부담스러운 음식을 먹으면, 몸의 에너지가 소화하는 데 대부분 쓰이게 됩니다. 그러면 뇌로 가야 할 영양분이 충분히 공급되지 않아 머리가 무겁고 집중력이 떨어지지요. 머릿속은 배터리가 방전된 듯 둔하고 흐려지니, 집중하지 못하는 것은 어쩌면 너무나 당연한 일이었습니다.

그날 이후 아이의 행동을 단순한 버릇이나 의지 부족으로 바라보지 않게 되었습니다. 아이가 보여주는 산만함 뒤에는 언제나 몸의 상태와 연결된 배경이 있다는 사실을 깨달았습니다.

우리 집 '집중력 발전소' 만들기

아이의 유형과 원인을 이해했다면 이제 가정을 '집중력 발전소'로 바꿔볼 차례입니다. 매일 올리는 밥상과 잠자리, 그리고 사소한 스킨십 속에도 아이의 집중력을 키우는 강력한 힘이 숨어 있습니다.

식치(食治): 뇌를 깨우고 마음을 안정시키는 음식

음식은 아이의 몸과 마음에 가장 직접적인 영향을 미칩니다. 뇌를 맑게 하고 심장을 편안하게 해주는 음식은 곧 집중력을 위한 최고의 보약이지요. 용안육, 백복신, 대추 같은 재료는 불안한 마음을 진정시키고 정신(神)을 안정시키는 대표적인 안신(安神) 식재료입니다. 정제당이나 인공첨가물은 몸에 습담과 열을 만들어 정신을 혼탁하게 합니다. 지나치게 찬 음식은 소화기의 양기를 약화시켜 기운 생성을 방해하므로 피하는 것이 좋습니다.

"몸에 좋은 음식은 맛이 없다."는 편견을 깨는 것도 중요합니다. 아이들이 즐겁게 먹을 수 있는 방식으로 건강한 재료를 선물하려는 노력이 필요합니다. 따뜻한 물에 블루베리와 오디, 꿀에 재운 용안육을 함께 갈아 만든 '보랏빛 꿀잠 주스'는 잠들기 힘들어하고 예민한 날에 아이 마음을 편안하게 해주는 훌륭한 선택입니다. 또 밀가루 대신 쌀가루나 아몬드가루로 팬케이크나 쿠키를 만들고, 설탕 대신 잘게 다진 대추나 조청으로 단맛을 내면 건강한 간식이 됩니다. 아이와 함께 만드는 과정 자체가 편식을 고치고 즐겁게 노는 시간이 되기도 합니다.

생활 관리: 몸의 균형이 마음의 안정을 부른다

아이의 집중력을 키우는 데는 생활 관리만큼 중요한 것이 없습니다. 몸의 균형이 잡혀야 마음이 안정되고 마음이 편안해야 비로소 집중할 수 있기 때문입니다.

그중에서도 충분한 수면이 가장 기본입니다. 늦어도 밤 10시에는 잠자리에 드는 것이 좋습니다. 밤 11시부터 새벽 3시는 음(陰)의 기운이 가장 강해지는 시간으로, 이때 깊은 잠을 자야 낮 동안 과열된 심장의 불길이 가라앉고 정신이 온전히 회복됩니다. 늦게 자는 습관이 들면 심장이 충분히 쉬지 못해 다음 날 쉽게 과흥분 상태가 됩니다. 안정적인 집중력을 원한다면 무엇보다 수면 환경을 지켜주는 것이 우선입니다.

다음으로는 디지털 디톡스가 필요합니다. 스마트폰의 화려한 화면과 자극적인 소리는 '불(火)'에 해당합니다. 이 불길은 몸속 음(陰)기를 말려버려 아이를 불안하고 초조하게 만듭니다.

　현대 의학 연구에서도 비슷한 결과가 확인됩니다. 어린 시절과 청소년기의 뇌는 아직 완전히 성숙하지 않아 외부 자극에 매우 민감합니다. 강렬하고 반복적인 자극은 뇌의 구조와 기능을 바꿀 수 있는데, 특히 전두엽의 기능을 떨어뜨릴 수 있다는 보고가 있습니다. 전두엽은 감정을 조절하고 집중력과 판단력, 충동 억제를 담당하는 중요한 부위입니다. 폭력적이거나 자극적인 게임을 장시간 하면 전두엽의 혈류량과 활동이 줄어들어 학업 능력이 저하되거나 감정 조절력이 약해질 수 있습니다.

　우리 집에서는 매주 토요일 저녁을 '디지털 안식일'로 정했습니다. 식사 후 가족 모두 스마트폰을 바구니에 넣어두고 함께 이야기를 나누거나 보드게임을 하며 시간을 보냅니다. 작지만 꾸준한 이 실천이 아이의 뇌에는 진정한 휴식을, 마음에는 안정감을 주는 소중한 시간이 되고 있습니다.

　운동 역시 중요합니다. 아이들의 넘치는 양기(陽氣)는 억지로 제어할 수 없습니다. 건강하게 발산할 길을 만들어주지 않으면, 그 에너지가 안에서 화(火)로 변해 아이를 더 산만하고 예민하게 만듭니다. 하루 30분 이상 햇볕을 쬐며 마음껏 뛰어놀게 해주세요. 흙을 밟고, 바람을 맞고, 땀을 흘리는 과정 자체가 몸속 불길을 식히는 가장 좋은 방법입니다.

　태권도와 유도 같은 규칙적인 수련 운동도 추천합니다. 이런 운동은 단순한 체력 단련을 넘어 몸과 마음을 함께 쓰는 훈련이라는 점에서 특별합니다. 일정한 자세와 호흡을 유지하며 동작을 반복하는 과정에서 아이는 집중력을 기르고, 기술을 익히기 위해 끈기와 인내심을 배우게 됩니다. 상대와

겨루는 과정에서는 자신의 힘을 조절하고 순간적인 충동을 다스리는 규율과 자기절제를 익히게 됩니다. 나아가 에너지를 건강하게 발산하면서 집중력과 자기조절 능력을 기르는 데에도 큰 도움이 됩니다.

또한 달리기, 수영, 자전거 타기, 걷기처럼 심장이 두근거리고 땀이 날 정도의 유산소 운동도 좋습니다. 이런 운동은 뇌 혈류를 늘려 머리를 맑게 하고 집중력을 높이는 데 도움이 됩니다.

운동과 함께 아이의 발달 단계에 맞는 집중력 놀이를 곁들이면 더욱 효과적입니다. 처음에는 5분 정도만 집중할 수 있는 간단한 퍼즐이나 색칠하기, 블록 쌓기 같은 놀이부터 시작합니다. 점차 10분짜리 레고 조립이나 숨은 그림찾기, 동화책 읽기로 늘려가고, 나아가 15~20분 정도의 만들기나 보드게임으로 확장해 보세요. 아이가 감당할 수 있는 시간부터 시작해 성공 경험을 쌓아가면 좋습니다. 억지로 집중을 강요하기보다 잠시라도 몰입했을 때 충분히 칭찬하며 성취감을 느끼게 해주어야 합니다.

마지막으로 하루의 생활 리듬을 일정하게 유지하는 것이 중요합니다. 아침에는 규칙적인 시간에 일어나 간단한 체조로 몸을 깨우고, 영양가 있는 아침 식사와 함께 하루 계획을 나눕니다. 오전에는 집중력이 가장 좋은 시간입니다. 이때 학습이나 창작 활동에 몰입하도록 도와주세요. 점심 식사 뒤에는 잠시 휴식 후 야외 활동이나 친구들과의 놀이 시간을 충분히 보장하는 것이 좋습니다. 저녁에는 가족이 함께 식사하며 하루를 정리합니다. 밤에는 화면을 완전히 차단한 뒤 책 읽기나 그림 그리기처럼 차분한 활동으로 하루를 마무리하고, 일정한 시간에 잠드는 습관을 들입니다.

이렇게 수면, 디지털 관리, 운동, 놀이, 생활 리듬이 균형을 이루면 아이의 몸과 마음은 안정되고, 집중력은 자연스럽게 자라납니다.

스킨십 처방: 엄마 손은 약손, 집중력 지압법

엄마의 따뜻한 손길은 아이의 불안을 달래고 기혈의 순환을 돕는 가장 좋은 처방입니다. 잠자리에 들기 전이나 아이가 유난히 산만하고 불안해 보일 때, 몇 가지 혈자리를 부드럽게 마사지해 주면 도움이 됩니다. 머리 꼭대기 정중앙에 위치한 **백회혈(百會穴)**[4]은 머리를 맑게 하고 집중력을 높여줍니다. 손목 안쪽 주름의 새끼손가락 쪽 오목한 지점에 있는 **신문혈(神門穴)**[5]은 심장의 열을 가라앉히고 마음을 편안하게 합니다.

저는 이 시간을 '잠들기 전 5분, 집중력 마사지'라고 부릅니다. 아이를 편안히 눕히고 조용한 목소리로 오늘 하루 어땠는지 물어보며 시작하지요. "오늘 머리 쓰느라 힘들었지? 엄마가 머리 똑똑해지는 마사지 해줄게."라고 말하며 백회혈을 눌러주고, "마음이 답답하거나 화나는 일이 있었으면 엄마 손 잡고 훌훌 털어버리자."라며 신문혈을 지압해줍니다. 이 짧은 마사지와 대화 속에서 아이는 자신의 몸과 마음이 존중받는다는 느낌을 받으며 안정감을 찾게 됩니다.

---

4 부록 258쪽 참고
5 부록 259쪽 참고

완벽한 해답보다, 함께 걸어가는 여정

진료실이나 강의실에서는 '심화(心火)'와 '비기(脾氣)'의 균형을 자신 있게 강조해 왔습니다. 그러나 집으로 돌아오면 이야기가 달라집니다. 아이스크림을 먹겠다고 떼쓰는 아이 앞에서는 그 모든 이론이 무색해지고 저 역시 그저 갈팡질팡하는 엄마가 되어 버립니다. 정성껏 차린 밥상을 매몰차게 밀어낼 때 허탈함을 느끼고, 밤늦도록 장난을 치며 잠들지 않는 아이를 보며 '이론대로 되는 게 하나도 없구나.' 하며 한숨 지은 날이 많았습니다.

그런 수많은 시간을 겪었기에 당부드리고 싶은 이야기가 있습니다. 이 책에서 소개한 방법들은 모든 아이에게 100% 통하는 만능 해법은 아닙니다. 세상에 똑같은 아이는 단 한 명도 없으니까요. 중요한 것은 완벽한 결과가 아니라 과정 그 자체입니다. 내 아이의 몸과 마음이 지금 어떤 상태인지 관찰하고, 가능한 방법을 한번 시도해 보세요. 혹 실패하더라도 또 다른 방법을 찾아가는 그 여정이 아이를 위한 최고의 처방이라고 믿습니다.

오늘, 아이의 이해할 수 없는 산만한 행동 뒤에 숨어 있는 진짜 목소리에 귀 기울여 보시길 바랍니다. "나 지금 너무 졸려요.", "속이 더부룩해요.", "마음이 불안해요." 같은 작은 신호에 주의를 기울이는 순간, 부모와 아이는 서로를 더 깊이 이해하며 함께 성장하는 길 위에 서게 될 것입니다.

6.

또래보다 작은 아이의 성장 관리

❀ ❀ ❀

진료실 한쪽에서 아이의 키와 체중이 적힌 종이를 한참 바라보던 어머니가 조용히 한숨을 내쉬었습니다. 그 옆에는 작고 마른 몸으로, 아직은 엄마의 걱정을 알지 못한 채 천진한 얼굴을 한 일곱 살 남자아이가 발끝을 꼼지락거리며 앉아 있었습니다. 잠시 고요가 흐른 뒤, 어머니가 조심스럽게 말을 꺼냈습니다.

"교수님, 우리 아이가 반에서 제일 작아요. 친구들보다 머리 하나는 작은 것 같아요."

어머니의 목소리에는 걱정이 깊게 배어 있었습니다. 아이는 반에서 키순서로 맨 앞에 섰고, 또래보다 작은 몸집이 점점 도드라져 보였습니다. 성격이나 지능발달에는 문제가 없는데 키가 작다는 이유만으로 아이가 주눅 들지 않을까 하는 두려움이 어머니의 마음을 짓누르고 있었습니다.

아이의 키는 단순한 숫자가 아니라 부모의 마음속에서 불안과 희망을 가늠하는 중요한 잣대가 되기도 합니다. 성장 상담을 하다 보면, 부모의 걱정은 '키가 작다'는 사실보다 '아이의 미래가 제한되지 않을까?' 하는 두려움에서 비롯되는 경우가 많습니다. 또래와의 비교 속에서 작은 차이가 크게 느껴지고, 그 불안은 아이에게까지 전해집니다.

첫째가 유치원에 다니던 시절, 또래 아이들 사이에서 유독 작아 보이던 아이의 모습이 아직도 선명합니다. '아이마다 성장 속도가 다르다.'는 사실을 머리로는 알고 있었지만, 마음 한구석은 불안으로 가득 차 있었습니다. 그래서 아이의 성장을 걱정하는 부모님을 만날 때면 저 역시 같은 불안 속에 서 있던 순간이 떠올라 깊이 공감하게 됩니다.

이 장은 걱정스러운 부모의 깊은 한숨에 건네는 답장과도 같습니다. 아이의 키를 경쟁의 기준으로만 바라보는 시선을 잠시 내려놓고, 각자의 성장 리듬을 이해하는 관점으로 전환해 보자는 제안입니다. 아이의 성장은 누군가와 비교할 수 없는 오직, 그 아이만의 고유한 드라마이기 때문입니다.

이제 관심의 방향을 아이에게서 부모인 우리에게로 옮겨보겠습니다. 아이의 성장은 주인공이 혼자 만들어가는 이야기가 아니라, 곁에서 지켜보는 부모의 시선과 손길이 함께 얽혀 있는 공동의 무대입니다. 지금부터는 그 무대의 '조연 배우'로서 우리가 어떤 역할을 할 수 있는지, 그리고 아이의 성장을 어떻게 응원할 수 있는지 하나씩 풀어보겠습니다.

성장의 시간표, 네 단계로 읽는 아이의 변화

아이의 성장을 제대로 살피려면, 먼저 성장 과정이 어떤 단계로 이루어져 있는지 이해해야 합니다. 아이의 키는 하루아침에 커지는 것이 아니라 일정한 흐름과 패턴 속에서 자라납니다. 소아·청소년의 성장 시기는 크게 네 단계로 나뉩니다.

첫 번째 단계는 출생부터 만 2세까지로, '제1 성장 급증기'라고 부릅니다. 아이가 세상에 태어나 가장 빠른 속도로 자라는 시기로, 몸의 길이와 체중이 눈에 띄게 늘어납니다. "자고 나면 쑥쑥 큰다."는 말처럼 부모가 아이의 성장 곡선을 보며 놀라게 되는 시기가 바로 이때입니다.

두 번째 단계는 만 2세부터 사춘기 이전까지로, 성장 속도가 한결 완만해지는 시기입니다. 아이는 매년 일정한 폭으로 꾸준히 자라며(평균 4~6cm) 부모가 보기에는 크게 변화가 없는 듯 보여도 차곡차곡 성장의 밑바탕이 쌓여가는 중요한 시기입니다.

세 번째 단계는 사춘기부터 15~16세 무렵까지로, '제2 성장 급증기'라 불립니다. 이 시기에는 키가 빠르게 크고 외모와 체형도 눈에 띄게 변합니다. 부모가 "순식간에 훌쩍 컸다"고 느끼는 시기입니다.

마지막 네 번째 단계는 16세 이후 성숙기에 이르는 시기로, 성장 속도가 점차 느려지고 마침내 멈추게 됩니다. 이때는 키 성장보다는 체형의 균형과 근육, 골격의 성숙이 중심이 됩니다. 아이의 몸이 '성인'으로 완성되어 가는 과정이라 할 수 있습니다.

다음으로 아이의 성장에 큰 영향을 미치는 요인인 유전을 짚어보겠습니다. 아이가 밟게 되는 성장 경로는 부모의 체격과 밀접하게 연결되어 있습니다. 많이 사용하는 계산법이 '부모 신장 중간치(mid parental height)'입니다. 남아는 아버지와 어머니 키를 더한 뒤 13cm를 더하고, 여아는 13cm를 뺀 뒤 2로 나누면 됩니다. 이 수치는 아이가 도달할 수 있는 최종 신장의 대략적인 범위를 보여줍니다.

$$\text{부모 신장 중간치(남아)} = \frac{\text{아버지의 신장(cm)} + \text{어머니의 신장(cm)} + 13\text{cm}}{2}$$

$$\text{부모 신장 중간치(여아)} = \frac{\text{아버지의 신장(cm)} + \text{어머니의 신장(cm)} - 13\text{cm}}{2}$$

성장은 타고난 보물과 차곡차곡 쌓는 적금의 합작품

소아 성장의 원리를 설명할 때 두 가지 축을 이야기합니다. 선천지본(先天之本)과 후천지본(後天之本)입니다. 이 두 가지는 아이의 성장을 이해하는 중요한 토대입니다.

선천지본은 부모에게서 물려받은 '성장의 씨앗'입니다. 아이가 태어날 때부터 지닌 선천적 기운인 유전적 잠재력을 의미합니다. 이는 신(腎)이 주관하는데, 여기서 말하는 신은 단순히 해부학적 장기인 콩팥(kidney)을 지칭하는 것이 아닙니다. 생명의 근본 에너지인 정(精)을 저장하고 관리하는 보이지 않는 생명 시스템 전체를 아우르는 개념입니다. 부모에게서 받은 정이 충실할수록 아이는 뼈대가 튼튼하고 잔병치레가 적으며, 성장 잠재력이라는 든든한 '타고난 보물'을 지니게 됩니다.

유전적 요인은 아이의 키 성장에 중요한 영향을 미칩니다. 그러나 부모가 자주 하는 질문, "저희가 키가 작으니 아이도 작을까요?"에 대한 답은 그리 단순하지 않습니다. 선천적 요소는 출발선일 뿐 그 자체로 성장의 전부를 결정하지 않습니다. 물려받은 보물은 창고에 넣어두는 것이 아니라 어떻게 꺼내 쓰고 가꾸느냐에 따라 그 가치가 달라지기 때문입니다. 여기서 두 번째 축, 후천지본의 의미가 드러납니다.

후천지본은 아이가 태어난 뒤 일상 속에서 쌓아가는 '성장 적금'이라 할 수 있습니다. 여기에는 음식 섭취와 소화·흡수를 통해 얻는 모든 영양과 에너지가 포함됩니다. 이 과정을 주관하는 장기가 바로 비위(脾胃)입니다. 비위는 먹은 음식을 잘게 부수고 소화시켜 몸에 필요한 기(氣)와 혈(血)로 바꾸어 주는 거대한 에너지 공장과 같은 역할을 합니다.

아무리 값진 선천의 보물을 물려받았다 해도 후천의 적금을 매일 성실히 쌓아가지 않으면 그 보물은 빛을 발하지 못합니다. 뼈를 만들고, 살을 붙이며, 키를 키우는 모든 재료는 후천지본, 곧 '밥심'에서 비롯됩니다. 이것이 부모의 노력이 아이의 최종 키와 건강한 성장을 바꿀 수 있는 결정적인 이유이며 우리가 희망을 걸어야 할 지점입니다.

그렇다면 아이의 성장을 위한 이 소중한 '적금'을 어떻게 해야 알차게 쌓아갈 수 있을까요? 여기에는 세 가지 황금 열쇠가 있습니다. 잘 먹기, 잘 자기, 잘 놀기입니다. 단순해 보이는 이 세 가지 습관이 성장의 토대를 든든하게 지켜주는 핵심 비법입니다.

첫 번째 열쇠는 잘 먹기, 비위(脾胃)의 힘을 키우는 것입니다. 여기서 잘 먹는다는 것은 많이 먹는 것을 뜻하지 않습니다. 비위가 제 역할을 다해 섭취한 음식을 찌꺼기 없이 온전한 기(氣)와 혈(血)로 바꾸어낼 수 있어야 합니다. 만약 아이가 자주 체하거나 배가 아프고, 대변이 무르거나 토끼 똥처럼 단단하다면, 비위 기능에 이상이 생겼다는 신호일 수 있습니다.

두 번째 열쇠는 잘 자기, 즉 숙면입니다. 성장호르몬이 밤 10시부터 새벽 2시 사이에 가장 활발히 분비된다는 사실은 널리 알려져 있습니다. 한의학에서는 잠을 혼(魂)의 휴식이라 표현합니다. 자는 동안 낮에 소모된 기혈을 보충하고 정신적 피로를 회복합니다. 깊은 잠을 이루려면 간혈(肝血)이 충분해야 합니다. 간혈이 부족하거나 열이 위로 치밀면 쉽게 잠들지 못하고, 자주 깨며 꿈을 많이 꾸게 됩니다. 얕은 잠은 성장호르몬의 효과를 떨어뜨리고 성장에도 부정적인 영향을 미칩니다.

세 번째 열쇠는 잘 놀기, 몸을 움직이는 활동입니다. 여기서 잘 논다는 것은 단순한 여가가 아니라 성장판을 자극하는 적절한 신체 활동을 뜻합니다. 줄넘기나 점프처럼 수직으로 뛰는 운동은 뼈 양 끝의 성장판을 부드럽게 자극해 성장을 촉진합니다. 또한 즐겁게 뛰어놀면 온몸의 기혈(氣血) 순환이 활발해져 비위에서 만들어진 영양분이 뼛속까지 원활히 전달됩니다. 반대로 스트레스가 쌓이면 기의 흐름이 막히는 기체(氣滯) 상태가 되어 성장을 방해하는 큰 걸림돌이 됩니다.

아이의 키 성장은 유전이라는 씨앗이 생활 습관이라는 토양과 햇볕, 물을 얼마나 균형 있게 받느냐에 따라 달라집니다. 타고난 씨앗만으로는 충분하지 않습니다. 그 씨앗을 잘 키워내는 부모의 돌봄과 환경이 더해질 때 비로소 건강한 성장이 완성됩니다.

성장을 방해하는 세 가지 신호

아이가 잘 크고 있는지 확인하는 첫걸음은 현재의 성장 상태를 객관적으로 살펴보는 일입니다. 아이의 체질과 증상을 종합해 보면 성장 장애는 몇 가지 유형으로 나눌 수 있습니다. 대표적으로 신기부족형, 비위허약형, 기혈부족형이 있습니다.

신기부족형은 성장의 동력이 부족한 경우입니다. 이런 유형의 아이는 또래보다 키와 체중이 작고 쉽게 지치며 활동량이 적습니다. 손발이 차갑고 추위를 많이 타며, 밤에 자주 깨거나 야뇨가 나타나기도 합니다. 얼굴빛이 창백하고 윤기가 없으며, 치아 발달이나 언어 발달이 또래보다 늦게 진행되기도 합니다.

다음으로 **비위허약형**은 음식을 섭취하고 흡수하는 힘이 약한 경우입니다. 이런 아이는 식욕이 없고 편식이 심하며, 조금만 먹어도 배가 부르다고 합니다. 변이 무르거나 소화되지 않은 음식이 나오기도 하며, 자주 체하거나 배가 아프다고 호소합니다. 얼굴빛은 누렇고 근육량이 부족해 보입니다. 감기에 자주 걸리고 회복이 더딘 것도 흔히 관찰됩니다.

마지막으로 **기혈부족형**은 몸 전체의 에너지가 부족한 경우입니다. 이런 아이는 전반적으로 기운이 없고, 집중력이 떨어져 쉽게 산만해집니다. 잠을 많이 자도 피곤해하며, 상처가 잘 아물지 않고 회복력이 떨어집니다. 머리카락이 윤기를 잃고 잘 빠지는 것도 특징입니다.

성장 지연의 양상은 각각 다르게 나타나므로, 아이의 모습을 세심하게 관찰하고 원인에 맞는 접근을 하는 것이 중요합니다.

진료실에서 만난 아이의 성장 차트 속에는 단순한 숫자가 아니라 가족의 사연과 눈물, 기쁨이 함께 담겨 있습니다. 그중 태우의 이야기는 '후천적 노력'이 얼마나 큰 변화를 만들어낼 수 있는지 잘 보여줍니다.

여섯 살 태우는 할머니의 손을 잡고 진료실에 들어섰습니다. 창백하고 누렇게 뜬 얼굴, 힘없이 처진 어깨만 보아도 기운이 없다는 것을 알 수 있었습니다. 옆에서 지쳐 있는 어머니의 표정이 아이의 상태를 더욱 또렷하게 드러냈습니다. 태우가 워낙 밥을 안 먹고 키도 작아, 할머니가 보약이라도 먹여보자며 엄마를 설득해 데려오게 되었다고 했습니다. 태우 어머니는 울먹이며 이야기를 꺼냈습니다.

"교수님, 아이가 밥을 너무 안 먹어요. 하루 종일 쫓아다니며 사정해야 겨우 한두 숟갈 먹을까 말까예요. 밥상에만 앉으면 울고불고 난리가 나요. 우유랑 과자 몇 개로 하루를 버티는 것 같아요. 먹어야 키도 클 텐데, 왜 이러는지 모르겠어요."

태우는 키와 몸무게 모두 몇 년째 하위 10% 미만에 머물러 있었습니다. 진찰해보니 혀에는 하얀 설태가 두껍게 끼어 있었고, 배는 가스로 차 볼록했습니다. 대변은 며칠에 한 번씩 딱딱한 염소 똥처럼 나왔습니다. 전형적인 비기허(脾氣虛)로, 소화기 공장이 거의 멈춰버린 상태였습니다. 음식이 들어와도 에너지로 전환되지 못하고 몸속에 쌓여 독소(담음, 痰飮)가 되면서 식욕을 더 떨어뜨리는 악순환이 반복되고 있었습니다.

치료의 목표는 분명했습니다. 억지로 음식을 밀어 넣는 것이 아니라 멈춰버린 비위(脾胃) 공장을 다시 움직이게 하는 것이었습니다. 비위를 따뜻하게 하고 소화를 도와주는 한약을 처방했습니다. 어머니에겐 의외의 숙제를 내드렸습니다. 그것은 '식단 지도'가 아니라 '식단 포기' 선언이었습니다.

"앞으로 2주 동안은 밥 먹으라고 절대 강요하지 마세요. 대신 간식은 끊고, 아이가 소화하기 편한 맑은 국물이나 숭늉, 부드러운 죽만 주되, 양은 아이가 원하는 만큼만 주세요."

꽉 막힌 공장에 계속 원료를 들이붓는 대신, 잠시 멈추고 청소와 재정비의 시간을 갖는 것이 급선무였기 때문입니다.

2주 뒤, 태우 어머니는 환한 얼굴로 진료실에 들어섰습니다.

"신기하게도 속이 편해졌는지 아이가 '엄마, 배고파.'라고 말하더라고요."

이후 3개월 동안 비위를 보강하는 치료와 함께 자극적이지 않고 소화가 잘되는 음식부터 식단을 차근차근 늘려갔습니다. 길었던 밥상머리 전쟁은 마침내 끝났고 태우는 스스로 밥을 먹기 시작했습니다. 변 상태는 건강한 황금색으로 바뀌었고, 얼굴에는 혈색이 돌며 웃음이 많아졌습니다. 6개월 뒤 성장 클리닉의 한 사이클을 마칠 때 태우의 성장 곡선은 다시 상승하며 따라잡기 성장(catch-up growth)을 보여주었습니다.

성장의 단계마다 달라지는 맞춤 돌봄

아이의 성장은 단순히 키가 크는 과정이 아닙니다. 성장 과정에는 시기마다 다른 발달의 과제가 담겨 있습니다. 따라서 각 성장 단계의 특징을 이해하고 그에 맞는 관리법을 적용해야 합니다.

영유아기(0~2세)는 성장의 기초 체력을 다지는 시기입니다. 이때는 소화기가 아직 미숙해 영양 요구량은 많지만 소화 능력은 제한적입니다. 따라서 비위 기능을 튼튼히 하는 것이 중요합니다. 모유 수유나 적절한 이유식을 통해 영양을 보충하고, 과식을 피하면서 소량씩 자주 먹는 것이 도움이 됩니다. 또한 성장 속도가 가장 빠른 시기인 만큼 충분한 수면을 보장하고 지나치지 않은 적절한 자극을 주어야 합니다.

유아기(3~5세)는 골격 형성이 본격적으로 시작되는 시기입니다. 아이들이 뛰어놀며 운동량이 늘고 식욕도 함께 증가하지요. 이때는 비위만 돌보는 것을 넘어 신기(腎氣), 즉 성장의 동력을 함께 보강하는 것이 필요합니다. 규칙적인 식사와 다양한 영양소 섭취, 충분한 야외 활동, 일찍 자고 일찍 일어나는 건강한 수면 패턴이 골격 발달과 면역력 형성에 큰 도움을 줍니다.

게다가 이 시기는 어린이집과 유치원 같은 단체생활이 시작되면서 잦은 감염에 쉽게 노출됩니다. 몸에서 감염을 해결하느라 에너지를 소모하다 보면 성장은 자연스레 뒤로 밀리게 됩니다. 중이염, 부비동염, 폐렴 같은 오래가는 감염을 앓고 난 뒤에는 성장이 주춤하는 아이를 적지 않게 마주합니다. 큰 감염을 겪은 아이일수록 이후에 따라잡기 성장이 잘 일어날 수 있도록 식사와 수면, 활동량을 더욱 세심하게 관리해 주어야 합니다.

학령기(6~12세)는 다음 성장 급진기를 준비하는 단계입니다. 키가 일시적으로 더디게 자라는 시기지만, 이는 도약을 위한 준비 과정이라 할 수 있습니다. 이때 학습량이 늘어나며 스트레스가 쌓이면 신과 비위의 조화가 흔들려 성장과 정서 발달에 방해가 될 수 있습니다. 따라서 스트레스 관리와 충분한 휴식, 균형 잡힌 영양 섭취, 규칙적인 운동 습관이 꼭 필요합니다.

이 시기부터는 사춘기 발달 상황을 정기적으로 확인해 혹시 이른 사춘기가 시작되는 것은 아닌지 지켜볼 필요가 있습니다. 사춘기 발달과 관련된 내용은 다음 장에서 자세히 정리해 보겠습니다.

아이가 또래보다 작은 것이 모두 병적인 것은 아니지만 어떤 경우에는 반드시 전문가의 진료가 필요합니다. 일상적인 관리만으로 불안이 해소되지 않는 상황이라면 소아내분비과나 한의원에서 정확한 진단을 받아보는 것이 좋습니다.

예를 들어, 성장 장애가 의심되는 경우에는 전문적인 검사가 필요합니다. 키가 1년 동안 4cm 미만으로 자라거나, 성장 곡선이 지속적으로 3백분위수 미만에 머무는 경우가 여기에 해당합니다. 2년 이상 같은 옷을 입을 수 있을 정도로 성장이 정체되거나, 또래보다 머리 두 개 이상 작아 보이는 경우에도 주의가 필요합니다.

다른 신체 증상이 함께 나타날 때는 더욱 주의가 요구됩니다. 심한 식욕 부진과 체중 감소, 사춘기 징후가 뚜렷하게 늦어지는 경우, 만성 질환이나 내분비 질환이 의심되는 경우, 발달 지연이 동반되는 경우는 반드시 전문가의 상담을 받아야 합니다.

가족력 역시 중요한 단서가 됩니다. 성장호르몬 결핍증, 갑상선 질환 등 내분비 질환의 가족력이 있다면, 아이의 성장을 더욱 면밀히 살필 필요가 있습니다.

진료실에서는 아이들의 성장 과정을 차분히 설명할 수 있지만, 저 또한 집으로 돌아오면 여느 부모와 다르지 않습니다. 전문가의 지식이 불안한 엄마의 마음을 달래주지는 않았지요.

육아일기의 한 장면을 꺼내 보겠습니다. 둘째 아이가 세 살 무렵, 모든 음식을 거부하고 오직 흰쌀밥과 김만 고집한 적이 있습니다. '비위(脾胃)의 기운이 약해 새로운 음식을 받아들일 준비가 안 되었나보다. 그래서 소화에 부담 없는 음식만 찾고 있구나.' 분명 머리로는 이해하고 있었습니다. 그러나 밥상을 차려주면 반찬을 모조리 밀어내고 울음을 터뜨리는 아이를 보는 순간, 머릿속 지식은 사라지고 무너지는 '엄마의 마음'만 남았습니다. '이렇게 먹어서 어떻게 클까? 내가 잘못해서 아이를 편식하게 만든 걸까?' 수많은 자책과 불안이 몰려왔습니다.

한동안 괴로움 속에서 허덕이다가 문득 깨달았습니다. 아이에게 지금 필요한 것은 한의사 엄마의 날카로운 진단이 아니라 그저 작은 변화를 놓치지 않고 기다려주는 따뜻한 눈길이라는 사실을요. 그래도 손 놓고 기다릴 수만은 없어 작지만 꾸준히 실천할 수 있는 방법을 찾기 시작했습니다. 그렇게 시작한 것이 하루를 마무리하는 작은 의식, '성장 마사지'였습니다. 거창한 기술은 필요하지 않았습니다. 잠자리에서 "엄마 손은 약손~" 노래를 흥얼거리며 배를 쓸어주고 다리를 주물러 주는 것이 전부였습니다. 그러나 이 단순한 손길은 교감을 넘어 성장에 도움을 주는 혈자리를 자극하는 효과적인 방법이 되었습니다. 잠들기 전 아이를 눕혀놓고 다리의 **족삼리(足三里)**[6] 혈자리를 부드럽게 50회 정도 눌러주었습니다. 족삼리는 무릎뼈 아래 바깥

---

6 부록 260쪽 참고

쪽에서 손가락 너비만큼 아래로 내려간 곳으로, 후천지본인 비위의 기운을 북돋아 주는 대표적인 혈입니다. "여기를 꾹꾹 누르면 밥심이 생기고 키도 쑥쑥 큰단다." 하고 이야기를 들려주며 마사지해 주면 아이는 사랑을 느끼며 편안히 잠들었습니다. 그 사이 몸속의 '비위 공장'은 밤새 힘차게 돌아갈 준비를 하게 되지요. 짧지만 따뜻한 이 5분은 약보다 더 큰 힘을 발휘하는 특별한 처방이 되었습니다.

조급함 대신 따뜻한 관찰을, 불안함 대신 단단한 믿음을

하루를 마무리하며 아이의 다리를 주물러주던 그 짧은 순간 깊이 실감했습니다. 아이의 성장을 돕는 가장 큰 힘은 복잡한 처방이 아니라 조급함을 내려놓고 편안하게 바라보는 부모의 마음이라는 사실을요.

성장을 걱정하기보다 아이가 지금 건강하고 행복하게 자라고 있는지에 집중해 보세요. 키는 자연스럽게 따라옵니다. 부모가 할 수 있는 최선은 규칙적이고 영양가 있는 식사를 챙기고, 충분히 잘 잘 수 있는 환경을 만들어 주며, 마음껏 뛰어놀 수 있게 돕는 것입니다.

아이에게 전할 말도 단순합니다. "너는 지금 이대로도 충분히 소중해.", "키보다 중요한 건 건강한 몸과 마음이야.", "엄마는 네가 어떤 모습이든 사랑해.", "서두르지 않아도 돼. 엄마는 널 믿는단다."

키의 크기로 아이의 가치를 재단할 수는 없습니다. 아이가 자신감을 잃지 않고 건강하게 자랄 수 있도록 옆에서 든든히 지켜줄 때 부모의 존재는 가장 따뜻한 버팀목이 됩니다. 아이의 키를 키운다는 것은 뼈의 길이를 늘리는 작업이 아니라 몸과 마음이 건강하게 자랄 수 있도록 뿌리를 단단히 다져주는 과정입니다.

　아이의 성장에 가장 좋은 묘약은 엄마의 흔들리지 않는 사랑과 꾸준한 정성입니다. 아이는 부모의 믿음을 자양분 삼아 자신만의 속도로 가장 아름답게 자라날 것입니다.

7.

빠른 사춘기와 성조숙증의 신호

❀ ❀ ❀

"엄마, 가슴이 아파요." 여덟 살 딸의 뜻밖의 고백은 많은 부모를 당황하게 만듭니다.

"아직 여덟 살인데 가슴이 나오기 시작했어요. 친구들보다 키도 크고… 혹시 너무 빨리 크는 건 아닐까요?"

"밥도 잘 안 먹고 말랐는데 왜 벌써 가슴이 나오죠? 키가 더 커야 할 시기인데 이러다 성장이 멈추는 건 아닐까요?"

요즘 진료실에서 자주 듣는 고민입니다. 예전에는 초등학교 고학년이나 중학생은 되어야 걱정하던 문제가 이제는 초등학교 저학년 부모들의 가장 큰 근심거리가 되고 있습니다.

아들의 방에서 어른 같은 땀 냄새가 나거나 머리 냄새가 예전과 달라졌을 때도 '이제 크나 보다.', '요즘 잘 안 씻었나?' 하고 대수롭지 않게 넘기기 쉽지만, 사실은 아이의 몸이 보내는 중요한 신호일 수 있습니다.

성조숙증은 더 이상 특별한 이야기가 아닙니다. 코로나 팬데믹을 거치며 아이들의 생활 패턴이 급격히 변한 지금, 그 어느 때보다 가까이 다가온 현실입니다. 최근 10년 사이 성조숙증으로 병원을 찾는 아이가 약 3배 가까이 늘었습니다.

'내 아이에게 너무 이른 변화가 찾아왔다.'는 두려움 앞에서 부모는 속수무책이 되기 쉽습니다. 이 장에서는 그 불안을 덜어내고 걱정을 구체적인 실천으로 바꿀 수 있는 길을 찾아가겠습니다. 흔들리지 않고 아이의 가장 든든한 성장 멘토가 되어주는 여정을 굳건히 이어가 봅시다.

사춘기 시작을 알리는 미묘한 변화들

성조숙증을 제대로 이해하려면 정상적인 사춘기 발달 과정을 알아야 합니다. 그래야 언제가 '너무 이른 변화'인지, 무엇이 '주의해야 할 신호'인지 분명히 알 수 있기 때문입니다.

여아의 사춘기는 보통 가슴 몽우리 발달로 시작하며, 이후 음모가 이어서 자랍니다. 그 과정에서 난소와 자궁이 커지고 자궁 내막과 질 점막도 두꺼워집니다. 사춘기 시작 후 2년~2년 반 동안은 키가 빠르게 자라는데, 이 급성장기를 지난 후 초경이 나타납니다. 초경 전에 맑은 질 분비물이 생기는 것도 흔한 변화입니다.

남아의 경우에는 고환의 크기가 커지는 것이 첫 신호입니다. 이후 6~8개월쯤 지나면 음모가 자라고, 이어서 성기(음경)도 점차 발달합니다.

성조숙증은 만 8세 이전의 여아나 만 9세 이전의 남아에게서 2차 성징이 나타나는 경우를 말합니다. 가슴 몽우리 발달, 고환의 크기 증가, 음모 발달, 급격한 키 성장 등이 대표적인 지표입니다. 이러한 조기 발달은 시기가 빨라지는 데서 그치지 않고 성장판이 일찍 닫혀 최종 성인 키에 영향을 줄 수 있습니다. 아이가 심리적·정서적으로 혼란을 겪을 가능성도 있습니다. 부모 입장에서는 당연히 크게 염려될 수밖에 없습니다.

그렇다면 부모는 내 아이의 이른 사춘기 시작을 어떻게 알아차릴 수 있을까요? 가슴이 발달하거나 키가 급격히 크는 뚜렷한 변화보다 훨씬 이른 시기에 더 미묘한 신호가 나타납니다. 진료실에서 만난 아이들을 보면 공통적으로 나타나는 패턴이 있습니다.

먼저 신체적 변화입니다. 목욕을 시킬 때 이전과 달리 몸에서 어른 같은 냄새가 나기 시작합니다. 특히 겨드랑이나 머리에서 변화가 나타납니다. 식욕이 갑자기 늘어나는 것도 특징입니다. "요즘 우리 애가 너무 많이 먹어요."라는 부모님의 표현 속에는 단순히 양만 늘어난 것이 아니라 기름진 음식이나 단 음식을 유난히 찾는 변화도 담겨 있습니다. 한편, 수면 패턴이 달라지기도 합니다. 늦게 자고 늦게 일어나거나, 밤에 잠들기 어려워하기도 합니다. 성장호르몬과 성호르몬의 분비 리듬이 바뀌면서 나타나는 현상입니다.

감정의 변화가 두드러지게 나타나는 것도 특징입니다. 사소한 일에도 울음을 터뜨리거나 갑자기 화를 내는 등 예민한 반응이 잦아집니다. 몸의 성장 속도가 너무 빠르게 앞서가다 보니 감정을 조절하는 힘이 따라가지 못하기 때문입니다. 또한 또래와 다른 변화를 의식하기 시작하는 것도 부모가 눈여겨봐야 할 부분입니다. "엄마, 나만 이상한 건 아니야?"라는 질문 속에는 이미 혼란과 불안이 스며 있습니다.

겉으로 드러난 변화 뒤에 숨은 세 가지 불균형

눈에 보이는 변화만으로는 성조숙증의 전모를 다 이해하기 어렵습니다. 겉으로 드러난 신호 뒤에는 언제나 보이지 않는 원인이 숨어 있기 때문입니다. 이 보이지 않는 뿌리를 찾아내는 것이 한의학의 강점입니다.

한의학은 성조숙증을 단순히 발달이 '빠른 현상'으로 보지 않습니다. 왜 아이의 몸이 자연의 시간표를 앞질러 달리게 되었는지, 그 근본 원인을 밝히는 데 더 큰 무게를 둡니다. 아이의 성장을 위협하는 요인은 크게 세 가지로 설명됩니다.

첫 번째 요인은 '**신음부족(腎陰不足)**'입니다. 몸속을 식혀주고 성장을 조율하는 신장(腎)의 음(陰)이 부족해지면서, 그 반작용으로 불의 기운이 과도하게 치솟는 상태를 말합니다. 음과 양의 균형이 무너지면 신장이 내분비계의 조절 기능을 제대로 해내지 못합니다. 그 결과 성호르몬 분비를 조절하는 뇌하수체와 시상하부의 기능이 일찍 활성화되어 성조숙증이 나타날 수 있습니다.

늦은 밤까지 이어지는 학원 수업과 스마트폰, 잦은 잔병치레, 과도한 스트레스 같은 생활 습관은 아이의 음액을 더욱 빠르게 고갈시키는 원인이 됩니다. 이 유형의 아이는 손발이 뜨겁고, 밤에 땀을 많이 흘리거나 자주 깨고 잠꼬대가 심한 편입니다. 또한 예민하고 짜증을 잘 내는 모습이 자주 관찰됩니다.

성조숙증을 앞당기는 불씨는 몸뿐 아니라 마음에서도 비롯됩니다. 스트레스로 인해 뭉친 기운이 열로 바뀌는 '**간기울결(肝氣鬱結)**' 때문입니다. 간(肝)은 감정과 스트레스를 조절하고 전신의 기운을 순환시키는 중요한 기관입니다. 감당하기 힘든 학업 스트레스, 친구와의 갈등, 급격히 늘어난 미디어 노출은 이 기운의 흐름을 점점 막아버립니다. 댐에 갇힌 물이 썩듯 소통되지 못하고 뭉쳐버린 기운은 시간이 지날수록 뜨거운 '습열(濕熱)'로 변합니다. 이 열은 위로 치솟아 두통이나 안구 건조, 어깨 뭉침을 일으킵니다. 또한 뇌의 시상하부를 자극해 사춘기 스위치를 조기에 작동시킵니다. 평소 한숨을 자주 쉬거나, 감정 기복이 크고 사소한 일에도 화를 잘 내는 아이에게서 이러한 경향을 자주 확인할 수 있습니다.

세 번째 요인은 생활 습관에서 비롯됩니다. 잘못된 식습관과 운동 부족은 몸속에 노폐물을 쌓이게 하여 '**비허습담(脾虛濕痰)**'으로 이어지게 합니다.

습담은 소화되지 못한 음식물이나 체액이 정체되어 생기는 끈적한 노폐물을 뜻합니다. 성조숙증의 중요한 원인 중 하나이자, 아이들의 일상과 밀접하게 연결된 문제이기도 합니다. 최근 가공식품 섭취가 폭발적으로 늘면서 아이들의 입맛은 점점 더 달고 기름진 음식에 길들여졌습니다. 이런 음식들은 소화기인 비위에 큰 부담을 주어 습담을 쌓이게 하는 주범이 됩니다. 여기에 야외 활동까지 부족하게 되면, 몸에서 노폐물을 처리하는 능력이 크게 떨어집니다.

몸속에 쌓인 습담은 기혈 순환을 방해하고 체지방을 축적시키는데, 특히 지방 세포에서 성호르몬(에스트로겐) 합성이 촉진되어 조기 사춘기를 유발

한다는 점이 문제입니다. 습담으로 인해 비만해진 아이는 또래보다 이른 사춘기를 맞이할 수 있습니다. 아침에 유독 몸이 무겁고 일어나기 힘들어하며, 머리나 얼굴에 기름기와 땀이 많은 아이는 습담이 쌓여 있을 가능성이 높습니다.

과거에는 '영양 과잉'을 성조숙증의 주원인으로 꼽았습니다. 하지만 진료실에서 만나는 많은 아이를 보면 영양 과잉보다 더 큰 문제는 '영양의 불균형', '만성적인 스트레스', '잘못된 생활 습관'이라는 삼각 구조입니다. 잘 먹지 못해 마른 아이도 스트레스와 수면 부족으로 성조숙증을 겪을 수 있고, 운동이 부족한 채 고칼로리 음식만 즐기는 아이도 성조숙증의 급행열차에 오르게 됩니다. 이제 부모의 관심은 "무엇을 먹일까?"보다 "어떻게 균형을 맞추고 건강하게 비워낼까?"로 전환되어야 합니다.

최근 연구에 따르면, 비만으로 인해 몸에 지속적으로 쌓이는 낮은 단계의 염증이 시상하부에 신경염증을 일으켜 시상하부-뇌하수체-성선축(hypothalamic-pituitary-gonadal axis, HPG축)을 조기 활성화시키는데, 이것이 성조숙증을 유발한다고 합니다. 심리적, 환경적 스트레스 역시 HPG축을 자극하여 사춘기를 앞당길 수 있다는 보고가 다수 있습니다.

오래전부터 전해 내려온 '열과 염증', '균형 상실'의 개념은 현대 과학이 밝힌 대사성 염증, 호르몬 불균형, 신경내분비계의 조기 활성화와 맞닿아 있습니다. 이는 한의학적 통찰이 현대 의학이 뒤늦게 확인하고 있는 중요한 생리학적 사실임을 보여주고 있습니다.

책 속 이론은 진료실에서 만나는 아이들에게 닿을 때 비로소 생명력을 얻습니다. 지난 몇 년간 만나온 수많은 아이의 기록 속에는 성조숙증이 얼마나 다양한 모습으로 나타나는지, 또 어떤 실마리로 균형을 되찾을 수 있는지가 고스란히 담겨 있습니다. 이제 두 아이의 이야기를 통해 한의학적 진단과 생활 관리가 어떻게 아이의 성장 시계를 제자리에 돌려놓는지 구체적으로 살펴보겠습니다.

마르고 예민한 아이, 잠을 깊이 못 자요

초등학교 1학년 채원이는 반에서 키가 가장 컸지만, 몸무게는 20kg에 불과한 마른 체형이었습니다. 잔뜩 상기된 얼굴로 진료실에 들어선 어머니는 다급하게 말을 쏟아냈습니다.

"교수님, 우리 애는 밥도 잘 안 먹고 이렇게 말랐는데 벌써 가슴에 멍울이 잡혔어요. 잠도 깊이 못 자고 밤새 뒤척이며 땀으로 옷을 흠뻑 적시고요. 원래도 예민했는데 요즘은 짜증이 더 늘어서 정말 어떻게 해야 할지 모르겠어요."

아이를 진맥해보니 맥은 빠르게 뛰고, 혀는 전체가 붉으며 설태는 거의 없어 매끈했습니다. 몸속 진액이 말라 열이 위로 뜬 전형적인 신호였지요. 배를 눌러 진찰해 보니 명치 아래가 단단하게 뭉쳐 있어 아이가 쌓아온 스트레스와 화(火)를 짐작할 수 있었습니다. 문진 결과 채원이는 잠들기 직전까지 학습용 태블릿을 보고, 잠든 후에는 두세 번씩 깨어나는 불안정한 수면 패턴을 가지고 있었습니다. 종합적으로 보았을 때 채원이의 성조숙증은 만성적인 수면 부족과 스트레스가 만들어낸 신음부족이 핵심 원인이었습니다.

치료의 목표는 사춘기 진행을 멈추게 하는 것이 아니라, 아이가 스스로 균형을 되찾도록 돕는 것이었습니다. 진액을 보충하고 열을 식혀주는 생지황, 지모, 황백 등의 약재를 중심으로 한약을 처방했습니다. 가장 중요한 치료는 '수면 교육'이었습니다. 잠들기 한 시간 전에는 모든 전자기기를 끄고, 엄마와 함께 조용한 음악을 듣거나 책을 읽으며 하루를 마무리하도록 했습니다. 또한 저녁 식사 후에는 아파트 단지를 산책하며 몸의 긴장을 풀도록 생활습관을 조정했습니다.

6개월이 지나자 채원이에게 반가운 변화가 찾아왔습니다. 밤중에 깨는 횟수가 눈에 띄게 줄었고, 손발이 뜨겁고 식은땀을 흘리는 증상도 사라졌습니다. 가슴 몽우리는 더 커지지 않고 부드러워졌습니다. 채원이는 성장 시계를 억지로 멈춘 것이 아니라 스스로 성장 속도를 조절할 힘을 되찾은 것이었습니다.

통통하고 땀 많은 아이, 햄버거를 가장 좋아해요

초등학교 3학년 영석이는 태권도를 주 3회나 다니는 활동적인 아이였지만, 키 135cm에 몸무게는 48kg에 육박하는 과체중 상태였습니다. 어머니는 진료실에 들어서자 깊은 한숨과 함께 고민을 털어놓았습니다.

"운동을 하는데도 살이 계속 찌고, 머리에서는 쉰내가 나기도 해요. 요즘은 배도 아프다 하고 이마와 코 주변에 여드름 같은 게 올라오기 시작했어요. 식단 조절을 하려 해도 아이가 햄버거랑 치킨을 너무 좋아해서 못 먹게 하면 전쟁이에요. 도무지 이기질 못하겠어요."

문진과 검사를 이어가자 원인은 뚜렷했습니다. 영석이는 전형적인 습담(濕痰) 유형이었습니다. 일주일에 네 번 이상 배달 음식이나 패스트푸드를 먹고 있었고, 체성분 분석에서는 근육량에 비해 체지방률이 지나치게 높게 나왔습니다. 혀를 살펴보니 전체적으로 부어 가장자리에 치아 자국이 선명했고, 두꺼운 백태가 끼어 있었습니다. 몸속에 습담이 가득하다는 명백한 증거였습니다.

치료의 핵심은 몸속에 쌓인 불필요한 노폐물인 습담을 걷어내고 막힌 기혈 순환을 뚫어주는 것이었습니다. 율무, 인진, 창출 같은 약재로 소화기의 부담을 덜고 습담을 배출시키는 한약을 처방했습니다. 하지만 무엇보다 필요한 것은 '식단 혁명'이었습니다. "햄버거 절대 금지!" 같은 선언 대신 '주말 점심은 영석이가 셰프가 되어 메뉴 정하기'와 같은 구체적이고 현실적인 목표를 세웠습니다. 배달 음식은 주 1회로 줄이고, 매일 식탁에 채소 반찬을 두 가지 이상 올리는 '우리 집 규칙'을 만들어 실천했습니다. 처음에는 투덜대던 영석이도 몸이 가벼워지는 것을 느끼자 차츰 새로운 식단에 적응해 갔습니다.

6개월 뒤, 영석이에게 뚜렷한 변화가 나타났습니다. 체지방은 4kg 가까이 줄었고, 복통도 사라졌습니다. 얼굴의 과도한 피지 분비가 감소하면서 피부도 깨끗해졌습니다. 성장 속도는 조금 완만해졌지만 키는 꾸준히 자라 한결 건강하고 다부진 체격을 갖추게 되었습니다. 몸속의 방해물인 습담을 제거해주자 아이의 몸이 스스로 최적의 성장 궤도를 찾아간 것입니다.

진료실에서의 치료만으로는 아이의 성장 시계를 되돌리기에 충분하지 않습니다. 하루하루 아이와 함께 보내는 집 안에서의 생활이 균형을 만들어 갑니다. 진료실에서보다 집에서 두 아이의 엄마로 살아가는 시간이 훨씬 길기에 생활 관리의 필요성을 절실히 느낍니다.

전문가의 입장에서는 "플라스틱 용기의 환경호르몬을 피하고, 유기농 식재료를 쓰세요."라고 쉽게 말할 수 있습니다. 그러나 엄마로 살다 보면 매일 쏟아지는 플라스틱 장난감과 배달 음식 용기를 완전히 차단하는 일이 현실적으로 얼마나 어려운지 누구보다 잘 알게 됩니다. 그래서 저는 '완벽한 엄마' 대신 '현명한 관찰자'이자 '현실적인 실천가'가 되기로 마음먹었습니다. 우리 집을 아이의 건강한 성장을 위한 작은 연구소로 삼아, 지극히 현실적인 실천 가이드를 만들었고, 지금부터 그것을 공유하려 합니다.

완벽함 대신 균형, 화(火)와 습담(濕痰)을 빼는 주간 식단

"오늘부터 치킨, 피자 절대 금지!" 같은 선언은 백전백패입니다. 아이와의 끝없는 전쟁을 시작하는 대신 먹는 습관에서 '더하고 **빼는** 지혜'를 발휘하는 것이 현명합니다.

원칙은 간단합니다. 주말에는 아이가 기다리는 치킨 파티를 열어주되 평일 저녁 식사는 기름기를 **뺀** 한식 위주로 속을 편하게 다스리는 것입니다. 이렇게 '치팅 데이'를 정해 아이의 욕구를 존중하면서도 나머지 날은 의도적으로 가볍고 담백한 식단으로 균형을 맞추는 것입니다. 맑은 된장국, 미역국, 콩나물국 같은 국물 요리에 제철 나물을 곁들이면 자연스럽게 섬유질과 비타민을 보충할 수 있습니다.

몸의 열을 가라앉히는 음식도 도움이 됩니다. 오이, 녹두, 메밀은 대표적인 '화(火)'를 식히는 재료입니다. 여름철에는 오이냉채를 상에 올리고, 간식으로 삶은 녹두에 꿀을 살짝 곁들이면 아이도 거부감 없이 먹을 수 있습니다. 몸속 습담을 빼는 데는 팥, 율무, 늙은 호박이 좋습니다. 밥을 지을 때 팥이나 율무를 한 줌 섞거나, 늙은 호박을 쪄서 꿀과 함께 주면 훌륭한 간식이 됩니다.

스킨십과 교감을 한 번에, 성장점 마사지

아이의 성장은 밥상 위 음식만으로 이뤄지지 않습니다. 하루의 끝, 엄마의 짧은 손길도 훌륭한 보약이 됩니다. 잠들기 전 10분간 이어지는 마사지 시간은 몸의 기혈 순환을 돕고 성장판을 자극하며, 무엇보다 아이와 마음을 나누는 소중한 시간이 됩니다. 부드럽게 쓰다듬고 눌러주며 "오늘 하루는 어땠니?", "힘든 일은 없었니?" 하고 묻는 대화 속에서 아이의 몸과 마음이 동시에 이완됩니다.

도움을 줄 수 있는 혈자리로는 **삼음교(三陰交)**[7]가 있습니다. 이 혈자리는 발목 안쪽 복숭아뼈에서 손가락 네 개 위 지점에 위치합니다. 이름 그대로 세 가지 중요한 경락이 만나는 자리로 비장과 간, 신장의 기능을 도와주는 혈자리입니다. 호르몬의 균형을 맞추는 데에도 자주 활용됩니다. 위치를 찾았다면, 엄지손가락으로 5초 정도 지그시 눌렀다가 떼는 동작을 10번 반복해 주세요.

또 하나 기억해 두면 좋은 혈자리는 **신수(腎俞)**[8]입니다. 아이가 허리를 숙였을 때 가장 도드라져 보이는 척추뼈가 둘째 허리뼈인데, 이 지점을 기준으로 척추 중앙에서 좌우로 손가락 두 개 정도 떨어진 곳이 신수혈입니다.

---

7 부록 260쪽 참고
8 부록 259쪽 참고

성장을 주관하는 신장의 기운을 북돋아 뼈를 튼튼하게 하고, 생식 기능이 조화롭게 발달하도록 돕는 혈자리입니다. 양손을 비벼 따뜻하게 만든 후 허리 양쪽의 신수혈을 부드럽게 30회 정도 문질러 주면, 몸뿐 아니라 마음까지 포근해지는 것을 느낄 수 있습니다.

"네 잘못이 아니야", 아이의 마음을 보듬는 대화법

몸을 돌보는 손길이 성장에 약이 되듯, 마음을 다독이는 한마디 말도 아이에게는 큰 힘이 됩니다. 성조숙증으로 인한 변화는 아이에게 혼란과 수치심을 불러올 수 있습니다. 이때 부모의 역할은 불안을 잠재우고 아이가 자신의 몸을 긍정적으로 받아들일 수 있도록 돕는 것입니다. 아이의 눈을 바라보며 마음을 읽어주는 따뜻한 말은 어떤 처방보다도 깊은 위로가 됩니다.

예를 들어, 아이가 가슴 통증을 호소할 때는 이렇게 말해줄 수 있습니다.

"그랬구나, 가슴이 아파서 많이 놀랐겠다. 그건 네가 건강하게 잘 크고 있다는 신호란다. 몸이 어른이 될 준비를 조금 일찍 시작한 것뿐이지 네 잘못은 절대 아니야. 앞으로 키도 쑥쑥 크고 멋있어지려고 그러는 거야."

또 병원에 가야 할 때는 이렇게 설명해 주세요.

"몸이 지금 잘 크고 있는지, 혹시 너무 빨리 달리고 있는 건 아닌지 의사 선생님이랑 같이 점검해보려고 가는 거야. 자동차도 정기적으로 점검받듯이 우리 몸도 더 건강해지려고 확인하는 거란다. 엄마 아빠가 항상 옆에 있을게."

아이의 몸뿐 아니라 마음의 성장을 함께 돌볼 때, 부모는 비로소 아이의 진정한 성장 동반자가 될 수 있습니다.

하지만 아무리 집에서 세심히 관리하더라도 부모의 손만으로는 해결하기 어려운 순간이 찾아옵니다. 생활 습관을 바로잡고 한의학적 돌봄으로 균형을 돕는 것이 기본이지만 때로는 전문가의 진단과 치료가 반드시 필요합니다. "이 정도는 괜찮겠지." 하고 넘기다 보면 아이의 성장 골든타임을 놓칠 수 있기 때문에 부모가 스스로 경계선을 알아두는 것이 무엇보다 중요합니다.

다음과 같은 경우에는 병원 진료가 필요합니다.

여아가 만 8세 이전, 남아가 만 9세 이전에 가슴이 발달하거나 고환의 크기가 커지는 2차 성징이 나타날 때는 반드시 전문가의 확인이 필요합니다. 또 1년 사이 키가 10cm 이상 급격히 자라는 경우도 성장 속도가 빨라지고 사춘기가 시작되었다는 신호로 볼 수 있습니다.

엑스레이 검사로 확인하는 뼈나이(골연령)가 실제 나이보다 2년 이상 앞서 있는 경우, 혹은 아이가 심한 스트레스나 우울감을 호소할 때도 반드시 진료를 받아야 합니다.

집에서의 관찰과 관리가 '첫 번째 방어선'이라면, 지금 살펴본 기준들은 전문가에게 도움을 청해야 하는 '적신호'입니다.

놓치기 쉬운 아들의 사춘기

진료실에 있다 보면 다양한 사연을 만나게 됩니다. 그런데 그중에서도 유난히 안타까운 경우가 있습니다. 바로 사춘기 후반에 이르러서야 병원을 찾는 남자아이들입니다. 여자아이들은 사춘기 시작을 알리는 사인으로 가슴 몽우리가 비교적 뚜렷하게 드러나고, 성장 급증기의 후반부 또한 초경이라는 명확한 신호로 확인할 수 있습니다. 반면 남자아이들의 사춘기 첫 신호인 고환의 크기 변화는 부모가 알아차리기 쉽지 않습니다. 어릴 때는 부모가 직접 씻겨주지만, 아이가 자라면서는 혼자 씻게 되니 신체 변화를 놓치기 쉬운 것이지요. 그래서 남자아이들은 사춘기가 시작된 지 한참이 지난 뒤, 급성장기 후반에 들어서야 키가 잘 크지 않는다고 느끼며 병원을 찾는 경우가 많습니다.

"남자는 군대에 가서도 큰다는데 우리 아이도 늦게 크나 보다." 하고 기다리다가, 중학교 2~3학년 무렵 "이제는 본격적으로 커야 할 나이인데 키가 잘 크지 않는다."며 병원을 찾아오게 됩니다. 문진을 해보면 초등학교 4학년 후반이나 5학년 때 사춘기가 시작되었지만, 정작 그 시기에 제대로 된 급성장기를 보내지 못한 경우가 많습니다. 많이 컸어야 할 시기인데 1년에 6~7cm 정도만 자라다가 성장판이 빠르게 닫혀 버린 것이지요.

성장판 검사 결과를 확인하고 남은 성장 가능성이 제한적이라는 사실을 전해야 할 때면 마음이 무겁습니다. 침통해하는 부모와 실망한 아이의 표정을 마주하면 저 역시 안타까운 마음이 밀려옵니다. 부모님은 후회를 담은 목소리로 물어봅니다. "교수님, 2~3년만 일찍 왔다면 키가 더 컸을까요?"

잠시 숨을 고른 뒤 말씀드립니다. "어머님, 이미 지나간 시간은 되돌릴 수 없습니다. 후회보다는 앞으로 남은 성장을 위해 최선을 다하는 것이 더 중요합니다. 함께 방법을 찾아가 보시죠."

그때부터는 생활 전반을 점검하고 마무리 성장을 최대로 이끌어 낼 수 있는 방법을 고심하기 시작합니다. 하지만 마음 한편에는 늘 아쉬움이 남습니다.

코로나 팬데믹을 지나며 남자아이들의 이른 사춘기가 눈에 띄게 늘었습니다. 팬데믹 전까지만 해도 성조숙증이나 조기 사춘기로 병원을 찾는 아이들의 90% 이상이 여자아이였지만, 최근에는 상황이 달라졌습니다. 신체 활동이 줄고, 게임과 디지털 기기에 몰입하는 시간이 늘었으며, 배달 음식과 초가공 식품 섭취 증가로 비만이 많아지면서 남자아이들의 내원 비율이 크게 높아졌습니다.

아이 방에서 나는 냄새가 달라지거나, 목소리가 갑자기 굵어지고 얼굴에 여드름이 올라온다면 사춘기가 시작되었을 가능성이 큽니다. 머리 정수리나 겨드랑이에서 어른 같은 체취가 강해지는 것도 중요한 변화입니다. 키가 갑자기 빠르게 크는지 혹은 또래보다 성장 속도가 눈에 띄게 늦어지는지도 주기적으로 확인해야 합니다.

여자아이들의 신체 변화는 부모가 비교적 빨리 알아챌 수 있지만, 남자아이들의 사춘기 신호는 사각지대에 놓이는 경우가 많습니다. 그렇기 때문에 남자아이들도 초등학교 4~5학년 무렵부터는 사춘기 발달에 세심히 신경 써야 합니다. 정기적으로 성장 속도를 점검하고, 생활 속에서 사춘기를 서두르게 하는 요인이 없는지 세심하게 살펴야 합니다. 아이의 성장 시계를 지켜보는 눈은 부모의 몫입니다.

아이만의 성장 리듬 찾기

한의학은 무엇보다 '천천히, 자연스럽게'를 중요하게 여깁니다. 어떻게 바라보느냐에 따라 성조숙증은 불안한 병이 될 수도 있고, 아이의 리듬을 자연스럽게 조율할 기회가 될 수도 있습니다. 아이에게는 저마다의 성장 리듬이 있습니다. 부모의 역할은 그 리듬이 아이에게 가장 이로운 방향으로 흘러가도록 도와주는 것입니다.

성조숙증은 부모의 잘못이 아닙니다. 오늘날의 환경이 아이의 발달 시계를 앞당기고 있을 뿐입니다. 그러니 자책보다는 이해와 관찰에 힘을 기울여 주세요. 그리고 모든 변화를 혼자 감당하려 하지 말고 필요할 때는 전문가와 함께 길을 찾으시길 권합니다.

성조숙증 진료를 통해 가장 크게 배운 것은 아이의 발달이 결코 일정한 공식대로 흘러가지 않는다는 사실입니다. 책에서 배운 지식은 출발점일 뿐 아이들의 몸은 언제나 저마다 다른 이야기를 들려줍니다. 결국 치료를 완성하는 마지막 퍼즐은 부모의 따뜻한 눈길과 생활 속 작은 실천임을 절감합니다.

성조숙증은 부모와 아이 모두에게 낯설고 당황스러운 경험이 될 수 있지만, 동시에 몸을 더 깊이 이해할 수 있는 기회가 되기도 합니다. 조금 서둘러 피어난 꽃도 마침내 아름답게 만개하듯 아이들 역시 각자의 속도로 건강하게 성장해 나갈 것입니다. 불안을 넘어 아이와 함께 한 뼘 더 성장하게 될 모든 날을 응원합니다.

3부
실천 편

매일 실천하는 엄마표 면역 습관

❋

❋

❋

아이를 키우는 가장 큰 힘은 온전히 믿어주는 단단한 눈빛과 아픔에 공감하는 따뜻한 마음, 그리고 그 마음이 담긴 엄마의 손길입니다. 계절을 느끼고 밥상에서 건강을 지키며, 차와 마사지 같은 소박한 실천들이 모일 때 우리 집은 아이의 가장 든든한 울타리가 됩니다. "엄마 손은 약손"이라는 다정한 주문은 아이에게는 깊은 안정감을, 엄마에게는 내 아이를 돌볼 수 있다는 자신감을 심어주는 소중한 선물이 될 것입니다.

1.

24절기로 살펴보는
계절 건강법

❋ ❋ ❋

아이를 키우다 보면 달력보다 더 정확한 '계절 알리미'를 만나게 됩니다. 바로 아이의 몸이지요. 저희 집도 예외가 아닙니다. 첫째 아이는 찬바람이 불기 시작하면 어김없이 "엄마, 코가 막혀."라며 훌쩍이기 시작하고, 둘째는 계절이 바뀔 때마다 입맛이 뚝 떨어져 밥상 앞에서 실랑이를 벌이곤 합니다. 육아일기를 들춰보면 놀라울 만큼 매년 같은 시기에 비슷한 증상으로 고생한 기록이 빼곡합니다.

"아, 또 그 계절이 왔구나."

엄마는 아이의 기침 소리와 밥투정만 봐도 계절의 문턱을 넘고 있음을 직감합니다.

"교수님, 우리 애는 꼭 환절기만 되면 이러네요. 정말 계절을 타나 봐요."

그럴 때마다 미소 지으며 말씀드립니다. "어머니, 아이가 자연의 변화를 민감하게 느끼고 있다는 뜻이에요. 아주 정상적인 반응이지요."

'하늘과 사람이 서로 응한다'는 뜻의 천인상응(天人相應)이라는 말이 있습니다. 인간을 자연과 분리된 존재가 아니라 그 일부로서 함께 호흡하고 변화하는 작은 우주로 바라보는 관점이지요.

계절이 바뀌면 옷의 두께가 달라지듯 몸도 그 변화에 맞춰 내부 리듬을 조율합니다. 아이는 어른보다 더 민감하고 순수하게 이 변화를 온몸으로 드러낼 뿐입니다.

이런 맥락에서 24절기는 그저 농사에 필요한 옛 달력이 아닙니다. 태양의 움직임에 따라 15일 단위로 기후 변화를 세밀하게 나눈, 몸의 리듬을 알려주는 '자연의 건강 시계'입니다.

이 시계의 흐름을 읽을 수 있다면 아이의 몸이 보내는 작은 신호를 미리 짐작하고 대비할 수 있습니다. 그럴 때 잦은 병치레도 불안의 이유가 아니라 자연의 섭리를 배우는 소중한 관찰의 시간이 될 것입니다.

봄(春): 싹트는 기운을 북돋아 주세요

봄은 얼어붙었던 땅을 뚫고 새싹이 돋아나는 '발진(發陳)'의 계절입니다. 아이들의 키가 부쩍 크고 겨우내 움츠렸던 에너지가 한껏 발산되며 한 뼘 더 성장하는 시기이기도 하지요. 봄은 '간(肝)'이 주관하는 목(木)의 계절입니다. 간은 단순히 해독만 담당하는 기관이 아닙니다. 온몸의 기운을 원활히 소통시키고 근육과 인대의 성장을 돕는 중요한 역할을 합니다. 그래서 봄은 아이들의 성장에 더욱 중요한 시기라 할 수 있습니다.

이 활발한 기운이 때로는 아이들에게 부담이 되기도 합니다. 부모님은 "요즘 아이가 부쩍 졸려 해요. 잠은 충분히 자는데 하품을 자주 해요.", "평소보다 예민하고 짜증을 많이 내요."라며 걱정을 털어놓습니다. 활동량은 늘어나는데 몸의 대사가 그 속도를 따라가지 못해 나타나는 봄철 피로, '춘곤증' 때문입니다. 이 시기에는 겨울 동안 잠잠하던 알레르기 비염이 꽃가루와 함께 다시 기승을 부리기도 하고, 큰 일교차로 감기에 쉽게 걸리기도 합니다.

이때 가장 좋은 보약은 자연이 주는 제철 음식입니다. 땅을 뚫고 올라온 봄나물, 쑥, 냉이, 달래는 아이들의 성장과 면역력 증진에 큰 도움이 됩니다. 특유의 향과 쌉싸름한 맛은 막혔던 기운을 뚫어주고 풍부한 비타민과 미네랄은 춘곤증을 이겨내는 데 효과적입니다. 그러나 현실 육아에서는 나물의 효능을 알면서도 나물이 아이 입까지 들어가기란 쉽지 않습니다. 저희 아이들도 쓴맛이 나는 나물은 보기만 해도 고개를 절레절레 흔들곤 했습니다. 한의사로서 아무리 좋은 효능을 설명해도 엄마로서는 당장 밥을 먹이는 게 더 급하더라고요.

그래서 나물의 효능과 아이 입맛 사이에서 작은 타협을 했습니다. 쑥이나 냉이는 잘게 다져 달걀물에 섞어 전을 부쳐주거나 볶음밥에 넣었고, 향이 은은한 달래는 간장 양념을 만들어 밥에 비벼주었습니다. 쑥을 그대로 먹을 때는 인상을 찌푸리던 아이가 볶음밥 속 쑥을 모른 채 맛있게 먹으며 "이 볶음밥 또 해주세요!"라고 말했을 때, 그 한마디에 모든 피로가 스르르 녹아내렸습니다. 아이가 좋아하는 방식에 나물을 슬쩍 끼워 넣는 것, 이것이 지치지 않고 봄철을 나는 작은 비결입니다.

알레르기 비염으로 코가 막히고 콧물이 흐를 때는 '형개박하차'를 추천합니다. 형개와 박하는 막힌 코를 뚫고 머리를 맑게 해주는 효과가 있습니다.

따뜻하게 우려 꿀을 살짝 타서 주면 아이도 거부감 없이 잘 마십니다.

여름(夏): 무성한 성장을 돕고 더위는 내보내요

여름은 봄에 돋아난 기운이 무성하게 뻗어 나가는 '번수(蕃秀)'의 계절로, 1년 중 양기(陽氣)가 가장 왕성한 때입니다. 불(火)의 기운이 왕성해지는 계절이며, 우리 몸에서는 '심(心)'이 이 시기를 주관합니다. 여름에는 심장의 기능과 기운이 가장 활발해져 혈액순환이 원활해지고 에너지의 발산이 커지며, 체내 기운의 흐름이 왕성해집니다.

더운 여름날, 땀을 뻘뻘 흘리면서도 뜨거운 삼계탕을 먹는 '이열치열(以熱治熱)'의 지혜는 오늘날까지 이어져 내려오고 있습니다. 겉의 더위를 식히겠다며 찬 음식만 찾다 보면 속은 오히려 냉해지고 소화 기능이 약해져 배앓이를 하기 쉽습니다. 반대로 따뜻한 음식으로 속을 데우면 땀을 통해 체내 열이 효과적으로 배출되고 기력도 회복됩니다. 그러나 아이에게 이런 이열치열의 원리를 이해시키기는 쉽지 않습니다.

여름마다 "아이스크림과 찬물만 찾는다.", "밥은 안 먹고 배가 아프다고 한다."는 부모님의 하소연을 자주 듣습니다. 무더위 속에 땀과 함께 기운과 진액(津液, 몸의 수분)이 빠져나가고, 여기에 찬 음식까지 겹치면 소화 기능이 더 떨어져 식욕부진과 배앓이가 이어집니다. 또한 땀띠로 힘들어하는 아이들도 많습니다.

이럴 때는 열은 식히되 속은 보호하는 요령이 필요합니다. 대표적인 여름 채소인 오이는 서늘한 성질로 열을 식히고 수분을 보충해줍니다. 수박 역시 비슷한 효과가 있습니다. 수박의 흰 껍질 부분인 수박취는 버리지 말고 채

썰어 볶거나 무쳐 먹으면 이뇨 작용을 도와 열과 부종을 내려줍니다.

여름철에 가장 많이 권하는 한방차는 '생맥산(生脈散)'입니다. 인삼, 맥문동, 오미자로 구성되어 더위에 지친 기운과 진액을 동시에 보충해주는 명방이지요. 집에서는 아이들을 위해 인삼 대신 황기를 넣거나, 인삼을 빼고 맥문동과 오미자만 사용해 차를 끓이면 부담 없이 마실 수 있습니다. 새콤달콤한 오미자 맛 덕분에 아이들도 잘 마시고, 시원하게 보관해 물처럼 마시게 하면 갈증 해소에도 도움이 됩니다. 저희 집에서는 얼음 틀에 얼려 '오미자 아이스'를 만들어주기도 합니다. 아이스크림을 아예 금지하기보다 건강한 대안을 제시해 타협하는 것, 그것만으로도 여름 육아가 한결 수월해질 것입니다.

땀띠가 심할 때는 복숭아 잎을 달인 물로 목욕을 시켜보는 것도 좋습니다. 복숭아 잎은 열을 내리고 염증을 가라앉히는 효과가 있어 예로부터 피부 질환에 널리 쓰여 왔습니다. 둘째가 세 살 무렵 여름마다 땀띠 때문에 밤새 긁적이며 잠을 못 자곤 했는데, 복숭아 잎 목욕을 시킨 지 사흘 만에 뚜렷하게 호전되는 모습을 보고 감탄한 기억이 있습니다.

또 하나 주의해야 할 점은 실내외 온도 차입니다. 실내 생활이 많은 요즘 아이들은 외부 기온 변화에 더 민감합니다. 냉방병은 실내외 온도 차이가 커져 인체가 적응하지 못할 때 나타나는 여러 불편한 증상입니다. 특히 실내외 온도 차이가 5~10도 이상일 때 발생할 위험이 높아집니다. 아이가 실내에 머물 때는 얇은 가디건을 걸쳐 체온을 유지하게 하고, 두세 시간마다 창문을 열어 환기해 주는 것이 좋습니다. 둘째도 작년 여름, 키즈카페에서 오래 놀다 돌아온 뒤 갑자기 열이 나고 목이 아픈 증상을 겪은 적이 있습니다. 그 일을 계기로 지금은 어디를 가든 얇은 겉옷을 꼭 챙겨 다닙니다.

가을(秋): 결실의 계절, 몸의 진액을 보충해요

가을은 무더위가 한풀 꺾이고 서늘한 바람이 불어오며 한 해의 성장을 마무리하는 '용평(容平)'의 계절입니다. 여름의 화려한 기운이 거두어지듯 우리 몸도 에너지를 안으로 모으며 다가올 겨울을 준비하기 시작하지요. 가을은 금(金)의 계절로 '폐(肺)'가 이 시기를 주관합니다. 폐는 호흡을 통해 맑은 기운을 받아들이고, 수분을 온몸으로 퍼뜨려 피부와 점막을 촉촉하게 유지하도록 돕습니다.

이 계절에 아이가 유독 기침을 많이 하는 이유는 '건조함(燥邪)' 때문입니다. 아침저녁으로 차가운 공기와 건조한 바람이 불면 가장 먼저 영향을 받는 부위는 코와 목을 포함한 호흡기입니다. 가을이 시작되면 진료실에도 마른기침을 하는 아이, 코피를 흘리는 아이, 피부가 하얗게 일어나 긁는 아이들이 부쩍 늘어납니다. 몸속 진액이 줄어들면 대장까지 건조해져 변비를 호소하는 경우도 많습니다.

둘째는 가을만 되면 밤마다 마른기침을 하며 "엄마, 목이 아파요." 하고 힘들어했습니다. 약을 먹어도 잠시뿐 건조한 날씨가 이어지면 증상은 쉽게 가라앉지 않았습니다. 그때부터 '배숙' 만들기는 우리 집 가을 연례행사가 되었습니다. 배의 속을 파내 꿀, 대추, 도라지, 생강을 채워 푹 찌는 과정은 번거롭지만 그 효과는 놀라웠습니다. 처음에는 낯선 맛에 얼굴을 찡그리던 아이도 꿀의 달콤함에 익숙해지더니, 꾸준히 먹고 나서는 밤 기침이 잦아들고 편안히 잠드는 날이 늘어났습니다. 밤마다 아이의 거친 기침 소리에 함께 뒤척이던 시간이, 고른 숨소리를 들으며 안도하는 평온한 밤으로 바뀐 것이지요.

가을철 호흡기 건강의 핵심은 '보음(補陰)', 즉 음액을 보충해 몸을 촉촉하게 유지하는 것입니다. 이를 돕는 대표적인 식재료는 배, 무, 도라지입니다. 배는 폐의 열을 내려주고 진액을 만들어 마른기침과 갈증을 완화하며, 무는 소화를 돕고 가래를 삭여줍니다. 도라지는 막힌 폐의 기운을 열어 답답한 가슴을 풀어주는 데 효과적입니다.

또 아이의 체질에 따른 맞춤 케어도 필요합니다. 코 점막이 약해 코피가 잦은 경우에는 실내 습도를 건조하지 않게, 적절히 유지해 주어야 합니다. 피부가 건조하다면 목욕 후 보습을 챙겨야 합니다. 이때 호호바 오일 같은 순한 식물성 오일에 일랑일랑 에센셜 오일을 한두 방울 섞어 마사지해주면 보습 효과는 물론 아이의 마음을 편안하게 진정시키는 데도 도움이 됩니다.

겨울(冬): 잘 저장해야 다음 해가 편안해요

겨울은 만물이 활동을 멈추고 깊은 휴식에 들어가는 '폐장(閉藏)'의 계절입니다. 밖으로 흩어지던 에너지를 안으로 단단히 갈무리하며, 다음 해 봄에 새로운 싹을 틔울 생명력을 응축하는 시기이지요. 겨울은 물(水)의 계절로, 인체의 근본 에너지인 정(精)을 저장하는 '신(腎)'이 주관합니다. 신은 뼈의 성장과 발달, 생식 기능을 담당하는 몸의 뿌리와 같은 기관입니다. 겨울철에는 신장의 기운을 잘 보존하는 '양생(養生)'이 중요합니다.

추운 계절이 되면 아이들의 몸은 외부의 찬 기운에 맞서 체온을 유지하고 면역력을 지키기 위해 많은 에너지를 소모합니다. 이때 신장의 기운이 약해지면 전반적인 체력 저하와 함께 면역력도 떨어져 독감 같은 감염성 질환에 걸리기 쉬운 상태가 됩니다. 손발이 유독 차가운 수족냉증, 밤에 소변을 가리지 못하는 야뇨증이 나타나기도 하지요. "아이 손발이 항상 차가워요.", "감기에 한 번 걸리면 한 달은 끌어요."라는 부모님의 이야기를 자주 듣게 됩니다.

겨울철 건강 관리의 핵심은 '보신(補腎)'과 '온양(溫陽)'으로, 신장의 기운을 보강하고 몸을 따뜻하게 지키는 데 있습니다. 검은콩, 팥, 검은깨와 같은 검거나 붉은 색의 식재료, 그리고 땅의 기운을 머금은 우엉·연근·당근 같은 뿌리채소를 충분히 섭취하면 뼈를 튼튼하게 하고 면역력을 키우는 데 도움이 됩니다.

집에서는 감기 예방을 위해 '엄마표 쌍화차'를 자주 끓입니다. 대추와 생강을 기본으로, 여기에 황기와 당귀, 계피를 조금 넣어 은은하게 달여 줍니다. 쌍화차는 몸을 따뜻하게 하고 기혈을 보충해주어, 감기 기운이 느껴질 때 마시면 훨씬 가볍게 회복할 수 있습니다.

야뇨가 있는 아이에게는 따뜻한 복부 마사지가 도움이 됩니다. 팥이나 굵은 소금을 데워 헝겊에 싸서 아랫배와 허리(신장이 있는 부위)에 대주면, 냉기를 몰아내고 방광의 기운을 따뜻하게 해주는 효과가 있습니다.

겨울철의 또 다른 과제는 활동량이 급격히 줄어든다는 점입니다. 이를 해결하기 위해 거실을 놀이 공간으로 바꿔 보는 것도 좋습니다. 쿠션을 늘어놓고 뛰어넘기, 이불을 여러 겹 깔아 앞구르기, 이불로 김밥말기 놀이를 해보는 것입니다. "아빠, 더 어려운 코스 만들어 주세요!"라며 환하게 웃는 아이들을 보면 집 안에서도 충분히 건강한 운동이 가능하다는 것을 알게 됩니다. 몸을 움직여 열을 내는 것은 겨울의 찬 기운을 이겨내는 가장 좋은 방법입니다. 다만 공동주택에 살 경우, 층간소음이 발생하지 않도록 세심한 주의가 필요합니다.

마지막으로 잊지 말아야 할 것은 환기입니다. 춥다고 문을 꼭 닫아두면 실내는 금세 건조해지고 바이러스는 그 안에서 더 오래 머물게 됩니다. 하루 두 번, 10분이라도 창문을 활짝 열어 맞바람을 만들어 주세요. 이 단순한 습관이야말로 겨울철 감염 질환을 예방하는 가장 간단하면서도 효과적인 방법입니다.

"엄마, 이렇게 추운데 왜 창문을 열어요?"
"신선한 공기가 우리 몸을 더 건강하게 만들어 준대. 조금만 참아보자."
이 작은 습관이 아이의 겨울을 건강하게 지켜 줍니다.

24절기와 함께 키우는 아이의 경외감

카트린 레퀴예가 쓴 『경이감을 느끼는 아이로 키우기』에서는 "오늘날 아이들이 진짜 아름다움에 다가가는 것을 막는 가장 큰 장애물은 무감각이다. 과잉 자극은 아이가 삶의 아름다움을 알아차리고 소중히 하는 능력을 방해하며, 감각을 포화 상태로 만든다."라고 말합니다. 24절기에 맞춰 생활하는 것은 아이에게 자연의 아름다움을 느끼는 감각을 키워주는 가장 자연스러운 방법입니다.

요즘 아이들은 대부분의 시간을 실내에서 보냅니다. 사계절 내내 비슷한 온도와 환경 속에서 계절의 변화를 잊고 살아가는 경우가 많습니다. 그렇기에 부모가 의식적으로라도 24절기의 변화를 느끼게 해줘야 합니다. 입춘에

돋아나는 새싹, 하지의 가장 긴 낮, 백로에 맺히는 이슬, 동지의 가장 긴 밤을 경험할 수 있게 말입니다. 이러한 순간들은 자연의 신비로움과 아름다움을 온몸으로 느끼게 해주는 소중한 배움의 기회가 됩니다.

저 또한 집에서 아이들이 계절의 흐름을 자연스럽게 받아들이도록 노력하고 있습니다. 여름이면 조금 덥다고 바로 에어컨을 켜기보다 이렇게 말해줍니다.

"소서가 지나고 나서 에어컨을 켤 거야. 여름의 더위를 천천히 만나보자."

처음에는 투덜거리던 아이들도 차츰 그늘을 찾아 놀거나 부채질을 하며 더위를 이겨내는 방법을 스스로 터득하게 되었습니다. 겨울에도 난방 온도를 무작정 높이기보다 "대한이 지나면 따뜻해질 거야. 지금은 몸이 추위에 적응하는 시간이야."라고 말하며 아이들이 자연의 변화를 체험하도록 이끌었습니다.

어느새 아이들은 봄의 따스함을 더욱 반갑게 맞이하고, 가을의 선선함을 더욱 깊이 느끼게 되었습니다. 몸의 건강을 돌보는 것을 넘어 계절이 주는 선물을 온전히 받아들이며 마음의 풍요로움까지 얻게 된 것이지요. 24절기 건강법은 아이가 자연의 리듬 속에서 건강하게 자라는 동시에 세상 속 진짜 아름다움을 발견하고 경이로움을 느끼는 감각을 길러주는 살아 있는 교육입니다.

입춘부터 대한까지 모든 절기를 기억하고 챙기기는 현실적으로 어려울 수 있습니다. 저 역시 매번 완벽한 절기 밥상을 차려내지 못합니다. 때로는 배달 음식으로 저녁을 해결하고 아이스크림을 사주며 타협하기도 하지요.

"한의사 엄마가 이래도 되나?" 하는 부끄러움이 들 때도 있습니다. 그러나 돌아보면, 완벽하지 않은 순간들이 오히려 더 진솔한 육아의 모습이었고, 그 부족함을 채우려 애쓰는 마음이야말로 가장 값지다는 것을 알게 되었습니다.

"입추가 지나니 바람 끝이 달라졌네. 아이 목이 칼칼해지기 전에 따뜻한 배숙을 해줘야겠다."

"봄이 되니 아이가 부쩍 피곤해하는구나. 이번 주말에는 쑥 버무리를 같이 만들어볼까?"

계절의 작은 변화를 알아차리고 아이의 몸이 보내는 신호에 귀 기울이는 것만으로도 부모는 최고의 '홈닥터'입니다. 24절기의 지혜가 아이와 함께 자연의 리듬을 배워가는 즐거운 여정의 길잡이가 되어주기를 바랍니다.

홈케어 가이드

절기별 세부 건강 관리

🌸 1) 봄의 6절기 🌸

입춘(立春, 2월 4일경)
- 겨울옷을 서둘러 벗지 말고 점진적으로 얇게 입히기
- 새싹나물(콩나물, 숙주나물)로 겨울 동안 부족했던 비타민 보충
- 일찍 자고 일찍 일어나는 습관 만들기

우수(雨水, 2월 19일경)
- 비가 오는 날이 많아지므로 습도 조절에 신경 쓰기
- 따뜻한 차(생강차, 대추차)로 몸을 따뜻하게 유지
- 감정 기복이 심한 시기, 아이와 충분한 대화하기

경칩(驚蟄, 3월 6일경)
- 벌레가 깨어나는 시기, 집 안 청소와 방충 대책 세우기
- 봄나물(냉이, 달래, 쑥)로 간 기능 활성화
- 야외 활동 늘리되 미세먼지 농도 확인하기

춘분(春分, 3월 21일경)

- 낮과 밤의 길이가 같아지는 시기, 생체리듬 조절 중요
- 알레르기 질환 예방을 위한 실내 청소 철저히
- 성장 속도가 빨라지므로 영양 섭취에 신경 쓰기

청명(淸明, 4월 5일경)

- 공기가 맑고 화창한 시기, 야외 활동 적극 권장
- 봄철 춘곤증 예방을 위해 규칙적인 생활 습관 유지
- 꽃가루 알레르기 주의, 외출 후 옷 털기

곡우(穀雨, 4월 20일경)

- 농사짓기 좋은 비가 내리는 시기, 습도 관리 중요
- 모내기철 준비하듯 아이 몸도 여름 준비 시작
- 봄철 마지막 절기, 여름옷 미리 준비하기

2) 여름의 6절기

입하(立夏, 5월 6일경)
- 여름의 시작, 옷차림 조절하고 수분 섭취 늘리기
- 찬 음식보다는 시원한 성질의 따뜻한 음식 선택
- 활동량이 늘어나므로 충분한 휴식과 수면 확보

소만(小滿, 5월 21일경)
- 곡식이 잘 여무는 시기, 아이도 충실하게 성장하는 때
- 습도가 높아지므로 곰팡이와 세균 번식 주의
- 가벼운 운동으로 체력 기르기

망종(芒種, 6월 6일경)
- 보리 수확하고 모내기하는 바쁜 시기, 규칙적인 생활 중요
- 본격적인 더위 시작, 열사병 예방 교육
- 에어컨 사용 시작, 적정 온도와 바람 방향 조절

하지(夏至, 6월 21일경)

- 일 년 중 낮이 가장 긴 날, 충분한 수면으로 에너지 보충
- 심장에 부담이 가는 시기, 과도한 흥분 피하기
- 찬 음식 과다 섭취로 인한 소화불량 주의

소서(小暑, 7월 7일경)

- 본격적인 더위 시작, 체온 조절 능력 기르기
- 땀을 많이 흘리므로 전해질 보충 중요
- 여름 휴가철, 생활 패턴 크게 바뀌지 않도록 주의

대서(大暑, 7월 23일경)

- 일 년 중 가장 더운 시기, 열사병과 일사병 각별 주의
- 삼복더위, 시원하고 소화 잘 되는 음식 섭취
- 실내 활동 늘리되 적당한 운동은 계속하기

🍁 3) 가을의 6절기 🍁

입추(立秋, 8월 8일경)
- 가을의 시작이지만 아직 더위 계속, 방심하지 말기
- 일교차가 벌어지기 시작, 옷차림 조절 능력 기르기
- 여름 동안 소모된 기력 회복에 집중

처서(處暑, 8월 23일경)
- 더위가 그치는 시기, 서늘한 아침저녁 활용하기
- 가을 알레르기 준비, 환경 정리와 청소
- 학기 시작 준비, 생활 패턴 점진적 조절

백로(白露, 9월 8일경)
- 이슬이 맺히기 시작, 공기 건조해지므로 수분 보충
- 호흡기 질환 예방 위한 목과 코 관리
- 가을 과일(배, 포도) 적당히 섭취

추분(秋分, 9월 23일경)

- 낮과 밤의 길이가 같아지는 시기, 생체리듬 재조절
- 면역력 강화를 위한 규칙적인 생활과 적당한 운동
- 감정적으로 우울해지기 쉬운 시기, 충분한 관심과 사랑

한로(寒露, 10월 8일경)

- 찬 이슬이 맺히는 시기, 아침저녁 쌀쌀함 주의
- 겨울옷 준비와 보온에 신경 쓰기 시작
- 건조한 공기로 인한 피부 관리 시작

상강(霜降, 10월 23일경)

- 서리가 내리기 시작, 본격적인 추위 준비
- 마른기침과 목 통증 예방을 위한 습도 조절
- 가을의 마지막 절기, 겨울 준비하기

❄ 4) 겨울의 6절기 ❄

입동(立冬, 11월 7일경)
- 겨울의 시작, 보온과 영양 섭취에 집중
- 실내외 온도차로 인한 감기 예방
- 일찍 해가 지므로 실내조명 적절히 하기

소설(小雪, 11월 22일경)
- 첫눈이 내리는 시기, 미끄러짐 사고 주의
- 건조한 공기로 인한 정전기와 각질 관리
- 따뜻한 음식과 차로 몸 내부 온도 유지

대설(大雪, 12월 7일경)
- 눈이 많이 내리는 시기, 외출 시 보온과 안전 주의
- 실내 활동 늘어나므로 환기와 습도 조절 중요
- 연말 행사 많은 시기, 과식과 불규칙한 생활 주의

동지(冬至, 12월 22일경)

- 일 년 중 밤이 가장 긴 날, 충분한 수면과 휴식
- 팥죽으로 나쁜 기운을 쫓고 영양 보충
- 추위로 인한 혈액순환 장애 예방

소한(小寒, 1월 5일경)

- 추위가 시작되는 시기, 감기와 독감 예방 신경 쓰기
- 신정 연휴 후 생활 패턴 정상화
- 건조한 실내 공기로 인한 호흡기 관리

대한(大寒, 1월 20일경)

- 일 년 중 가장 추운 시기, 동상과 동창 예방
- 설 명절 준비로 바쁜 시기, 건강 관리 소홀하지 않기
- 겨울의 마지막 절기, 봄맞이 준비 시작

2.

밥상에서 기르는 면역력

❋ ❋ ❋

"오늘 저녁엔 또 뭘 해서 먹여야 할까?" 이것은 세상 모든 엄마의 머릿속을 떠나지 않는 영원한 숙제입니다. 단지 한 끼를 해결하는 문제가 아닙니다. 아이의 성장에 필요한 영양소를 고루 채워주면서도 입맛까지 만족시켜야 한다는 보이지 않는 부담이 따라옵니다. 저녁마다 냉장고 문 앞에 서서 한참을 망설입니다. 음식의 중요성을 누구보다 잘 알기에 그 무게는 더 크게 다가오곤 합니다.

진료실에서도 '밥상'에 관한 질문은 끊이지 않습니다.

"선생님, 아이가 밥을 너무 안 먹어요."

"키 크는 데 좋은 음식은 뭔가요?"

"우리 애는 고기만 먹는데 괜찮을까요?"

질문은 달라도 그 바탕에는 '내 아이를 잘 먹이고 싶다'는 간절한 마음이 담겨 있습니다.

한의학의 지혜 가운데 하나인 약식동원(藥食同源)은 '약과 음식은 근원이 같다'는 뜻입니다. 더 나아가 병이 생겼을 때도 약보다 음식으로 다스리는 것을 식치(食治)라 하여 으뜸으로 여겼습니다. 매일 마주하는 밥상은 아이의 건강을 지키는 기본적인 약이자, 때로는 병을 불러오는 독이 될 수도 있습니다.

하지만 이 말을 또 다른 죄책감이나 부담으로 느낄 필요는 없습니다. 이 장의 목적은 "무엇을 절대 먹이지 말아야 한다."는 금기 목록을 제시하는 것이 아닙니다. 대신 어떤 음식이 아이의 몸에 짐이 되고, 어떤 음식이 편안하게 힘이 되어주는지를 이해하는 데 있습니다. 그 원리를 알면 수많은 정보를 외우지 않아도 아이의 상태에 맞춰 현명하게 밥상을 차리는 '홈닥터'가 될 수 있습니다. 우리 집 밥상을 가장 든든한 보약으로 만드는 법, 지금부터 함께 살펴보겠습니다.

아이를 힘들게 하는 독이 되는 밥상의 정체

'독(毒)'이라는 단어는 다소 자극적으로 들릴 수 있습니다. 하지만 여기서 말하는 독은 비소나 청산가리 같은 맹독이 아닙니다. 아이의 소화기에 부담을 주어 기운의 생성을 방해하고, 몸속에 불필요한 노폐물이 쌓이게 하는 음식을 뜻합니다. 아이는 소화기관인 비위(脾胃)의 기능이 아직 미숙하고 약하기 때문에 어떤 음식을 먹느냐에 따라 컨디션이 크게 달라집니다. 이제 진료실에서의 경험과 한의학의 원리를 바탕으로 아이의 비위를 지치게 만드는 음식들을 차례로 풀어보겠습니다.

차가운 음식은 아이 몸에 여러 문제를 일으킵니다.

"아이가 여름만 되면 배가 아프다며 설사를 해요."

아이의 배를 만져보면 손바닥에 냉기가 전해질 때가 많습니다. 무엇을 즐겨 먹는지 물어보면 아이스크림, 얼음물, 찬 우유, 냉면 같은 차가운 음식이 대부분입니다.

소화기는 몸에 들어오는 음식을 따뜻하게 데워 분해하는 '가마솥'과 같습니다. 이 가마솥을 데우는 불씨기 바로 비위의 양기(陽氣)인데, 여기에 차가운 음식이 들어오면 불길이 금세 약해지거나 꺼져버립니다. 그로 인해 소화기가 멈추고 배가 아프거나 설사를 하며, 때로는 소화되지 못한 음식이 그대로 쌓여 식체(食滯)를 유발하기도 합니다.

차가운 음식은 장내 미생물 균형도 무너뜨립니다. 장내 면역세포와 유익균은 찬 환경에 노출되면 활성도가 떨어집니다. 그 결과 장 점막의 면역 기능이 약해지고 감염에 취약해질 수 있습니다.

저희 집도 '아이스크림 전쟁'에서 자유롭지 못합니다. 좋지 않다는 것을 알면서도 "안 돼!" 하고 단호히 막기엔, 친구들과 함께 먹는 즐거움까지 빼앗고 싶지는 않더라고요. 그래서 내린 결론은 조화를 찾는 것이었습니다. 아이스크림을 먹은 날 저녁에는 따뜻한 성질의 꿀차나 생강대추차를 한 잔 마시게 하고, 배를 시계 방향으로 부드럽게 마사지해 주었습니다. 차가운 음식으로 위장이 부담을 받았을 때 따뜻하게 달래 균형을 맞춰 주면 아이의 배앓이를 줄일 수 있습니다.

기름지거나 단 음식도 아이의 비위를 쉽게 지치게 합니다. 치킨, 피자, 과자, 초콜릿, 탄산음료가 대표적입니다. 아이들은 이런 음식에 열광하지만, 아직 미숙한 비위에는 큰 부담이 됩니다.

기름지고 단 음식을 과하게 섭취하면 몸속에 습담(濕痰)이라는 노폐물이 쌓입니다. 습담은 몸을 무겁게 하고 아침에 일어나기 힘들거나 머리가 맑지 않은 상태를 만듭니다. 대변이 시원치 않거나 끈적하게 나오고 식욕이 뚝 떨어지는 것은 물론, 비염이나 아토피 같은 알레르기 질환을 악화시키는 원인이 되기도 합니다.

최근에는 단 음식이 아이의 몸에 미치는 또 다른 영향도 밝혀졌습니다. 설탕이나 인공감미료를 많이 섭취할수록 일부 아이들에게서 사춘기가 또래보다 일찍 시작될 수 있다는 연구 결과가 보고되고 있습니다. 특히 사춘기가 또래보다 빨리 시작될 가능성이 있는 아이일수록 그 영향이 더 크게 나타난다고 합니다. 단 음식의 부정적인 영향은 체중 증가에만 그치지 않습니다. 호르몬 분비나 장내 미생물의 균형까지 흔들어 성장 과정 전반에 영향을 줄 수 있습니다. 달콤한 간식은 매일의 습관이 아니라 특별한 날의 즐거움으로만 두는 것이 좋습니다. 부모의 작은 절제가 아이의 몸을 단단하게 지켜주는 힘이 됩니다.

진료실에서 만나는 '밥 안 먹는 아이'의 식습관을 들여다보면 간식으로 배를 채우는 경우가 많습니다. 달콤한 과자와 음료에 길들여진 혀는 담백한 밥과 나물에서 맛을 느끼기 어렵습니다. 또한 간식으로만 허기를 달래다 보면 몸은 습담에 막혀 소화기능이 떨어집니다. 그렇게 되면 밥맛을 더 잃게 되겠지요.

이럴 때는 '클린 식단'이 필요합니다. 2~3일만이라도 과자, 빵, 음료수를 끊고 담백한 한식 위주의 식사를 해보세요. 처음에는 아이가 강하게 반발하겠지만, 몸속 습담이 사라지고 미각이 제자리를 찾으면 음식 본연의 맛을 느끼며 자연스럽게 밥맛을 되찾습니다. 저희 집에서도 가끔 '주말 디톡스'를 합니다. 금요일 저녁부터 일요일까지는 간식을 찐 고구마나 과일로 대신하고, 밥과 국, 나물 위주의 식단을 지키는 것이지요. 과정은 쉽지 않지만 아이의 컨디션이 눈에 띄게 가벼워지는 것을 경험하면 엄마도 아이도 함께 힘을 내게 됩니다.

마지막으로, 소화기를 지치게 하는 음식은 **밀가루**입니다.
"아이가 면이랑 빵만 찾아요."
많은 부모님이 털어놓는 고민입니다.

원래 밀은 서늘한 성질을 지녀 몸의 열을 식히고 진액을 보호하는 효과가 있다고 알려져 있습니다. 하지만 정제된 흰 밀가루는 가공 과정에서 영양소가 손실되고, 글루텐이라는 끈적이는 단백질 성분 때문에 소화가 더딘 경향이 있습니다. 비위가 약한 아이가 밀가루 음식을 과하게 먹으면 배에 가스가 차고 더부룩해지며, 변비나 설사가 잦아질 수 있습니다.

저희 아들들도 면 요리라면 자다가도 눈을 번쩍 뜨곤 합니다. 완전히 막을 수 없다면 지혜롭게 먹이는 방법을 찾는 것이 현실적입니다. 파스타나 국수를 만들 때는 브로콜리, 파프리카, 버섯 같은 채소를 평소보다 두 배는 더 넣어줍니다. 채소의 섬유질이 밀가루의 소화를 돕고, 영양의 균형도 맞춰주기 때문입니다. 일반 국수 대신 소화가 잘되는 쌀국수를 사용하거나, 빵을 먹어야 한다면 통밀빵을 선택하는 것도 한 방법입니다. 또, '면은 일주일에 한 번만!'처럼 규칙을 정하면 과식을 막고 올바른 식습관을 잡는 데 도움이 됩니다.

아이를 살리는 약이 되는 밥상의 원칙

많은 분이 오해하는 부분이 있습니다. '약이 되는 밥상'은 '특별한 보양식'을 차려야만 가능한 걸까요? 그렇지 않습니다. 가장 좋은 약은 일상적인 식탁 위에 있습니다. 아이의 비위가 부담 없이 음식을 받아들여 그것을 온전히 기와 혈액으로 바꿀 수 있을 때 그 밥상은 곧 보약이 됩니다. 핵심은 복잡하지 않습니다. 아이가 편안하게 소화할 수 있는 밥상, 그것이 바로 최고의 '약이 되는 밥상'의 원칙입니다.

저 역시 아이들의 건강을 위해 무엇을 먹일지 고심하며 많은 책을 찾아보고 공부했지만, 저자마다 의견이 달라 혼란스러울 때가 많았습니다. 그렇게 여러 시행착오 끝에 세운 원칙은 의외로 단순합니다.

가공식품은 가능한 한 멀리할 것.
육류든 채소든 최대한 자연 그대로의 유기농 식재료를 선택할 것.
제철에 나는 재료를 중심으로 최소한의 가공만 거쳐 먹을 것.

조리 방법 역시 중요합니다. 기름에 튀기거나 볶는 대신, 물을 끓여 익히거나 불에 가볍게 굽는 방식을 권합니다. 치킨, 돈까스, 탕수육보다는 소고기는 샤브샤브로, 돼지고기는 수육으로, 닭고기는 백숙으로 조리해 보세요. 이렇게 하면 영양소 손실을 최소화하면서도 단백질을 충분히 공급할 수 있습니다. 특별한 비법이 필요한 것이 아닙니다. 자연에 가까운 식재료와 단순한 조리법이야말로 아이의 몸을 든든하게 지켜주는 가장 확실한 방법입니다.

여기서 한 가지 유의해야 할 점은 음식에 대한 반응은 아이마다 다를 수 있다는 것입니다. 자연 그대로의 식재료라 해도 알레르기가 있거나 섭취 후 불편을 겪은 적이 있다면 사용하지 않는 것이 안전합니다.

체질과 증상에 맞는 맞춤 식재료를 활용하는 것도 중요합니다. 모든 아이에게 똑같이 좋은 음식은 없습니다. 아이를 유심히 관찰하다 보면 몸이 차가운지, 혹은 열이 많은지와 같은 기본적인 성향을 알 수 있습니다.

몸이 차가운 아이는 평소 손발이 차고 추위를 잘 타며, 따뜻한 음료를 선호하고 묽은 변을 자주 봅니다. 이런 경우에는 몸을 따뜻하게 데워주는 식재료가 보약이 됩니다. 닭고기, 부추, 생강, 계피, 마늘, 찹쌀 같은 재료가 대표적이며, 카레의 주재료인 강황도 도움이 됩니다.

반대로 몸에 열이 많은 아이는 얼굴이 붉고 더위를 심하게 타며, 찬물을 벌컥벌컥 마시고 변비가 잘 생깁니다. 이런 아이에게는 몸의 열을 식혀주는 재료가 좋습니다. 돼지고기, 오이, 가지, 녹두, 메밀, 보리 등이 이에 해당합니다.

소화기가 약한 아이들은 단호박, 늙은 호박, 고구마, 감자, 좁쌀, 옥수수처럼 노란빛을 띠고 자연스러운 단맛이 나는 음식이 비위의 기운을 보강하고 소화를 편안하게 해줍니다.

입맛이 없고 기운이 없는 아이에게는 '단호박 좁쌀죽'을 권합니다. 단호박의 단맛은 식욕을 돋우고, 좁쌀은 비위의 기운을 북돋아 소화 흡수를 도와줍니다. 둘째도 장염으로 고생한 뒤 입맛을 완전히 잃었을 때 이 죽을 끓여 먹였습니다. 처음에는 숟가락도 겨우 드는 정도였지만 며칠 꾸준히 먹어보니 속이 편해지는 것을 스스로 느꼈는지 한 그릇을 금세 비우곤 했습니다. 그렇게 아이는 '편안한 음식의 힘'을 몸으로 배워갔습니다.

감기에 걸렸을 때도 마찬가지입니다. 콧물이 맑게 흐르고 몸이 오슬오슬 추울 때는 따뜻한 성질의 파뿌리 생강차가 좋고, 목이 붓고 아프면서 누런 콧물이 나올 때는 서늘한 성질의 도라지 배숙이 효과적입니다. 아이의 상태를 세심하게 살펴 알맞은 식재료를 고르는 일이 식치(食治)의 시작이며, 음식으로 다스리는 치료의 첫걸음입니다.

살아 있는 효소와 유익균이 가득한 **발효 음식**은 아이의 소화를 돕고 장을 건강하게 하는 훌륭한 밥상 자원입니다. 김치, 된장, 간장, 청국장 같은 전통 발효 음식은 그 자체로 소화제이자 영양제라 할 수 있습니다. 발효 과정에서 만들어진 수많은 효소와 유익균이 아이의 장내 환경을 튼튼하게 지켜주기 때문입니다.

하지만 많은 아이가 김치의 매운맛이나 청국장의 독특한 냄새를 힘들어합니다. 따라서 집에서는 억지로 먹이는 대신 '가려주기'와 '순화하기' 전략을 썼습니다. 맵지 않은 백김치를 물에 살짝 헹군 후 잘게 다져 주먹밥에 섞어주거나, 된장찌개 대신 된장을 조금만 풀어 끓인 시래깃국으로 시작했습니다. 처음부터 많이 주기보다는 아주 소량으로 시작해 아이가 천천히 맛에 익숙해질 수 있는 시간을 주는 것이 중요합니다. 억지로 삼키는 한 숟갈은 약이 아니라 독이 될 수 있기 때문입니다.

사랑을 담은 밥상, 가장 확실한 식치(食治)

'독이 되는 밥상', '약이 되는 밥상'이라는 다소 극단적인 표현으로 이야기를 시작했지만, 사실 우리의 일상에 완벽한 '약상'이나 '독상'은 존재하지 않습니다. 아이가 친구 생일 파티에 가서 피자와 케이크를 먹을 수도 있고, 입맛이 없어 과자로 끼니를 대신하고 싶을 때도 있습니다. 그런 날이 있다고 해서 아이를 다그치거나 부모가 죄책감을 느낄 필요는 없습니다.

중요한 것은 균형과 흐름을 아는 일입니다. 오늘 차고 기름진 음식을 먹었다면, 내일은 따뜻한 죽이나 숭늉으로 속을 달래주는 지혜. 아이가 요즘 유난히 피곤해 보인다면, 비위를 북돋는 노란빛 음식을 식탁에 한 번 더 올려주는 세심한 관심. 이것이 엄마가 아이에게 건넬 수 있는 가장 소박하면서도 확실한 '맞춤 처방'입니다.

매일 차려내는 밥상은 단순히 배를 채우기 위함이 아닙니다. 그것은 엄마가 아이의 몸과 마음을 살피고 사랑을 전하는 가장 따뜻하고 강력한 소통의 자리입니다. 오늘 저녁, 아이의 얼굴을 잠시 들여다본 후 "이거 먹고 힘내!"라는 마음을 담아 따뜻한 밥과 국을 올려보세요. 가정에서 실천할 수 있는 가장 위대한 식치(食治)의 시작입니다.

비위가 약한 아이를 위한 초간단 레시피

- 단호박 좁쌀죽

- **재료:** 좁쌀 1/2컵, 단호박 1/3개
- **만드는 법**

깨끗이 씻은 좁쌀을 30분 정도 불린다.

단호박은 껍질을 벗기고 씨를 제거한 뒤 찜기에 쪄서 으깬다.

냄비에 불린 좁쌀과 물을 넣고 끓이다가, 좁쌀이 퍼지기 시작하면 으깬 단호박을 넣고 함께 끓인다.

충분히 퍼지고 부드러워지면 소금이나 꿀로 간을 맞춘다.(돌 전 아기라면 간은 생략)

신계(腎系)가 허약한 아이를 위한 특별 레시피

- 기운 충전 검은콩 미음

- **재료:** 검은콩 1/4컵, 쌀 1/2컵, 대추 5개, 생강 조금
- **만드는 법**

검은콩을 하룻밤 불린 뒤 삶는다.

불린 콩과 쌀을 곱게 갈아 끓인다.

대추와 생강을 넣고 1시간 정도 더 끓인다.

부드럽게 걸러서 아이에게 준다.

폐계(肺系)가 허약한 아이를 위한 보너스 레시피

- 배숙 만들기

- **재료:** 배 1개, 꿀 10큰술, 대추 15개, 도라지 10~15g, 생강 10g
  (선택: 물 100~200ml, 계피 약간)

- **만드는 법**

- 재료 손질:

  배는 윗부분을 뚜껑처럼 잘라 속 씨 부분을 파내고, 밑동을 살짝 도려 세울 수 있게 한다.

  도라지는 껍질을 벗겨 채 썰고, 대추는 씨를 빼 얇게 썰거나 통째로 사용한다.

  생강은 편으로 얇게 썬다.

- 속 채우기: 파낸 배 속에 도라지 · 생강 · 대추 · 꿀을 넣고, 기호에 따라 잣이나 계피를 추가한다.

- 찜 준비: 배 뚜껑을 덮어 내열 용기에 담고 찜기에 올린다. (밥솥 · 냄비 사용 가능)

- 찜: 중불에서 40~60분간 찌면 배가 투명해지며 완성된다.

- **팁**

배와 속 재료, 국물을 함께 떠먹습니다. 배숙 국물은 감기, 기침, 기관지염에 좋습니다.

도라지는 쓴맛이 강하므로 잠시 물에 담가 쓴맛을 빼면 부드러워집니다. 꿀은 마지막에 넣어 단맛을 조절하세요.

3.

첫 약초와 차,
안전하게 시작하기

❀ ❀ ❀

한약이라는 단어를 들으면 어떤 이미지가 그려지나요? 진한 빛깔, 씁쓸한 향, 그리고 왠지 모를 강한 느낌이 떠오를 겁니다. 진료실에서 아이의 치료를 위해 한약을 권하면 어머님들이 걱정하시는 부분도 바로 이 지점입니다.

"아이가 너무 어린데 괜찮을까요?"

"써서 잘 먹을 수 있을까요?"

한약은 수천 년 동안 축적된 임상 경험과 현대 연구를 통해 그 안전성과 효과가 검증된 의학의 한 축입니다. 한의학은 아이를 작은 성인이 아니라 성장하는 과정에 있는 독립된 존재로 바라보며 그에 맞는 처방을 쌓아왔습니다. 수많은 세대를 거쳐 아이들의 열을 내리고 기침을 다스리며, 성장을 돕는 데 사용되어 온 한약은 깊은 학문적 기반 위에 세워진 지혜의 산물입니다. 임상에서 수많은 아이가 한약을 통해 호전되는 모습을 지켜보며 한약이 지닌 치유력에 대한 믿음과 애정이 더욱 깊어졌습니다.

아이들에게 한약이 한 걸음 더 가까워지길 바라는 마음으로, '치료제' 한약이 아닌 '생활 속 건강 음료'로서의 한방차와 약초 이야기를 해보려고 합니다. 사실 약초(藥草)라는 이름 때문에 어렵게 느껴질 뿐 우리는 이미 생활 속에서 수많은 약재를 음식으로 접하고 있습니다. 감기 기운이 있을 때 넣는 생강과 대추, 수정과에 향을 더하는 계피, 반찬으로 익숙한 도라지까지. 모두 몸을 돌보는 훌륭한 약재입니다.

이 장의 목표는 손쉽게 구할 수 있는 안전한 식재료이자 약재를 활용해 아이의 컨디션에 따라 물처럼, 음료수처럼 마실 수 있는 순한 첫 한방차를 만들어보는 것입니다. 그러나 부담은 갖지 마세요. 우리 집 부엌은 이미 훌륭한 약재들로 가득한 '작은 약방'이니까요. 이제 아이의 작은 증상들을 부드럽게 다스리고 면역력의 기초를 다져주는 엄마표 한방차의 세계로 함께 들어가 보겠습니다.

첫 한방차, 이것만은 꼭 지켜주세요

아이에게 한방차를 처음 권할 때는 어른과 같은 방식으로 접근해서는 안 됩니다. 아이의 몸은 맑고 예민하여 작은 자극에도 크게 반응하기 때문입니다. 그래서 본격적으로 약초를 소개하기에 앞서 엄마가 '우리 아이 홈닥터'가 되기 위해 반드시 기억해야 할 네 가지 원칙을 말씀드립니다.

첫째, 연하게, 소량부터 시작하세요.
아이를 위한 한방차는 어디까지나 '약'이 아닌 '차'입니다. 어른이 마시는 것처럼 진하게 달이면 오히려 거부감이 커질 수 있습니다. 평소 보리차를 끓이는 농도를 기준으로, 마른 약재는 어른 사용량의 3분의 1에서 4분의 1 정도만 사용하세요. 물은 넉넉히 부어 은은하게 우려내듯 끓이는 것이 좋습니다. 처음에는 한두 모금만 권해보고 아이가 부담 없이 잘 마신다면 그때부터 조금씩 양을 늘려가면 됩니다.

저도 초보 엄마 시절에는 의욕이 앞서 실수한 적이 있습니다. 둘째 아이가 콧물을 훌쩍이기에 감기에 좋다는 약재를 넣고 진하게 달여주었더니, 아이가 한 모금 맛보더니 "엄마, 이거 맛없어!" 하고 도망가 버렸습니다. 처음에는 엄마의 욕심을 내려놓아야 한다는 것을 경험을 통해 알게 되었습니다. 아이에게는 효과보다 '즐겁게 마실 수 있는 경험'이 중요합니다.

둘째, 아이의 몸이 보내는 반응을 세심하게 살피세요.

한방차를 마신 뒤 아이의 몸이 어떻게 달라지는지 관찰하는 것이 중요합니다. 대변의 상태는 소화기와 전신 반응을 잘 보여주는 지표입니다. 차를 마신 후 갑자기 변이 묽어지거나 단단해지지는 않았는지, 피부에 발진이 올라오지는 않았는지, 혹은 배가 아프다고 하지 않는지 세심히 살펴야 합니다. 아무리 순한 약재라도 아이의 체질과 맞지 않으면 부담이 될 수 있기 때문입니다.

만약 조금이라도 불편한 반응이 나타난다면 바로 중단하고 전문가와 상의하는 것이 안전합니다. 이때 엄마가 매일 기록하는 작은 '관찰 일기'는 어떤 진단 기기보다도 정확하게 아이의 몸 상태를 알려주는 귀한 자료가 됩니다.

셋째, 자연스러운 단맛으로 아이의 입맛을 열어주세요.

아이들은 본능적으로 쓴맛을 피합니다. 쓴맛을 독과 연결 지어 회피하는 것은 원시적인 방어기제이기 때문입니다. 그래서 억지로 마시게 하면 아이는 한방차를 별로 느낄 수 있습니다. 이때 도움이 되는 재료가 대추(大棗)와 꿀(만 1세 이상)입니다.

대추는 은은한 단맛으로 다른 약재의 맛을 부드럽게 조화시켜 줄 뿐 아니라 비위(소화기)를 튼튼히 해 소화를 돕는 역할도 합니다. 그래서 한방차에 대추 서너 알을 함께 넣어 끓이면 아이가 훨씬 편안하게 마실 수 있습니다. 쓴맛이 강한 차라면, 다 끓인 뒤 꿀을 살짝 더해 달콤함을 보태주는 것도 좋은 방법입니다. 아이의 입맛을 고려해 맛을 조율해주면 차를 마시는 시간이 즐겁고 따뜻한 경험으로 자리 잡을 수 있습니다.

넷째, 한방차는 '치료'가 아니라 '관리'라는 마음으로 접근하세요.

여기서 소개하는 한방차는 아이가 열이 높이 오르거나, 밤새 기침으로 잠을 이루지 못하는 상황에서 쓰는 '치료제'가 아닙니다. 콧물이 살짝 비치기 시작할 때, 목이 칼칼하다고 할 때, 평소보다 기운이 없어 보일 때처럼 병으로 번지기 전의 작은 신호에 대응하는 부드러운 관리 방법입니다.

증상이 심해지거나 이틀, 삼일 이상 지속된다면, 반드시 병원을 찾아 정확한 진단과 치료를 받아야 합니다. 한방차는 작은 불균형을 바로잡는 조력자이지, 전문 치료를 대신할 수는 없습니다.

증상에 따라 골라 마시는 엄마표 한방차

아이들에게 자주 나타나는 증상에 맞춰 집에서 간편하게도 만들 수 있는 순한 한방차를 소개해드립니다.

아이가 으슬으슬 춥다고 하면서 맑은 콧물을 훌쩍일 때가 있습니다. 이는 차가운 기운(寒邪)이 이제 막 몸의 방어막을 뚫고 들어온 초기 감기 증상으로 볼 수 있습니다. 이럴 때는 몸을 따뜻하게 데워 땀을 살짝 내주고 나쁜 기운을 밖으로 몰아내는 것이 중요합니다.

이때 권하는 것이 **총백생강대추차**입니다. 파의 흰 뿌리 부분인 총백(蔥白)은 따뜻하고 매운맛을 지녀 막힌 기운을 열어주며, 생강(生薑)은 위장을 보호하면서 몸을 덥혀 땀을 내게 돕습니다. 여기에 대추(大棗)를 더하면 매운맛이 부드럽게 중화되고, 아이의 기운을 보충해주는 효과까지 더해져 초기 감기에 알맞은 조합이 됩니다.

이 차를 아이에게 줄 때는 '파 뿌리'라는 이름 대신 "감기 괴물을 물리치는 용감한 파 티(tea)"라고 불러줍니다. 물 1L에 파 뿌리 두세 개와 생강 한두 쪽, 대추 서너 알을 넣고 약 20분간 끓이면 아린 맛은 사라지고 구수하면서 알싸한 향이 납니다. 여기에 꿀을 살짝 타주면 아이도 거부감 없이 마시곤 합니다.

아이들이 환절기마다 자주 호소하는 증상 중 하나가 목의 건조감과 마른 기침입니다. 공기가 메마를 때면 목이 칼칼하고 따갑다고 하거나, 가래 없이 쇳소리가 섞인 기침을 콜록일 때가 많습니다. 이럴 때 도움이 되는 차가 **도라지배차**입니다.

도라지(桔梗)는 폐로 들어가 막힌 기운을 풀어주고 가래를 삭이며 목의 통증을 완화하는 효능이 있습니다. 여기에 성질이 서늘한 배를 더하면 폐의 열을 내려주고, 건조해진 폐를 촉촉하게 적셔주는 '보음(補陰)' 효과까지 기대할 수 있습니다. 건조함과 열을 동시에 잡아주는 서로 꼭 맞는 한 쌍이라

할 수 있지요.

가을이 되면 '**배도라지청**'을 한 병 가득 만들어 둡니다. 배와 도라지를 얇게 썰어 꿀에 재워두면, 필요할 때마다 뜨거운 물에 한두 숟갈만 타도 금세 차가 완성되지요. 아이가 목이 아프다고 할 때 이렇게 타 주면 달콤한 향이 퍼지며 거부감 없이 잘 마십니다.

아이들이 밥을 잘 먹지 않고, 배에 가스가 찬 듯 불편해 보이거나 식욕이 떨어질 때가 있습니다. 이럴 때는 소화기를 부드럽게 움직여주는 따뜻한 차 한 잔이 도움이 됩니다. **사인진피차**는 그런 순간에 딱 어울리는 차입니다.

사인(砂仁)은 속을 따뜻하게 해주며, 뭉친 기운을 풀어 소화를 돕는 대표적인 약재입니다. 여기에 잘 말린 귤껍질인 진피(陳皮)를 더하면 은은한 향으로 기분을 환기시키고, 비위의 기운을 소통시켜 소화를 원활하게 합니다. 기름진 음식을 먹고 체했을 때도 도움이 됩니다.

사인은 대형 마트의 향신료 코너에서 쉽게 구할 수 있습니다. 사인 두세 알을 살짝 으깬 뒤, 잘 말린 귤껍질(혹은 유기농 귤껍질) 한 줌과 함께 끓이면 집안 가득 상쾌한 귤 향기가 퍼져 아이의 기분까지 한결 가벼워집니다. 이 차를 아이에게 줄 때는 "배가 편안해지는 향긋한 귤 차"라고 소개합니다. 여기에 볶은 보리를 조금 넣으면 맛이 더욱 구수해져 아이들이 즐겁게 마실 수 있습니다.

아이들이 특별한 이유 없이 칭얼대거나, 불안한 듯 안절부절못할 때가 있습니다. 밤이 되어도 쉽게 잠들지 못하고 자주 깨는 모습을 보고 있자면 부모두 덩달아 긴장이 되지요. 이럴 때 아이의 마음을 편안히 다독이고 숙면을 돕는 차가 있습니다. 바로 **감맥대조차**입니다.

이 차는 유명한 한약 처방인 '감맥대조탕'을 차 형태로 만든 것입니다. 감초(甘草)는 긴장을 풀어주고, 밀(小麥, 통밀)은 열을 내려 마음을 안정시키며, 대추(大棗)는 불안한 기운을 달래줍니다. 이는 아이들의 '야제(夜啼, 밤에 우는 증상)'나 예민한 신경성 증상에 부드럽게 사용할 수 있으며, 약성이 순하고 안전해 어린아이에게도 무리가 없습니다.

감초와 대추가 내는 자연스러운 단맛 덕분에 아이들도 거부감 없이 마십니다. 유난히 흥분해서 쉽게 잠들지 못하는 날이면 잠자기 한 시간 전 따뜻한 감맥대조차 한 잔이 '잠자리 의식'이 되곤 합니다. "마음이 차분해지는 행복한 꿈 차 한 잔 할까?"라는 말이 곧 잠자리에 들 시간이라는 신호가 되어, 아이도 자연스럽게 하루를 마무리할 수 있게 됩니다.

엄마의 사랑을 담아 끓이는 한 잔의 지혜

이제 한방차와 약초가 조금은 더 가깝게 느껴지시나요? 처음부터 여러 가지 약재를 준비할 필요는 없습니다. 냉장고 속 대추 몇 알, 생강 한 톨만으로도 충분합니다. 대추만 넣어 끓이면 기와 혈을 보충하고 마음을 편안하게 해주는 '보혈안신차(補血安神茶)'가 되고, 생강에 꿀만 더해도 속을 따뜻하게 데우는 훌륭한 건강차가 됩니다. 거기에 "이거 마시고 얼른 나아라." 하는 따뜻한 정성이 더해질 때, 평범한 한 잔의 차는 그 어떤 명약보다 값진 '우리 집 보약'이 됩니다.

오늘 아이의 컨디션을 살피며 따뜻한 차 한 잔을 건네보세요. 엄마의 손으로 직접 고른 약재에 사랑 한 스푼이 더해지면 그 한 잔은 아이의 몸을 보살필 뿐 아니라 마음까지 어루만져 줄 최고의 처방이 될 것입니다.

4.

막혔을 때 톡!
우리 아이 홈 마사지

❀ ❀ ❀

아이를 키우다 보면 이유를 알 수 없는 답답한 순간을 자주 마주하게 됩니다. 갓난아이를 키울 땐 기저귀도 갈아주고 젖도 물렸는데도 울음을 멈추지 않아 엄마의 마음이 속부터 타들어 가곤 합니다. 조금 더 자라서는 "배 아파.", "머리 아파."를 반복하지만 병원에 가도 뚜렷한 원인을 찾지 못할 때가 있습니다.

그럴 때 문득 떠오르는 것이 우리 할머니들의 노래 같은 주문이지요.

"엄마 손은 약손, 아기 배는 똥배~"

따뜻한 손길이 닿으면 신기하게도 아이의 표정이 한결 편안해지고 울음도 잦아듭니다. 이것은 단순한 위로가 아니라 한의학적으로도 설명 가능한 치유 과정입니다.

아이의 몸은 어른의 축소판이 아닙니다. 아이는 피부가 얇고 기(氣)가 흐르는 통로인 경락(經絡)이 표면 가까이에 있어 외부 자극에 민감하게 반응합니다. 그래서 부드러운 손길로 쓸어주고 만져주는 것만으로도 막힌 기운이 풀리고 장부의 기능이 조절될 수 있습니다. 이를 '소아추나(小兒推拿)'라 부르는데요. 아이들을 위한 대표적인 한의 치료법 중 하나입니다.

이 장에서는 병원에서 받는 전문 추나 요법이 아니라 엄마가 집에서 사랑을 담아 해줄 수 있는 간단한 '홈 마사지'를 소개하려 합니다. 복잡한 경혈 이름을 모두 외울 필요는 없습니다. 아이의 불편을 덜어주고 엄마의 마음을 전하는 '약손'의 비밀을 지금부터 배워보겠습니다.

홈 마사지, 황금 원칙 네 가지

아이의 몸에 직접 손을 대는 만큼, 마사지를 시작하기 전에 꼭 기억해야 할 몇 가지 원칙이 있습니다. 이 원칙은 마사지 효과를 높이는 것을 넘어 그 시간을 엄마와 아이 모두에게 따뜻한 교감의 순간으로 만들어줍니다.

무엇보다 중요한 것은 **아프지 않게, 부드럽게** 하는 것입니다. 혈자리를 자극한다고 해서 어른에게 하듯 강한 압력을 주어서는 안 됩니다. 아이가 조금이라도 아픔을 느끼는 순간, 마사지는 치료가 아니라 고문이 되어버립니다. 엄마의 손끝, 지문이 있는 살 부분을 이용해 잘 익은 복숭아를 살짝 눌러보는 정도의 힘으로 마사지하는 것이 가장 알맞습니다.

저도 첫째 아이의 비염에 도움이 되는 혈자리를 눌러주다 힘 조절을 하지 못해, 아이가 "아야!" 하며 손을 뿌리친 적이 있습니다. '누른다.'가 아니라 '사랑으로 어루만진다.'라는 느낌으로 해야 합니다. 아이의 표정이 편안해야 엄마의 손이 진짜 '약손'이 되는 것입니다.

손의 온기와 분위기도 신경 써야 합니다. 차가운 손이 닿으면 아이는 놀라 몸을 움츠리게 됩니다. 시작하기 전 반드시 양손을 비벼 따뜻하게 만들어 주세요. 피부가 건조하다면 자극이 적은 베이비오일이나 로션을 한두 방울 덜어 사용하는 것도 좋습니다. 마사지를 하는 시간대도 중요합니다. 아이가 흥분해서 울고 떼쓰는 순간보다는 목욕 후나 잠자리에 들기 전처럼 마음이 차분해진 시간에 하는 것이 훨씬 효과적입니다.

또 한 가지 원칙은 '한 번에 길게 하기보다 **짧고 꾸준하게**'입니다. 아이들의 집중력은 오래가지 않습니다. 한 번에 30분씩 길게 하기보다는, 하루 5분이라도 매일 이어가는 편이 훨씬 낫습니다. 마사지는 특별한 증상이 있을 때만 하는 게 아닙니다. 평소에도 잠들기 전 짧은 시간, 엄마의 부드러운 손길로 마사지를 해주세요. 이 작은 습관이 면역력을 키우고 성장을 돕는 생활 리듬을 만들어 줍니다.

마지막으로, 마사지를 '치료'가 아닌 '**놀이**'처럼 만들어 주는 것이 좋습니다. 아이에게 "이제 치료를 시작하겠다."라고 말하면 부담스럽게 느낄 수 있습니다. 대신 혈자리마다 재미있는 이름을 붙여주고 노래나 소리를 곁들이면 훨씬 즐겁게 받아들입니다. 예를 들어 "코가 뻥 뚫리는 뻥뻥 버튼!", "배를 편안하게 해주는 부릉부릉 시동 걸기!"처럼 표현해 보세요. 엄마의 즐거운 목소리와 따뜻한 손길이 어떤 치료보다도 뛰어난 약이 됩니다.

증상별 '마법 버튼' 홈 마사지

아이가 자주 겪는 불편 중 하나, 코막힘입니다. 이럴 때 도움이 되는 혈자리는 **영향혈(迎香穴)**[9]입니다. 이름 그대로 '향기를 맞이하는 자리'라는 뜻을 지니며 코와 관련된 모든 증상에 효과적입니다. 위치는 콧방울 양옆, 팔자 주름이 시작되는 오목한 부분입니다.

마사지 방법은 간단합니다. 엄마의 검지로 이 지점을 지그시 누른 뒤, 부드럽게 원을 그리며 1~2분 정도 마사지해 주세요. 그러면 막힌 코가 조금씩 시원하게 뚫리는 느낌을 받을 수 있습니다.

집에서는 이 마사지를 '코 뻥뻥 체조'라고 부릅니다. "하나, 둘, 셋, 코가 뻥~!" 하고 소리를 내주면 아이가 까르르 웃으며 따라 하곤 하지요. 아이 스스로 손가락으로 혈자리를 눌러보게 하는 것도 좋은 방법입니다. 놀이처럼 즐기면서 할 때 효과는 더욱 커집니다.

아이의 배가 더부룩해 보이거나 소화가 잘되지 않을 때는 복부 마사지를 해주는 것이 좋습니다. 배꼽과 명치 사이에 위치한 **중완혈(中脘穴)**[10]은 위장의 기운이 모이는 중요한 혈자리로 이 부위를 함께 자극하면 효과가 더 큽니다.

우선 엄마의 손바닥 전체를 아이 배에 대어 따뜻한 온기를 전해 주세요. 그다음 배꼽을 중심으로 손바닥을 움직여 시계 방향, 즉 대장이 움직이는 방향으로 원을 그리며 30~50회 정도 부드럽게 쓸어줍니다. 마지막으로 중

---

9 부록 258쪽 참고
10 부록 259쪽 참고

완혈을 엄지로 지그시 1분가량 눌러주면 한결 편안해집니다.

이 마사지는 놀이처럼 해주면 더욱 즐겁습니다. 저희 집에서는 '뱃속 기차 놀이'라고 부릅니다. "지금부터 뱃속 기차가 음식물을 싣고 칙칙폭폭 출발합니다!" 하고 말하며 손을 움직이면 아이는 간지럽다며 깔깔 웃습니다. 특히 잠들기 전 복부 마사지를 해주면 속이 편안해져 아이가 깊은 잠에 들기 좋습니다.

아이가 열이 나고 보채는 순간에는 팔 안쪽을 따라 내려오는 **천하수(天河水)**[11] 부위를 마사지해 보세요. 이곳은 손목과 팔꿈치의 안쪽 주름을 곧게 이은 중앙선 부위로, 이름 그대로 '하늘의 강물'처럼 몸속의 열을 식혀주는 역할을 합니다.

방법은 간단합니다. 엄마의 검지와 중지를 붙여 손목에서 팔꿈치 쪽으로, 한 방향으로만 부드럽게 쓸어 올립니다. 이 동작을 100~200회 정도 반복하면 아이의 열감이 조금씩 가라앉고 마음도 차분해집니다.

"우리 아가 몸속에 있는 뜨거운 불씨를 시원한 강물로 씻어내자~ 후~" 하고 입으로 바람을 불어주며 함께 합니다. 아이는 시원하다며 웃음을 짓곤 하지요. 다만 이 방법은 어디까지나 보조적인 방법입니다. 미열이나 열감이 있을 때 아이를 편안하게 해주는 데 도움이 되지만, 체온이 38도 이상으로 오르면 열의 원인을 찾기 위해 의사의 진료를 받아야 합니다.

---

11 부록 259쪽 참고

아이가 쉽게 잠들지 못할 때는 손목 안쪽에 있는 **신문혈(神門穴)**[12]을 자극해 보세요. 손목 주름의 새끼손가락 쪽 오목한 지점에 자리한 이 혈자리는 '정신이 드나드는 문'이라는 뜻을 지니며 마음을 안정시키는 대표적인 혈자리입니다. 엄지로 이 부위를 1~2분간 부드럽게 눌러주면 됩니다. 힘을 주기보다 편안하게 지그시 눌러주는 것이 좋습니다.

집에서는 이 마사지를 잠자리 의식으로 삼고 있습니다. 신문혈을 살짝 누르며 "똑똑, 잠의 요정님 들어오세요~" 하고 속삭이면, 아이는 그 말소리와 손길에 마음이 차분해지고 곧 편안한 잠에 빠져듭니다. 작은 자극이지만 아이의 긴장을 풀고 몸과 마음을 이완시키는 데 큰 도움이 됩니다.

최고의 약손은 사랑이 담긴 엄마의 손

아이에게 도움이 되는 여러 혈자리와 마사지 방법을 알아보았지만, 이 모든 것을 한 번에 다 외워야 한다는 부담은 내려놓으셔도 좋습니다. 코가 막혔을 때는 '영향혈' 하나만 기억해서 눌러주어도 충분하고, 배가 아플 때는 시계 방향으로 배를 부드럽게 쓸어주는 것만으로도 큰 도움이 됩니다.

기술보다 더 중요한 것은 엄마의 마음과 손길입니다. 아이를 사랑스럽게 바라보는 눈빛, 아픔에 공감하는 따뜻한 마음, 그리고 그 마음이 담긴 손길. 이 세 가지만 있으면 엄마의 손은 세상에서 가장 훌륭한 '약손'이 됩니다.

"엄마 손은 약손"이라는 주문은 아이에게는 '엄마가 곁에서 나를 지켜주고 있다.'는 안정감을, 엄마에게는 '나는 내 아이를 돌보고 치유할 힘이 있

---

12 부록 259쪽 참고

다.'는 자신감을 심어줍니다. 오늘 밤, 잠든 아이의 손과 발, 배를 부드럽게 어루만져 보세요. 그 교감의 순간이 아이의 몸과 마음을 함께 키워주는 위대한 손길이 될 것입니다.

성장과 면역을 돕는 홈 마사지 가이드

집에서도 간단히 실천할 수 있는 마사지 방법을 정리했습니다. 아이의 체질과 상태에 맞게 무리하지 않는 선에서 가볍게 따라 해보세요.

① 비위 기능을 돕는 배 마사지

아이가 소화가 더딘 듯할 때는 배 마사지를 해주는 것이 좋습니다. 손바닥으로 배 전체를 시계 방향으로 부드럽게 쓰다듬고, 배꼽 주변을 원을 그리듯 어루만져 주세요. 배꼽과 명치 사이에 있는 **중완혈**[13]을 30초 정도 지그시 눌러주면 위장의 기운이 한결 편안해집니다.

② 성장을 돕는 등 마사지

척추 양옆을 따라 목에서 꼬리뼈까지 쓸어내리듯 문질러 주면 기혈의 흐름이 원활해집니다. 날개뼈 사이, **폐수혈**[14] 부위를 부드럽게 주무르면 호흡기가 튼튼해지고, 허리 양쪽의 **신수혈**[15]을 엄지로 눌러주면 성장과 뼈 발달에 도움이 됩니다.

---

13 부록 259쪽 참고
14 부록 259쪽 참고
15 부록 259쪽 참고

③ 면역력을 높이는 발 마사지

발은 온몸의 축소판입니다. 양쪽 발바닥 전체를 각각 2분 정도 주무르고, 발바닥 앞쪽 중앙에 있는 **용천혈**[16]을 30초간 눌러주세요. 이어서 발가락을 하나씩 돌려가며 자극하면 기혈 순환이 활발해지고 면역력 강화에도 도움이 됩니다.

---

16 부록 260쪽 참고

5.

체질별 맞춤 면역 관리법

❀ ❀ ❀

아이의 체질을 관찰하고 그에 맞는 생활 루틴을 만들어 주는 일은 이제 더 이상 어려운 일이 아닙니다. 이 장에서는 '매일 실천 가능한 루틴'이라는 키워드 아래 아이를 관찰하는 법, 체질에 맞는 돌봄 전략, 꾸준히 실천할 수 있는 운동 루틴까지 정리해 보겠습니다. 작은 실천이 쌓이면 아이의 몸과 마음은 분명 달라집니다. 오늘부터 우리 집만의 홈닥터 루틴을 시작해 보세요.

1주일 체질 관찰 가이드

아이의 체질을 제대로 이해하지 않고는 어떤 관리도 효과를 보기 어렵습니다. 가장 먼저 필요한 건 아이의 하루하루를 세심하게 들여다보는 일입니다. 체온, 수면, 대소변, 식욕, 감정 변화 등을 기록하며, 아이가 보내는 신호를 놓치지 않고 읽어보세요. 하루 5분, 아이를 관찰하고 기록하는 시간을 꾸준히 쌓아가다 보면 어느새 우리 아이만의 체질과 생활 리듬을 보여주는 작은 지도가 완성될 것입니다.

월요일에는 음식 반응을 살펴봅니다.

세 끼 식단을 간단히 기록하고 식사 후 30분과 2시간 뒤 아이의 상태를 관찰해 보세요. 피곤해 보이는지, 활력이 생기는지, 혹은 트림을 하거나 속이 불편하다고 호소하는지 지켜보는 것이 좋습니다. 아이가 좋아하거나 싫어하는 음식도 함께 기록해 두면 도움이 됩니다.

화요일에는 수면 패턴을 관찰합니다.

잠드는 데 걸리는 시간과 방법, 혼자 잠드는지, 아니면 토닥임이 필요한지도 기록하세요. 밤중에 깨는 횟수와 이유, 아침에 깨어날 때의 표정이나 첫마디도 중요한 단서가 됩니다. 이불을 자주 걷어차는지, 자는 동안 자세를 자주 바꾸는지도 놓치지 말고 살펴보세요.

수요일에는 활동량과 에너지를 기록합니다.

하루 중 가장 활발한 시간이 언제인지, 언제 쉽게 피로감을 느끼는지 관찰해 보세요. 놀이 후 회복 속도, 목소리 톤이나 말의 속도에서도 아이의 기운 흐름을 읽을 수 있습니다.

목요일에는 날씨와 환경에 대한 반응을 체크합니다.

기온 변화나 바람, 습도에 예민한지 살펴보고, 자주 찾는 옷의 두께나 재질을 통해 아이 몸이 편안해하는 온도를 파악해 보세요.

금요일에는 정서 반응을 집중적으로 봅니다.

낯선 상황을 마주하거나 스트레스를 받을 때 아이가 어떤 반응을 보이는

지 살펴보세요. 감정이 격해질 때 얼굴빛이나 땀, 말투의 변화가 있는지도 기록하세요. 기쁨, 슬픔, 불안, 분노 같은 감정을 표현하는 방식도 아이마다 다릅니다.

토요일에는 소화와 배변 상태를 점검합니다.

대변의 모양, 색, 냄새, 빈도를 기록하고, 복통이나 가스, 트림 같은 증상이 있었는지도 메모해 두세요. 특히 새로운 음식을 먹은 뒤 어떤 변화가 나타나는지 확인하면 좋습니다.

일요일에는 한 주를 돌아보며 정리합니다.

일주일 동안의 기록을 차분히 정리한 후 반복되는 패턴을 찾아보세요. 특정 상황에서 되풀이되는 반응은 아이 체질을 드러내는 중요한 단서가 됩니다. 다음 주에는 어떤 부분을 좀 더 유심히 관찰할지 미리 정해 두면 꾸준히 실천하기가 한결 수월해집니다.

아이를 관찰해보면 조금씩 아이만의 '패턴'이 보이기 시작할 것입니다. 어떤 아이는 열이 많고, 어떤 아이는 잘 체하며, 또 어떤 아이는 감기에 자주 걸립니다. 이처럼 체질별로 면역력 관리 전략도 달라져야 합니다. 다음으로는 진료실에서 자주 만나는 대표적인 체질 유형별 맞춤 관리법을 소개하겠습니다. 이제 내 아이에게 맞는 관리법을 직접 실천해 볼 차례입니다.

생활 속 체질별 맞춤 관리
소화기가 약한 아이

소화기가 약한 아이는 배를 만져보면 차갑고, 가스가 잘 차는 특징이 있습니다. 겉으로는 식사량이 적고, 배가 자주 아프며, 변이 무르거나 변비가 잦은 모습으로 나타납니다. 감기에 걸리면 종종 설사를 동반하기도 하지요.

이런 아이를 돌볼 때 가장 중요한 원칙은 소화에 부담을 주지 않는 것입니다. 찬 음식, 기름진 음식, 단 음식은 피하고, 과일도 냉장고에서 바로 꺼내서 주지 말고 상온에 두었다가 먹이는 것이 좋습니다. '많이 먹어라.'라는 말을 하기보다, '조금씩, 규칙적으로, 천천히 씹어 먹자.'는 원칙을 지켜주는 것이 훨씬 효과적입니다. 자기 전에는 배를 시계 방향으로 부드럽게 마사지해 주거나 따뜻한 수건으로 찜질을 해주세요. 소화기와 뱃속의 기운이 안정되면서 숙면에도 도움이 됩니다.

호흡기가 약한 아이

호흡기가 약한 아이는 가슴과 목 부위가 서늘하게 느껴지기도 합니다. 기침을 자주 하고 목소리가 잘 쉬며, 비염이나 천식이 함께 나타날 수 있습니다. 감기에 걸리면 증상이 오래 지속되고, 특히 기침이 쉽게 가라앉지 않는 경우가 많습니다.

이 유형의 아이는 호흡기를 촉촉하고 따뜻하게 유지하는 것이 중요합니다. 실내 습도를 50~60% 정도로 유지해 호흡기가 마르지 않도록 관리하고, 외출할 때는 목도리를 두르거나 실내에서는 내복을 활용해 체온 변화를 완화해 주는 것이 좋습니다. 등을 따라 손바닥으로 부드럽게 쓸어내려 주는 방법도 효과적입니다. 두드리듯 강하게 하는 것보다 아이가 편안함을 느낄 만큼 부드럽게 쓰다듬는 것이 중요합니다.

예민하고 잠 못 자는 아이

예민한 기질을 가진 아이들은 가슴 부위가 답답하다며 불편감을 호소하기도 합니다. 자다가 자주 깨고 작은 소리에도 쉽게 놀라며, 감정 기복이 심하고 신경질을 자주 내기도 합니다. 스트레스를 받을수록 감기에 더 쉽게 걸립니다.

이런 아이에게는 마음과 몸을 안정시켜주는 환경이 필요합니다. 침실은 조용하고 어두운 공간으로 마련하고, 일찍 재워 충분히 잘 수 있도록 해주세요. 잠들기 전에는 TV나 스마트폰 같은 자극적인 매체를 피하고 편안하게 누워 복식호흡을 하는 것도 좋습니다. 하루 일정은 여유 있게 구성해 활동량보다 정서적 안정을 우선해야 합니다. 아이가 안정감을 느낄 수 있도록 따뜻한 스킨십과 대화의 시간을 자주 갖는 것이 필요합니다. "괜찮아.", "잘하고 있어." 같은 짧지만 따뜻한 한마디가 아이 마음에 큰 힘이 됩니다.

면역력과 체력을 키우는 단계별 운동법

체질에 맞는 음식과 생활 습관만큼 중요한 것이 '운동'입니다. 기운이 약한 아이일수록 더 조심스럽게, 하지만 꾸준히 몸을 쓰는 연습이 필요합니다.

"허약한 아이에게 운동이 도움이 될까요?"라는 질문을 부모님에게 자주 듣습니다. 답은 분명히 '그렇다'입니다. 허약한 아이일수록 운동이 꼭 필요합니다. 다만 운동이라고 해서 무조건 뛰고 구르는 강한 활동을 의미하지는 않습니다. 아이의 체력에 맞춰 조절하고 조금씩 몸을 깨워나가는 접근이 중요합니다. 적절한 운동은 체력 향상을 넘어 면역력과 성장 에너지를 끌어올리는 핵심 자극이 됩니다. 규칙적인 움직임은 근육을 늘리고, 심폐 기능을 강화하며, 성장호르몬 분비를 촉진합니다. 활동량이 늘어날수록 몸이 필요한 에너지를 흡수하고 회복하는 과정이 더 효율적으로 이루어집니다. 다만 운동이 도움이 되기 위해서는 지켜야 할 전제가 있습니다.

<u>무리하지 않고 즐겁게 할 것,</u>
<u>아이 스스로 '할 수 있다'는 느낌을 가질 것.</u>

다음은 체력과 기운을 점차 끌어올릴 수 있도록 구성한 단계별 운동 루틴입니다. 아이의 현재 체력 수준에 맞춰, 천천히 반복하며 실천해 보세요. 하루 10분의 작은 운동이 아이 몸속 기운을 깨우는 놀라운 변화를 만들어 낼 수 있습니다.

1단계: 몸 깨우기 (1~2개월)

운동을 낯설어하는 아이는 몸을 깨우는 시간부터 가지는 것이 좋습니다. 아침 5분, 저녁 5분. 짧더라도 엄마와 함께 스트레칭을 하며 하루의 시작과 마무리를 루틴화해 보세요. 이때 부드럽게 몸을 주무르는 마사지를 함께하면 순환이 원활해지고 긴장도 자연스럽게 풀립니다. "엄마랑 기지개 켜기 놀이하자!"처럼 놀이로 접근하면 아이가 훨씬 쉽게 받아들입니다.

2단계: 기초 체력 만들기 (3~4개월)

몸이 조금 익숙해지면 집 안에서 가볍게 움직이는 활동을 시작합니다. 실내 걷기 놀이, 계단 한 층 오르기, 공 굴리며 주고받기 같은 단순한 동작도 충분한 자극이 됩니다. 앉았다 일어나기를 반복하는 것만으로도 하체 근력이 자라납니다.

3단계: 야외 활동 시작하기 (5~6개월)

기초 체력이 붙으면 햇볕과 바람을 맞으며 움직이는 시간이 필요합니다. 공원 산책, 마트까지 걸어가기, 놀이터에서 그네나 미끄럼틀 타기처럼 자연스러운 활동이 적합합니다. 또래 친구들과 함께 뛰노는 시간이 늘어나면 사회성까지 함께 자라납니다.

4단계: 본격적인 운동 도전 (7개월 이후)

체력과 자신감이 붙은 시기에는 수영이나 자전거, 가벼운 팀 스포츠에도 도전할 수 있습니다. 다만, 여전히 강도보다는 지속과 재미가 우선입니다. 아이가 힘들어하는 기색을 보이면 잠시 멈추고 충분히 쉬게 해주세요.

운동에서 중요한 것은 실력이 아니라 꾸준함입니다. 오늘은 어제보다 조금 더, 내일은 오늘보다 조금 더 움직일 수 있다면 그것으로 충분합니다. 아이가 보여주는 작은 노력 하나하나에 "너 정말 멋지다!"는 격려를 아낌없이 건네주세요. 칭찬은 아이의 기운을 단단히 붙잡아주는 또 하나의 좋은 약이 됩니다.

오늘 아이의 얼굴빛이 조금 맑아졌다면 그건 우리 집 루틴이 분명히 작동하고 있다는 뜻입니다. 이제 막 시작했더라도 괜찮습니다. 아이의 변화가 눈에 띄게 드러나지 않더라도 조급해하지 마세요. 작은 변화를 묵묵히 지켜봐 주는 인내심이 필요합니다. 부모의 따뜻한 격려가 이어질 때 아이는 느리더라도 꾸준히 앞으로 나아갈 힘을 얻게 됩니다.

아이의 거울이 되는 부모의 마음

여기까지 함께 걸어오신 부모님에게 축하와 격려의 마음을 전합니다. 마지막 장에 이른 만큼, 아이의 건강과 회복을 지켜주는 가장 큰 힘이 무엇인지 다시 한번 떠올려 보고자 합니다.

그 시작은 부모의 평온한 마음에서 비롯됩니다. 부모의 마음이 안정될수록, 그 파동은 아이의 몸과 마음에 고스란히 전해집니다. 하지만 현실 속에서 부모의 마음이 늘 평온하기란 쉽지 않습니다. 아이의 작은 이상 신호 하나에도 가슴이 철렁하고 불안이 밀려드는 건 너무나 자연스러운 일이지요. 부모의 불안은 대체로 두 가지 모습으로 나타납니다.

하나는, 내가 가진 약점이나 질병이 아이에게도 똑같이 드러날 때입니다.

"저도 소화기가 약해요. 그래서 잘 알아요. 이게 정말 힘든데, 제 아이도 평생 이럴까요?"

자신이 겪었던 어려움을 아이에게 물려주지 않으려는 간절한 마음이 불안으로 이어지는 경우이지요.

다른 하나는, 아이가 지금 겪고 있는 문제가 성장하면서 더 심해지거나 평생의 낙인으로 남을까 두려워하는 경우입니다.

"감기만 걸려도 부비동염으로 번지고 콧물이 멈추질 않아요. 초등학교 가면 비염으로 더 심해지는 건 아닐까요?", "지금도 산만한데 사춘기 돼서 더 심해지면 어떡하죠?"

부모는 아이의 '현재'뿐 아니라 '미래'까지 내다보며 걱정합니다. 그것이 바로 부모의 본능이지요. 하지만 미래의 가능성에 대한 불안이 현재를 잠식하고 있다면, 잠시 눈을 감아도 괜찮습니다. 모든 사람이 완벽하게 건강할 수는 없습니다. 우리 모두는 저마다의 결점과 약점을 안고 태어나지만, 그것이 인생의 걸림돌이 되지 않도록 돌보고 가꾸며 살아갑니다.

우리 몸은 기계가 아닙니다. 부족한 부품을 갈아 끼우듯 완벽하게 새로워질 수는 없습니다. 완벽한 건강, 완벽한 외모, 완벽한 하루는 존재하지 않습니다. 조금 부족하면 부족한 대로, 불완전할지라도 그 나름대로 받아들이는 연습이 필요합니다. 그 연습은 하루아침에 이루어지지 않지만, 부모의 시선이 그 시작점이 됩니다.

부모는 아이의 거울입니다.

어릴 때부터 부모가 아이를 바라보는 시선이 곧 아이가 자신을 바라보는 방식이 됩니다. 혹시 "너는 항상 아프고 약한 아이야."라는 시선을 비추고 있지는 않은지 돌아보아야 합니다. 아이에게는 스스로의 회복력을 믿고, 자신의 몸을 신뢰하며 돌볼 수 있다는 믿음을 심어주는 것이 무엇보다 중요합니다. 그 믿음이 자라날 때, 아이는 스스로를 치유할 줄 아는 단단한 사람으로 성장합니다.

이러한 사실을 가장 선명하게 깨닫게 해준 것은 진료실에서 만난 아이들이었습니다. 그중에서도 제 마음에 오래 남은 두 아이의 이야기가 있습니다. 엄마의 마음이 아이의 몸에 어떻게 스며드는지를 보여준 소중한 기록입니다.

다섯 살 시호는 또래보다 감기에 더 자주 걸렸습니다. 한 달에도 두세 번씩 병원을 찾았고, 그때마다 어머니는 깊은 한숨과 함께 "또 감기에 걸렸어요."라며 불안을 감추지 못하셨습니다. 조금만 기침을 해도 "다시 시작되는 건 아닐까?" 하고 체온계를 하루에도 몇 번씩 확인하며 긴장된 모습이었습니다. 아이의 작은 변화에도 예민하게 반응하느라 엄마의 마음은 늘 불안과 초조 속에 놓여 있었습니다.

여섯 살 윤아 역시 감기에 걸리는 횟수는 비슷했지만, 분위기는 사뭇 달랐습니다. 윤아 어머니는 콧물이 흐르면 "아이 성장 과정에서 흔히 겪는 일이야." 하고 차분히 받아들였습니다. 열이 나더라도 "오늘은 좀 쉬어야겠구나." 하며 아이의 전반적인 컨디션을 살폈습니다. 체온은 하루에 몇 차례만 체크했고 불필요한 불안감을 아이 앞에서 드러내지 않으려 애를 썼습니다.

물론 아이들마다 태생적인 체질의 차이는 존재합니다. 그러나 엄마의 마음가짐이 아이의 몸과 회복 과정에 큰 영향을 미친다는 사실은 부정할 수 없습니다. 불안과 초조가 이어지면 그 기운이 아이에게도 전해져 몸의 균형을 흔들 수 있습니다. 심지어 진료 과정에도 영향을 줍니다. 시호 어머니처럼 불안이 큰 경우, 의사에게도 긴장이 고스란히 전해집니다. 진료실에서는 "이번엔 좀 확실한 약을 주세요. 자꾸 재발해서 너무 걱정돼요."라는 요구로 이어집니다. 그러면 불필요하게 강한 약이나 항생제가 처방될 위험도 높아집니다. 반면에 윤아 어머니처럼 차분하게 상황을 설명하고 의사의 판단을 신뢰하면 진료실 안에도 여유가 생기고 꼭 필요한 만큼만 처방이 이뤄집니다. 결국, 엄마의 마음가짐 하나가 아이의 면역력뿐 아니라 치료 방향까지 바꿔 놓을 수 있는 것입니다.

"우리 아이는 잘 자랄 거야."

이 말을 매일 아이에게, 그리고 부모 스스로에게도 속삭여 보세요.

"설마 그런 말 한마디로 정말 면역력이 좋아질 수 있을까요?" 하고 의문이 들 수도 있습니다. 하지만 한의학은 수천 년 동안 마음과 몸이 분리될 수 없다는 사실, 곧 심신일체(心身一體)의 가치를 이야기해 왔습니다. 마음이 편안하면 기혈의 흐름이 원활해지고 스트레스가 줄어들면 면역 기능도 활발해집니다. 부모의 안정된 태도는 그대로 아이의 몸에 반영됩니다. 따뜻한 말 한마디, 다정한 눈빛, 믿음을 담은 태도는 때로는 어떤 약보다 강력한 힘이 됩니다. 부모가 평온함을 유지할 때 아이의 스트레스 호르몬(코르티솔)이 낮아지고, 면역 세포는 더 활발히 움직입니다. 평안한 환경에서 이뤄지는 깊은 수면은 성장호르몬의 분비를 돕고, 회복력을 높여줍니다. 면역력을 키운다는 것은 단순히 병을 막는 기술이 아니라 아이가 스스로 회복할 수 있는 힘을 길러주는 일입니다. 엄마의 사랑이 든든한 뿌리처럼 자리 잡으면 아이는 그 힘을 받아 스스로 회복하는 법을 배워갑니다.

계절을 함께 느끼고, 밥상에서 건강을 지키며, 차와 마사지, 그리고 작은 생활 루틴 속에서 마음을 보살피는 것. 이 소박한 실천이 모여 우리 집을 가장 든든한 보금자리로 만들어 줍니다. 그리고 그 중심에는 언제나 엄마의 따뜻한 손길이 있습니다.

에필로그

함께 성장하는 길 위에서

아이를 키운다는 것은 결국 나 자신을 다시 배우는 길이기도 합니다. 아이의 열 앞에서 두려움에 떨던 밤, 작은 웃음 하나에 다시 힘을 얻던 순간들 속에서, 부모가 된 우리는 날마다 새로운 책장을 열어가고 있었습니다. 진료실에서 쌓은 지식도, 수많은 아이의 사례도 소중했지만, 가장 깊은 배움은 언제나 두 아들로부터 왔습니다.

저는 지금도 여전히 초보 엄마입니다. 사춘기에 들어선 첫째와 함께 '엄마의 두 번째 여정'이 시작되었습니다. 어느덧 제 키를 훌쩍 넘어 낯설게 서 있는 아이를 바라볼 때, 익숙하다 여겼던 엄마 노릇은 다시 처음으로 돌아간 듯한 기분이 듭니다. 사춘기를 건너는 지금, 저는 아들과 함께 전혀 다른 세계의 문을 열고 들어서고 있습니다.

언젠가 이 배움과 경험들을 글로 남기고 싶었지만 분주한 일상에 오랫동안 미뤄두고 있었습니다. 그러던 중 사춘기를 맞은 아들에게서 한걸음 뒤로 물러설 수밖에 없는 시간이 찾아왔습니다. 낯설게 다가온 그 시간의 공백은 아이의 어린 시절을 떠올리게 했고, 그리움은 어느새 글로 남기고 싶은 마음이 되었습니다. 아이를 향한 엄마의 마음은 끝없는 바람과도 같습니다. 품에 안겨 있던 시절에는 걷기만 해도 감사했고, 말을 배우기 전에는 대화할 수 있기를 바라던 날들이 있었습니다. 이제는 자기 목소리를 내며 저와 부딪히는 일이 많아지니, 세상의 전부였던 엄마를 향해 환히 웃어주던 그때가 문득 그리워집니다.

이 책은 수세기를 이어온 한의학의 지혜, 진료실에서 만난 아이들의 이야기, 그리고 두 아이와 함께 걸어온 시간을 바탕으로 쓰였습니다. 제가 궁극적으로 전하고 싶었던 것은 복잡한 이론이나 특별한 처방이 아닙니다. 아이에게 가장 강력한 면역력은 다름 아닌 엄마의 사랑입니다. 이 사랑은 때로 나아감과 물러섬의 절제를 요구하기도 합니다.

아이는 세상 무엇과도 바꿀 수 없는 존재이기에 부모는 자신도 모르게 사랑의 속도를 높이곤 합니다. 그 속도는 아이에게 힘이 되기도 하지만 때로는 무거운 짐이 되기도 합니다. 아이에게 온 마음을 쏟는다고 해서 언제나 좋은 것은 아닙니다. 자녀의 건강 문제 앞에서 '다정이 병이 되는 순간'을 종종 보아 왔습니다. 사랑은 앞만 보고 달려가는 것이 아닙니다. 어느 순간에는 한 걸음 물러서서 지켜보는 것이 더 큰 용기이자 성숙한 사랑이 될 때가 있습니다.

내 마음이 지금 어떤 상태인지 확인하는 가장 좋은 방법은 아이를 떠올릴 때 긍정적인 생각이 더 많은지, 아니면 걱정이 더 많은지를 살펴보는 것입니다. 기쁨과 신뢰가 크다면 올바른 속도로 가고 있는 것이고, 불안과 염려가 앞선다면 잠시 멈추어 마음을 돌아보아야 합니다. 아이를 향한 세심한 관찰과 불안에 짙게 물든 시선은 어쩌면 종이 한 장 차이일지도 모릅니다.

만약 아이에게 과도하게 몰입하고 있다면 그 해결책은 나 자신을 보살피는 데 있습니다. 결혼을 하고 엄마가 된 순간부터 우리는 '누구의 엄마', '누구의 아내', '누구의 며느리' 같은 이름으로 불리며 살아갑니다. 시간이 흐를수록 본래의 이름은 희미해지고 역할만 남는 듯한 순간이 찾아옵니다. 가끔 남편이나 부모님이 저를 본래 이름으로 불러줄 때 그 호칭 속에서 큰 위로를 받곤 합니다. 단순한 호명이지만 그 안에는 "당신도 한 사람의 온전한 존재"라는 인정이 담겨 있기 때문입니다. 그 부름은 잊고 있던 '나'를 다시 불러내는 순간이 됩니다.

엄마이기 이전에, 한 사람으로서의 나를 지켜내는 일. 그것은 단순한 자기 위안이 아니라 아이를 더 건강하게 바라보고 돌볼 수 있는 힘의 원천입니다. 내 이름을 잃지 않는 일은 곧 마음의 균형을 지키는 일, 그리고 아이에게 오래도록 이어질 사랑의 뿌리가 됩니다.

그러니 부디, 누구의 엄마로만 남지 말고 '나'라는 이름을 가진 존재로도 자신을 보살피길 바랍니다. 엄마가 기쁠 때 아이는 더 밝게 자라납니다. 아이와 부모는 서로를 비추는 거울이 되기에 아이의 성장 속에서 부모 역시 한 사람으로서 성숙해갑니다.

이 책을 덮는 지금, 부모님들에게 한 가지 마음을 전하고 싶습니다. 완벽한 부모여야 한다는 무거운 짐을 내려놓길 바랍니다. 대신 아이와 함께 배우고 성장하는 동반자로서 매일 조금씩 자라는 기쁨을 느끼길 바랍니다.

이 책이 불안한 밤을 지새우는 부모님에게 작은 등불이 되어주기를, 그리고 아이와 부모가 함께 더 건강하고 평온한 길을 걸어가기를 진심으로 바랍니다.

홈닥터 플러스

한눈에 보는 혈자리

1. 머리, 얼굴

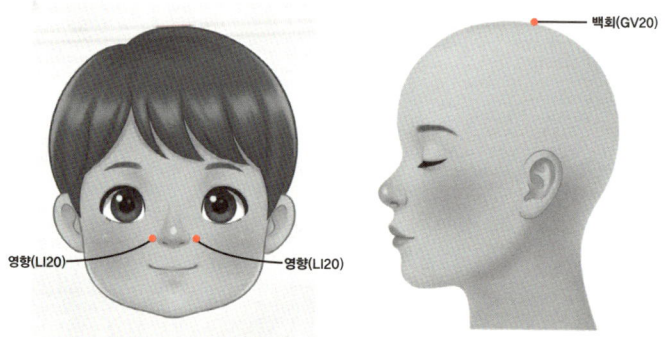

혈자리 이름	설명
백회(百會, GV20)	양쪽 귀 끝에서 머리 위로 똑바로 올린 선과 코의 중심에서 위로 올린 선이 만나는 머리 꼭대기 지점입니다. 살짝 눌렀을 때 오목하게 들어가는 느낌이 있습니다.
영향(迎香, LI20)	코 양옆, 콧방울 바로 옆. 팔자주름이 시작되는 오목한 곳입니다.

2. 복부, 등

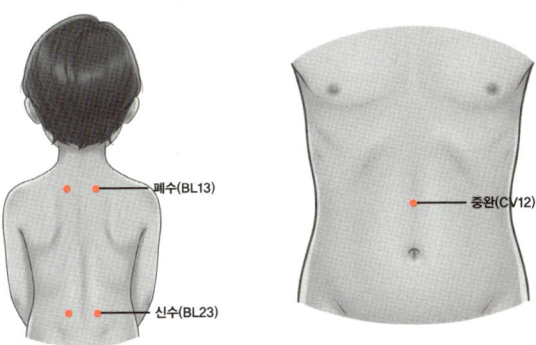

혈자리 이름	설명
중완(中脘, CV12)	명치와 배꼽의 정중앙 지점입니다.
폐수(肺兪, BL13)	고개를 숙였을 때 가장 튀어나오는 목뼈(제7경추) 아래로 3번째 등뼈(제3흉추) 돌기에서 양옆으로 손가락 두 마디만큼 떨어진 곳입니다. 견갑골(날개뼈) 안쪽 가장자리와 비슷한 높이에 있습니다.
신수(腎兪, BL23)	양쪽 옆구리에서 허리 뒤로 손을 가져갔을 때 만져지는 골반뼈(장골능)의 가장 높은 지점과 척추가 만나는 높이(제2요추)에서 양옆으로 손가락 두 마디만큼 떨어진 곳입니다. 배꼽 높이의 등 부분이라고 생각하면 쉽습니다.

3. 손 부위

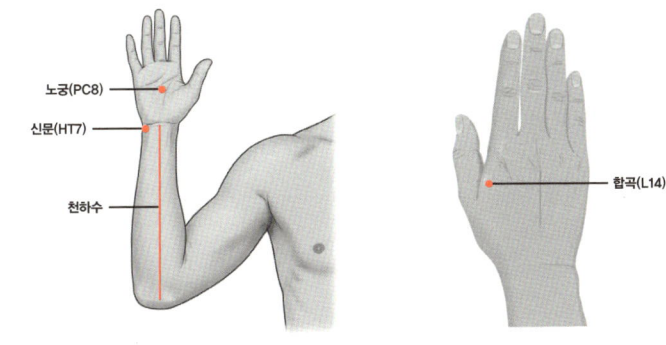

홈닥터 플러스 259

혈자리 이름	설명
합곡(合谷, LI4)	엄지와 검지 사이의 살이 가장 두툼하게 올라오는 부위입니다. 손등 쪽에서 두 손가락뼈가 만나는 지점 바로 앞의 오목한 곳을 누르면 됩니다.
노궁(勞宮, PC8)	주먹을 가볍게 쥐었을 때, 중지 끝이 손바닥에 닿는 지점입니다.
신문(神門, HT7)	손바닥과 손목이 만나는 부분의 주름 위, 새끼손가락 쪽 힘줄의 안쪽(엄지 쪽) 오목한 곳입니다.
천하수(天河水)	손목 안쪽 주름의 중앙부터 팔꿈치 안쪽 주름의 중앙까지 이어지는 선을 말합니다. 이 부위를 전체적으로 부드럽게 쓸어주면 됩니다.

4. 다리, 발바닥

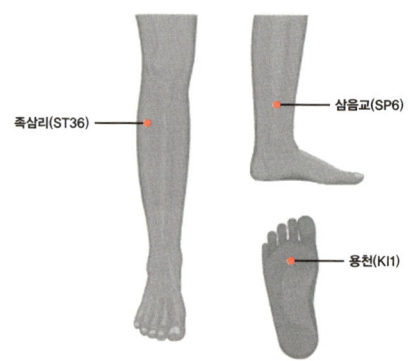

혈자리 이름	설명
족삼리 (足三里, ST36)	무릎뼈 바깥쪽 아래의 오목한 곳에서 손가락 네 마디(검지부터 새끼손가락까지)만큼 내려간 정강이뼈 바깥쪽입니다.
삼음교 (三陰交, SP6)	안쪽 복사뼈의 가장 높은 지점에서 손가락 네 마디만큼 위로 올라간, 정강이뼈 바로 뒤쪽입니다.
용천(湧泉, KI1)	발바닥을 구부렸을 때, 사람 인(人)자 모양으로 움푹 들어가는 중심 지점입니다. 발바닥 길이의 약 1/3 지점에 해당합니다.

감사의 말

이 책을 집필하는 동안 수많은 손길과 마음이 저를 붙들어주었습니다. 무엇보다도 꿈을 꾸고 포기하지 않도록 인도해주신 하나님께 감사드립니다. 삶의 무게 앞에서 주저앉고 싶을 때마다 다시 일어설 힘을 주셨습니다.

묵묵히 곁에서 지지해주고, '이혜림'이라는 이름으로 살아갈 수 있게 해준 남편에게 깊은 사랑과 존경을 전합니다. 당신의 신뢰와 배려가 없었다면 이 책은 끝내 완성되지 못했을 거예요.

은율, 시윤. 너희는 엄마가 살아가는 이유이자 존재의 중심이야. 너희가 웃고 자라는 모습을 지켜보는 것이 이 책을 쓰게 된 가장 큰 원동력이었다. 너희가 없었다면 이 책도 세상에 없었을 거야. 은율아, 네가 스스로의 길을 찾아 담대하게 걸어가길 엄마는 항상 기도하며 응원할게. 시윤아, 너의 천진한 웃음과 막내다운 귀여움이 엄마에게는 큰 힘이 된단다. 엄마의 기쁨은 언제나 너희 둘에게서 시작돼. 말로 다 표현할 수 없을 만큼, 너희를 사랑한다.

오늘이 있기까지 기도와 헌신으로 길을 열어주신 부모님, 감사드립니다. 엄마 아빠의 기도는 언제나 제 삶의 든든한 울타리였고, 넘어지지 않도록 붙잡아주는 보이지 않는 손길이었어요. 아이들의 일상을 세심히 살펴주신 시부모님, 진심으로 감사드립니다. 부모님의 헌신과 사랑이 있었기에 안심하고 제 길을 걸을 수 있었습니다.

멀리 떨어져 있어도 매일 아침 따뜻한 인사로 서로의 하루를 응원해주는 '독수리 오형제' 여러분, 각자의 자리에서 치열하게 살아가면서도 서로에게 가장 큰 힘이 되어주어 고맙습니다. 우리의 우정은 언제나 마음 깊은 곳에 소중히 간직되어 있습니다.

Amandeep Sharma 선생님, 힘겨운 순간마다 보내주신 격려와 응원 덕분에 글을 놓지 않고 다시 이어갈 수 있었습니다. 저를 작가로 살게 해준 소중한 우정, 노을이에게도 특별히 고마움을 전합니다. 송림에서 너를 만난 그 순간부터 내 안의 작은 꿈은 현실이 되기 시작했어. 그리고 함께 읽고 나누며 삶을 풍성하게 만들어주는 '책블레스유' 멤버들, 여러분 덕분에 저는 여전히 읽는 사람으로, 배우는 사람으로 살아가고 있습니다.

일터의 가장 가까운 곳에서 도움을 아끼지 않은 은영 선생님, 민경 선생님, 정미 선생님, 은주 선생님께도 감사드립니다. 함께 해주신 손길 하나하나가 이 여정을 완주할 수 있는 힘이 되었습니다. 사랑하는 대전대학교와 대전한방병원 구성원들에게도 진심 어린 감사의 마음을 전합니다. 여러분의 응원과 배려가 저를 지금의 자리까지 이끌어주었습니다.

마지막으로, 이 책이 세상에 나올 수 있도록 처음부터 끝까지 애써주신 미다스북스 김요섭 팀장님, 김은진 팀장님께 진심으로 감사드립니다. 저의 글이 책으로 태어나 독자와 만날 수 있게 된 것은 출판사의 헌신과 열정 덕분입니다.

이 책은 저 혼자 쓴 것이 아니라, 저를 둘러싼 수많은 사랑과 응원이 함께 엮어낸 결과물입니다. 그 따뜻한 마음 하나하나가 모여 제 안의 불안을 다독이고, 끝까지 나아갈 수 있는 용기를 주었습니다.

그리고 이 책을 손에 들어주신 독자 여러분께도 깊은 감사의 마음을 전합니다. 아이의 건강과 행복을 위해 함께 고민해주신 그 마음들이, 이 책을 쓰며 제가 받은 가장 큰 선물이자 기쁨입니다. 부디 이 책이 여러분의 여정에 작은 이정표가 되어주기를 바랍니다.